BASTEI
LÜBBE

Gabriele Jenk

STEINE GEGEN BROT

Trümmerfrauen schildern den Wiederaufbau in der Nachkriegszeit

BASTEI LÜBBE

BASTEI-LÜBBE-TASCHENBUCH
Band 65078

Erstveröffentlichung

Printed in West Germany, Juli 1988
Einbandgestaltung: Manfred Peters
Umschlagbild: dpa
Satz: Fotosatz Prechtl, Passau
Druck und Bindung: Ebner Ulm
ISBN 3-404-65078-6

Der Preis dieses Bandes versteht sich einschließlich
der gesetzlichen Mehrwertsteuer

Inhalt

Vorwort

Auf einem Spaziergang mit meiner Tochter kamen wir in eine kleine Straße mit schönen alten Bäumen. Auf jeder Seite standen liebevoll restaurierte Altbauten. Schön herausgeputzt strahlten sie alte, auf Hochglanz polierte Weisheiten aus. Inmitten der Pracht stand ganz allein ein altes, trauriges Haus — grau und müde. Ohne Fenster und ohne Dach hatte es den Ausdruck eines alten Gesichts. Müde und enttäuscht, von niemandem mehr ernstgenommen zu werden. Vielleicht sollte hier bald etwas Neues, Schöneres entstehen. »Wohnen hier keine Menschen mehr?« fragte mich meine Tochter. Ich schüttelte den Kopf. »Wo sind die denn hin, haben die neue Wohnungen? Wo sind ihre Betten und wo sind die Kinder?« Wieviele Fragen ein altes Haus bei Kindern hervorrufen kann. Wieviele Antworten könnte man geben. Aber wen interessieren sie — außer einem vierjährigen Kind, das schon wieder neuen Gedanken nachhängt.

Berlin ist voller alter Häuser, mehr oder weniger schön herausgeputzt. Viele von ihnen sahen auch einmal so traurig aus wie dieses hier — doch das ist schon lange her. Zu lange? Für die Alten ist es, als sei es gestern gewesen, und doch liegen über 40 Jahre Leben zwischen den Erlebnissen der Frauen und unserem Jetzt.

Als Helene, Hilde, Magda, Dora und Anne 1945 durch die

kaputten Straßen von Köln und Berlin gingen, hatten sie nur einen Gedanken: LEBEN. Das Wie und Wodurch war noch nicht klar, aber daß sie es wollten, das stand fest. Und wie ihnen erging es Millionen Deutscher, als im Frühjahr '45 Frieden war. Es war die Stunde der Frauen, obwohl in der Geschichts-Chronik auch dieser Zeit nur Männer erwähnt werden. Generäle, die den Krieg beendeten, Soldaten, Politiker, die sehr schnell wieder regierten, und Unternehmer, die die Wirtschaft aufbauten.

Shukow, Clay, Truman, Churchill, Adenauer, Reuter, Flick, Thyssen — Namen. Männernamen.

Wer kennt schon Helene Karwentel, Magda Andre, Hilde Kalmeyer, Lotte Bernhard, Dora Rauh? Fünf Frauen, die wie viele andere Deutschland wieder aufbauten. Ein Deutschland, das auch durch Frauen zerstört wurde und Frauen zerstört hat. Geschichten aus den Jahren 1945 bis 1957, Geschichten von Frauen und ihrem Leben. Stellvertretend für alle Trümmerfrauen.

Helene Karwentel

Berlin 1945 - 1947

Während in vielen anderen Städten Deutschlands die Waffen schon ruhten, wurde um Berlin noch heftig gekämpft, und der Ring der Sowjetarmee schloß im April 1945 Berlin und seine Bewohner ein. In dieser Schlacht wurden noch einmal alle Reserven hervorgeholt, um für den Endsieg zu kämpfen, an den keiner mehr glaubte.

Helene, damals 35 Jahre, war zu dieser Zeit noch im Oderbruch. Mit ihrem Sohn hatte sie eine Schlafstelle bei einem Bauern gefunden. Wo es einmal sehr schön und idyllisch gewesen war, zogen jetzt Flüchtlinge durch. Hungrig und voller Angst vor den Russen. Und eines Tages — es war der 2. Mai 1945 — machte sich Helene mit ihrem Sohn Heinz auf den Weg nach Berlin.

»Ick wollte einfach wieder nach Hause — nach Berlin. Fürn Urlaub war det hier ja ma ganz schön — aber jetzt? Ick sachte zu meinem Heinz, der war damals 8 Jahre alt, ›weißte wat, wir fahrn wieder nach Hause‹. Und da guckt der mir freudestrahlend an und sacht ›Is der Krieg alle und gehn wa auch nach Oma Polten hoch, wieder Kuchen essen?‹. Ick sachte, det machen wir auf jeden Fall, nach Oma Polten gehn. Mein Gott, der dachte, der Krieg is aus und et geht normal weiter. Ick ging zum Bauern und erzählte ihm, daß wir nach Berlin gehn wollten. Da guckt der mich an und fragt, ob ick denn wohl spinne.

Jetzt nach Berlin, wo de Russen bald überall sind. Ob se hier sind oder in Berlin, is doch wohl Jacke wie Hose. Scheiße is det allemal. Am nächsten Morgen haben wir uns angezogen. Ick drei Kleider, zwei Röcke und ne Hose. Ick sah aus wie ne Vogelscheuche. Aber da ick an dem Tag nich vorhatte, ins Cafe Kranzler zu gehn, dachte ick mir, is egal, und wer weiß, wofür ick det noch brauche. Heinz hatte auch soviel Klamotten an, und der fing auch gleich an zu maulen. Nützte aber nichts, det blieb allet an. Zum Glück haben wir dann noch auf son Zug mitfahren können, auffen Kohlenzug. Und ick Trottel saß Stunden auf nen Berg von Kohlen und ick hab nix mitgenommen, weil doch der Sommer vor de Tür stand. Na ja — bequem war et ja nich, aber ick sach immer: besser schlecht gefahren als gut geloofen. Zu dem Zeitpunkt war ick noch guter Dinge — ick weeß auch nich wieso. Aber ick dachte wohl, wer die Scheiße von Krieg und so überstanden hat, der wird jetzt auch den Frieden überstehen.«

Am 2. Mai kapitulierte Berlin, und der sowjetische Stadtkommandant übernahm die vollziehende Gewalt. Es war ruhig in der Stadt, nur ab und zu hörte man noch Gewehrsalven. In einer kleinen Gruppe von Flüchtlingen kam Helene in Berlin an. Inmitten der Trümmerwüste Berlin standen rund 20 Menschen und staunten über die Zerstörung, über die Ruhe und Stille. Eine tote Stille. Sie sahen sich um und erkannten dann, daß sie in der Nähe des Kurfürstendamms waren. Auch hier, wo selbst in den letzten Kriegstagen noch das Leben wogte, war alles still. Keine Schüsse, keine Sirenen, keine Autos, keine Menschen, keine Hunde, keine Vögel — nicht einmal Wind. Stille, einfach Stille.

»Det muß man sich ma vorstellen — wir sind Stunden geloofen, weil wir hatten die Orientierung verloren. Die Kinder brüllten und weinten, und alle waren wir unheimlich müde. So schrecklich müde. Da standen wir nu: Rings um uns nur

Trümmer, Häuserreste. Und dann diese Ruhe. Es war eine Ruhe, die et heute nich mehr gibt und die et vorher auch nich gab. Et war eine Totenruhe, und doch wußten wir oder wir hofften et zumindest: Hinter diesen Trümmern wohnen Menschen und die beobachten uns vielleicht. Aber da kam niemand rausgelaufen, um uns zu begrüßen. Hab ick auch nich erwartet, aber et war anders, als ick mir meine Rückkehr nach Berlin vorstellte. Ick dachte, die Leute feiern den Frieden oder so. Ick dachte, die Straßen sind voll von Menschen. Und wat war — nischt. Nur diese tödliche Ruhe«.

Auf der Leibnizstraße trennte sich die Gruppe. Eine kleine Fahr- und Laufgemeinschaft für wenige Stunden. Helene ging mit ihrem Sohn und einer Frau in Richtung Friedrichstraße, wo ihre Wohnung lag. Ein Weg, der mehrere Kilometer weit war. An ihrer Seite ein müdes, hungriges Kind. Und sie selbst? Sie hatte zum letzten Mal vor 12 Stunden etwas gegessen. Und dann, nachdem sie einige Zeit gelaufen war, hörte sie ein Auto kommen.

»Ick dachte — ein Auto. Endlich Menschen. Ick lief unwillkürlich schneller. Vielleicht hatten die was zu trinken und sogar was zu essen. Doch dann bekam ick Angst, vielleicht waren det ja Russen, und von denen hab ick schon einige auffem Land erlebt. Ne — also ganz und gar nich. Ick sah zwar nich aus wie det blühende Leben — aber für die, denen war det doch egal. Ick versteckte mich hinter einer Mauer. Doch mein Bengel, der wollte einfach nich mehr, der schrie mittlerweile wie am Spieß. Glauben Se — ick hätte den am liebsten verhauen, aber der wollte trotz schrecklichster Drohungen von Prügel nich weiter. Und dann kamen se und et waren Russen — auf som Panjewagen. Ick war ganz allein, nur Trümmer, mein Sohn und Russen. Die Frau, die bei mir war, war weggelaufen. Der Wagen hielt an und der Fahrer sagte wat, hab ick aber nich verstanden. Ick hatte sowat von Angst und mein Sohn jetzt auch. Der Fahrer winkte meinen Sohn heran, und ganz langsam ging mein Heinz zu dem hin, ick hinterher. Der Russe sprang aus dem Wagen raus, ging nach hinten und wühlte unter den Planen. Dann kam er und gab meinem Sohn Schokolade und zwei Äpfel, ging zum Wagen zurück, grüßte kurz und fuhr dann mit seinen Kameraden weiter. Wir standen da wie angegossen, und ick weinte auf einmal, ganz ruhig und leise. Die Tränen liefen einfach so runter und Heinz sachte: ›Mama, siehste, det sind doch auch ganz Nette, wa? Hauptsache, wir kriegen wat zu fressen.‹ Er aß seinen Apfel gierig und verschlang danach noch die Schokolade. Noch heute ißt mein Heinz unheimlich gern Schokolade und Äpfel, beides zusammen.«

Am späten Abend fand Helene ihre Wohnung. Und, oh Wunder, sie war nicht total zerbombt — nur ohne Fenster und Türen. Aber sie hatte im Gegensatz zu vielen anderen Berlinern ein Dach über dem Kopf und wußte, wo sie schlafen konnte.

»Als ick dann um die Straße bog und meine Wohnung sah, war ick unheimlich froh und rannte wie eine Bekloppte auf det Haus zu. Im Hausflur schrie ick schon: ›ick bin da, ick bin wieda da‹. Meine Wohnung lag im dritten Stock, und ick mußte über kaputte Treppen nach oben. Wo früher eine Wohnungstür war, hing jetzt ne alte Decke. Ick wunderte mich zwar 'n bißchen, aber ick dachte, det hat Oma Polten bestimmt gemacht, die Gute. Als ick in der Wohnung stand, kam mir aus meinem Wohnzimmer ne Frau entgegen, die fragte mich ganz entgeistert, wat ick eigentlich wollte. Wohnen, is doch klar. Ja, det ginge aber jetzt nich mehr, det wär ihre Wohnung, und ick soll mich trollen. Da hab ick einen Anfall gekriegt und die angebrüllt, sie soll sofort verschwinden, det wäre meine Wohnung, und ick will jetzt hier wohnen und zwar allein. Da sacht doch dieses Miststück, det wäre jetzt allet anders, nämlich sie wohnt hier schon ein halbes Jahr und bleibt auch hier. Also ick raus und rauf zu Oma Polten. Bevor die sich überhaupt freuen konnte, det ick wieder da bin, hab ick gesacht: ›Oma Polten, freun können Se sich später, jetzt kommen Se mit runter und sagen der Olschen, dat det meine Wohnung ist.‹ Oma Polten is mit runter und hat det auch der Frau erzählt, und die sacht aber frech, det se bleibt, bis ihr dat einer von der Hausverwaltung erklärt. Ick war so müde und habe dann gesacht, eine Nacht können Se noch bleiben, dann is aber Feierabend hier. Am nächsten Tag mußten se dann raus. Ja, da saß ick nun da, ne Wohnung ohne Fenster und Türen, nen Kind und vielleicht ein Mann, der schon tot ist. Als erstes hab ick nachgesehen, ob dat Eingemachte noch da war, det hatte ick nämlich versteckt. Ick hab natürlich nischt gefunden. Da bin ick dann schon wieder zu Oma Polten hoch, und hab nach wat Eßbarem gefragt. Und Oma Polten winkt mich rein und schiebt einen Vorhang zurück, und da standen meine Einweckgläser — Pflaumen, Kirschen, Marmelade und sogar noch Bohnen. Die hatte allet für mich aufbewahrt. An dem Abend haben wir richtig gegessen, nach langen Monaten dat erste Mal und für viele Monate auch dat letzte Mal.«

In den ersten Maitagen herrschte in Berlin neben dem Gefühl der Erleichterung auch Angst. Angst vor dem, was kommen würde, und vor allem Angst vor den Russen. Vor dem Kommunismus. Naziparolen von der bolschewistischen Weltgefahr, von den slawischen Untermenschen spukten noch in den Köpfen der Menschen herum. Sie glaubten, daß die Russen Deutschland verwüsten würden. Die Tatsache, daß nicht die Sowjets angegriffen hatten, sondern umgekehrt Deutsche erst Polen und dann die Sowjetunion überfallen hatten, war den Deutschen zwar bekannt, und gerade deshalb fürchteten sie die Rache der Sieger. Erzählungen von zahlreichen Übergriffen auf die Zivilbevölkerung bestärkten die Deutschen noch in ihrer Angst. Auch in Berlin wurden in den ersten Wochen viele Frauen vergewaltigt und viele Wohnungen geplündert, aber Helene hatte nach ihrer ersten Begegnung mit einem russischen Soldaten keine Angst mehr.

»Na, ick hatte überhaupt keine Angst vor den Russen, nachdem der erste Mensch, der zu meinem Jungen nett war, en Russe war. Im übrigen hatte ick an unser Haus en rotes Kreuz gemalt und wenn dann wieder mal Russen kamen, hab ick immer geschrien: »Allet krank, Ansteckung«. Denn sind se abgezogen. Im übrigen, det muß ick ma sagen — als ick nach Berlin kam, hab ick keine Vergewaltigungen gesehen oder von denen direkt gehört. Denn die Offiziere und die Dolmetscher — meistens waren det Frauen — hatten dann doch en scharfes Auge drauf. Also, wie gesacht, ick hab gedacht, mir kann keener und dann war dat ja so. Bei uns haben die Russen gleich son System von Block-, Straßen- und Hausvertrauensleute aufgebaut, die dann ab Mitte Mai auch Lebensmittelkarten verteilten. Also, ick bekam die letzte Karte, dat war een Brot und ’n bißken Fleisch. Na, davon konnt ick nich leben. Da bin ick eines Tages zu unserem Hauswart oder Straßenwart — ick weeß gar nich mehr, wat der für ne Funktion hatte, is ja auch egal. Also det war en alter Kommunist, aber sehr nett, den haben die Russen aus Brandenburg befreit und zu dem hab ick gesacht: ›Hans, du hast doch Kontakt mit den Russen, kannze nich mal wat für mich tun?‹ Und da hat er sich erst geziert und dann auf seine Vergangenheit angespielt, so nach dem Motto, jetzt wär er wieder gut, aber vor Jahren hätten wir ihn nich mit’m nackten Arsch angeguckt und so. Ach, hab ick gedacht, jetzt hält der dir erst mal ’n Vortrag, aber ick hatte Hunger, und ick wollte wat zu essen, also hab ick nischt gesacht. Als der dann fertig war mit seinem Vortrag, hat er mir versprochen, sich umzuhören. Und wat soll ick sagen, paar Tage später kommt der zu mir und sacht mir, ick hätte nen Job. Mann — zwei Wochen hier und schon nen Job, ick war außem Häuschen. Vor lauter Freude hab ick gar nich gefragt, wat ick machen soll. Hans fragte nur, ob ick denn noch irgendwat zum Anziehen hätte, außer diesem alten Rock da. Da wurde ick mißtrauisch, ick sollte doch wohl nich für 'n Appel und Ei mit Russen? Also, det hab ick gleich gesacht, nich mit mir! Hans beruhigte mich und meinte, ick könnte kellnern gehn bei de Russen und ob ick det könnte. Na also, nischt leichter als dat. Zwei Tage später sollte ick mich melden, und zwar sauber und ordentlich. Ohh, hatte ick ne Wut, det brauchte der mir doch nich zu sagen. Aber ick hielt meinen Mund und ging stattdessen zu meiner Nachbarin. Als ick der dat erzählte, war die sprachlos. ›Zu den Russen willste gehn, na da kannste dir auf wat gefaßt machen, die nehmen allet.‹ Und als Oma Polten dann noch kam und sachte, ick solle mir nich so schön machen, da war ick schon bedient. Aber ick hab mich dann doch fein gemacht und bin zur Stadtkommandantur der Russen, und da war auch son richtiger Portier und dem hab ick gesacht, wat ick wollte, und schon war ick oben. Zum Glück waren außer mir noch drei deutsche Frauen da, die genauso aufgeregt waren wie ick. Wir mußten uns dann weiße Schürzen umbinden und weiße Handschuhe anziehen, und dann kam ne Dolmetscherin, die hat uns dann gesacht, wer wo bedienen muß. Ick wurde fürs kalte Büffett eingeteilt, und dann bin ick rein. Wat da stand! Ick wollt et nich glauben: Lachs, Kaviar, Fleisch, Sekt und wat weeß ick nich allet. Nun muß man sich det mal vorstellen, mein Magen knurrte wie verrückt und ick wußte, meinem Jungen zu Hause auch, und ick soll nun die Tabletts mit diese Leckereien durch die Gegend schleppen. Da hab ick mir gesacht, dat halt ick nich durch, ohne zu klauen. Und dann hab ick mir drei Pralinen für meinen Jungen in die Tasche gesteckt, und wat soll ick sagen, dabei bin ick erwischt worden. Na — da konnt ick nach einem halben Tag gleich wieder gehn.«

In den ersten Wochen nach der Kapitulation herrschte in Berlin ein heute unvorstellbares Chaos. Die Ausgabe von Lebensmittelkarten oder Lebensmitteln funktionierte nur in den wenigsten Fällen, Wasser- und Gasleitungen waren unterbrochen, die medizinische Versorgung war nur unter größten Schwierigkeiten möglich, und es drohte die Ausbreitung von Seuchen wie Ruhr und Typhus. Zu dieser Zeit lebten rund 2,8 Millionen Menschen in Berlin, davon mehr als 60% Frauen. Und jeden Tag kamen immer mehr Menschen aus den Ostgebieten, die hier in Berlin registriert werden mußten. Doch die Stadt konnte bald keine Menschen mehr aufnehmen, so wurden rigorose Zuzugssperren erlassen, die jedoch die Flüchtlinge nicht daran hinderten, in Berlin Unterschlupf zu suchen. Die Versorgungslage wurde immer bedrohlicher, und die hungernden Menschen nahmen sich, was sie bekommen konnten. So ist es nicht verwunderlich, daß es in Berlin im Sommer 1945 kaum noch Hunde und Katzen gab. Aber nicht nur die Versorgungslage bereitete den Alliierten und den Verwaltungen Sorgen, sondern auch die Wohnungsnot. 30% aller Gebäude waren total zerstört und 25% vorerst nicht bewohnbar. Von den Trümmern hätte man einen 35 m breiten und 5 m hohen Damm bis nach Dortmund bauen können. So standen im Herbst pro Person rund 10 qm Wohnraum zur Verfügung, wobei die vielen Flüchtlinge, die sich zum Teil illegal in Berlin aufhielten, nicht mitgezählt wurden. Und so kam es, daß viele Menschen auf engstem Raum zusammenleben und haushalten mußten. Die meisten dieser Notgemeinschaften bestanden aus Frauen und Kindern, die hart um ihr Überleben kämpften.

Auch Helene ging es nach ihrem Rausschmiß mehr schlecht als recht. Ihre Lebensmittel reichten nie aus, und an Arbeit war in den ersten Wochen auch nicht zu denken. Denn ihre wichtigste Aufgabe war, ihre Wohnung für den Winter instandzusetzen. Sie war schon immer handwerklich begabt gewesen, und so hatte sie nach einigen Tagen auf den Trümmern eine alte Tür gefunden und Holz für die Fenster. Ein Nachbar half ihr, die Tür einzusetzen. Sie ging zwar nicht richtig zu, hielt aber die Kälte ab, und wenn Helene und ihr Sohn abends zu Bett gingen, schoben sie eine Kommode vor den Eingang. Aber der Hunger wurde so schlimm, daß Helene und eine Nachbarin ihre Wertgegenstände auf den Tisch packten, um sie auf dem Schwarzmarkt gegen Lebensmittel zu tauschen. Das Ergebnis war mager: drei Kleider, vier Röcke, drei Pullover, eine Bluse und ein Paar Schuhe. Dann waren da noch Töpfe, Geschirr und ein wenig Schmuck. Mit ihren Habseligkeiten marschierten sie zur Friedrichstraße, wo sie mit Russen oder Händlern tauschen konnten. Da sie sich auf diesem Sektor überhaupt nicht auskannten, war ihre Ausbeute mehr als dürftig: 100 g Butter, Möhren, 125 g Kaffee, Brot und Speck. Dafür hatten die beiden Frauen einen goldenen Ring, ein Kleid und zwei Röcke verhökert. Von dem teuer erkauften Essen mußten drei Erwachsene und fünf Kinder einige Tage leben. Diese anfänglichen Notgemeinschaften alleinlebender Frauen entwickelten sich immer mehr zu Freundschaften, die bis heute bestehen. Wie die Freundschaft zwischen Helene und Karla, die mit ihren beiden Kindern aus Ostpreußen flüchten mußte und jetzt in Berlin eine Bleibe suchte:

»Wat sollte ick denn machen. Eines Tages stand da sonne junge Frau vor meiner Tür. Auffen Arm en Baby und an der Hand son kleener Steppke. Hatte nichts mehr, außer wat se auffen Leib hatte. An eine Wohnung war überhaupt nich zu denken. Det war 'n Flüchtling aus Ostpreußen oder so. Ach Gott, da stand se nun, so ganz allein — da hab ick se erst mal reingelassen. Aber, dat hab ick ihr gleich gesacht, nur für 'n paar Tage. Die Tage sind ganz schön lange geworden — aber det war auch gut so. Heinz und ick haben im Wohnzimmer gewohnt und sie mit ihren Kindern im Schlafzimmer. Und in der

Küche haben wir dann zusammengelebt. Karla — so hieß se — war richtig ausgemergelt, aber ick hab dann immer zu ihr gesacht: ›Karla — Kind, det nützt allet nich, wir müssen wat tun, damit wir unsere Gören durchkriegen‹.

Zuerst bin ick immer tauschen gefahren in aller Herrgottsfrühe, und dann, als ick nischt mehr hatte, hamstern und klauen. Ja, ick hab geklaut und wie ick geklaut habe, und wenn ick ganz ehrlich bin, bereut hab ick det nich. Denn — eines ist doch wohl mal klar — hätte ick det nich gemacht, wär ick und mein Heinz heute nich am Leben. Und glaubt irgendjemand etwa, daß uns die Reichen wat umsonst gegeben hätten? Und damals, 1945, gab et schon wieder Wohlhabende, ob se det wahrhaben wollen oder nich. Ick hab se doch gesehen, die Weiber mit ihre Pelzmäntel und so. Na ja, Schwamm drüber — aber ick hab geklaut. Und mein Heinz auch. Eines Tages kommt der und hat Dosen mit Marmelade, Obst und Gemüse. Ich sach zu meinem Jungen: ›Mensch, wenn dich der Iwan erwischt hätte!‹ Da lacht der mich an und sacht, die Russen hätten geplündert und die Kinder mitgenommen. Wat sollte ick da sagen, wenn der Russe det erlaubt, bitte sehr.

Karla und ick hatten uns die Arbeit eingeteilt. Wenn ick für die Essensbeschaffung zuständig war, mußte sie Wasserholen. Dat hört sich nun nach gar nischt an, aber für zwei Eimer Wasser mußte se oft Stunden anstehn, und dann waren ihre beiden Kinder immer bei Oma Polten. Also haben wir für die mitgesorgt und der wat mitgebracht, und abends, nachdem wir unsere herrliche Wassersuppe mit Aromastoff runtergeschlürft hatten, sind Karla und ick los und haben auf den Trümmern nach Baumaterial gesucht, denn wir sollten unsere Wohnung noch winterfest machen. Wir hatten zwar ne Tür, aber die Fenster waren noch nich so richtig dicht. Na ja, und wir mußten ganz schön vorsichtig sein, damit wir keinem Russen in die Hände fielen, denn wir hatten ja doch noch Angst vor denen, obwohl ick, wie gesacht, gute Erfahrungen hatte. Im übrigen mußten wir bis 22:30 Uhr zu Hause sein. Eines Abends kamen tatsächlich Russen, es waren so etwa 6 oder 7. Wir beide waren wie erstarrt und standen wie die Salzsäulen in der Landschaft rum, in beiden Händen Holz. Die Männer kamen gröhlend auf uns zu und sahen uns an, wie Kühe auf 'ner Auktion, waren aber nich grob. Mich ließen se dann stehen und gingen immer wieder um Karla rum und faßten ihr ins Haar. Ick muß sagen, Karla war noch sehr jung und hatte sehr schönes langes Haar. Also, mich ließen se stehen und Karla nahmen se mit. Det ging allet ganz ruhig vonstatten, also keine Schreiereien und so. Ick bin dann wie eine Bekloppte nach Hause gerannt und hab det Oma Polten sofort erzählt, na, und die war auch ganz schön fertig. Nur mein Heinz, der guckt mich an und sacht dann: ›Dir hätt ick ooch nich mitgenommen, Mama‹. Ick hab ihm daraufhin sofort eine runtergehauen, obwohl ick wußte, er meint et ja nich böse, aber da nagte was. Ihren Kindern hab ick dann erzählt, ihre Mama sei bei Bekannten, zum Ausruhen, und dann war auch gut. Oma Polten und ick, wir haben jeden Abend auf dem Sofa gesessen und gewartet. Nach einer Woche kam Karla wieder, leichenblaß und völlig erschöpft. Über diese Woche hat se nie irgend ein Wort erzählt, aber irgendwie hat se sich verändert. Ick hab auf se eingeredet, se soll sofort zum Arzt gehn, aber Karla winkte nur ab. Wat sollten die im Krankenhaus auch wohl tun?«

Die wenigen Krankenhäuser, die es in Berlin gab, waren überfüllt von Verwundeten und von epidemisch Erkrankten. Aber auch viele vergewaltigte Frauen kamen in der Hoffnung, daß man in den Krankenhäusern ihre physischen und psychischen Qualen heilen würde. Eine große Sorge war die Angst vor Schwangerschaften durch Vergewaltigung. Viele der vergewaltigten Frauen waren verheiratet, ihre Männer waren in Kriegsgefangenschaft oder galten als vermißt. Die Hoffnung, daß die Ehemänner ein nichteheliches — wenn auch durch Vergewaltigung gezeugtes — Kind anerkannten, war in dieser Zeit illusorisch, aber eine ethische Indikation für Schwangerschaftsabbruch wurde vom Berliner Magistrat abgewiesen. Diesen Antrag hatte übrigens Prof. Sauerbruch eingebracht, aber nicht nur die Katholiken stimmten dagegen, sondern auch die Kommunisten, vermutlich weil sie Vergewaltigungen durch sowjetische Soldaten nicht zur Kenntnis nehmen wollten. So kursierten damals Adressen von Frauen, die für ein paar Pfund Kartoffeln, Kaffee oder Zigaretten die Abbrüche auf dem Küchentisch vornahmen. Frauen mit mehr Geld, Schmuck oder Einfluß fanden immer einen Arzt, der ihnen ein Bett im Krankenhaus und medizinische Betreuung garantierte.

Anfang Juli marschierten englische und amerikanische Soldaten in Berlin ein und übernahmen ihre Sektoren. Die Amerikaner Zehlendorf, Steglitz, Tempelhof, Neukölln, Schöneberg und Kreuzberg. Die Engländer Tiergarten, Wilmersdorf, Charlottenburg und Spandau. Die Franzosen Reinickendorf und Wedding. Gemeinsam wurde die Stadt von der Alliierten Militärkommandatur regiert, die sich aus den vier Stadtkommandanten zusammensetzte. Sie sollten Probleme, die Gesamtberlin betrafen, gemeinsam regeln und dem Oberbürgermeister zur Durchführung übermitteln. Die Probleme der einzelnen Bezirke regelte der Sektorenkommandant, die Leitung der Militärkommandantur übernahm der Alliierte Kontrollrat. Am 11. Juli 1945 sollte sich dieses Gremium zum ersten Mal in Berlin treffen, doch schon im Vorfeld stimmten Amerikaner und Engländer der Forderung des sowjetischen Oberbefehlshabers Marschall Shukow zu, die Versorgung der Bevölkerung mit Lebensmitteln und Brennstoff in den Sektoren selbst zu regeln. Damit war — vorerst nicht sichtbar — die erste Grenze gezogen worden.

Die Berliner nahmen an der politischen Entwicklung kaum

Anteil, aber eines Tages tauchte das Gerücht auf, die Amerikaner seien im Anmarsch. Helene und Karla beschlossen sofort, sich ihre westlichen Befreier einmal anzusehen.

»Karla und ick wollten doch sehen, wenn die Amis kommen. Vor denen hatten wir nun überhaupt keine Angst, weil wir uns erstens an die Russen gewöhnt hatten, und im übrigen waren die Amerikaner auch wat anderes. Deshalb wollten wir unbedingt dabei sein. Es waren unheimlich viel Frauen unterwegs, und irgendwie sahen die alle etwas feiner aus als sonst. Und dann kamen se — die sahen echt schnieke und vor allem sahen se satt aus. Karla stieß mich sofort an und sachte, ab sofort lernt se englisch. Wat brauchst Du englisch, wat willste denn bei denen arbeiten? Die wollte nich arbeiten, dat hab ick dann gemerkt, wie die die Kerls angeguckt hat. Ne — und, also, heute schäm ick mich dafür, aber als ick den ersten Neger sah, hab ick laut geschrien: ›Kiek ma da, en Neger!‹ Wie sonne kleene Göre, aber ehrlich, ick hatte wirklich noch keinen gesehen. Zum Glück haben die Amis dat nich gehört, aber Karla hat sich mit mir geschämt. Aber für mich war det ungewöhnlich, en Neger an der Seite von som Weißen, dat waren für uns doch Untermenschen. Und wenn die ganzen Weiber, die da gejubelt haben, ehrlich gewesen wären . . . die haben doch dat gleiche gedacht. Aber so hab ick nur geschrien und ick mich auch nur blamiert.«

Auch die westlichen Alliierten staunten über die Berliner. Denn obwohl diese Stadt in Schutt und Asche lag und ihre Menschen nur noch Schatten ihrer selbst waren, gab es bereits die ersten Theateraufführungen, die ersten Cafes — sogar mit eigenen Bands —, Kunstausstellungen und — auch das war für die westlichen Besatzungsmächte neu und ungewöhnlich — die Bemühungen, aus Berlin wieder eine Kulturstadt zu machen, wurden von den Sowjets tatkräftig unterstützt. Darüberhinaus waren die Berliner — so ein amerikanischer Kulturoffizier — weniger unterwürfig, als zum Beispiel die Münchner.

Weder an den relativ zahlreichen kulturellen Aktivitäten noch an den politischen Entwicklungen nahm Helene Anteil. Sie suchte nach Möglichkeiten zu überleben und fand sie auf den Trümmern wie viele andere Berlinerinnen. Bereits im September 1945 waren rund 370 000 Frauen erwerbstätig, das waren fast 50%, und ein Jahr später waren es über 700 000. Viele Frauen arbeiteten in Männerberufen, wie schon zu Kriegszeiten, als die Männer an die Front abgezogen wurden. So gab es im Nachkriegsdeutschland viele Kranführerinnen, Schreinerinnen und selbst an den Hochöfen der großen Stahlkonzerne arbeiteten Frauen. Und viele arbeiteten am Bau. Das Berliner Arbeitsamt war angehalten, Frauen in Männerberufe zu vermitteln, wenn keine Männer zur Verfügung standen, und gerade diese Schwer- und Schwerstarbeitsplätze waren bei den Frauen sehr beliebt. Denn neben dem Lohn gab es bessere Lebensmittelkarten oder Zusatzrationen. Berlin hatte 60 000 Trümmerfrauen, deren offizielle Berufsbezeichnung »Bauhilfsarbeiterin« lautete. In den ersten Wochen wurden viele politisch belastete Frauen und Mädchen zur Trümmerbeseitigung eingesetzt. Frauen, deren Männer in der nationalsozialistischen Partei waren, und Mädchen, deren Väter bei der Gestapo gearbeitet hatten. Mitte August 1945 wurden die Verordnungen zur Zwangsarbeit gelockert. Helene kam jeden Tag an den Trümmerbergen vorbei und sah die Frauen, die dort arbeiteten. Sie setzte sich auf einen Stein und beobachtete sie, um herauszufinden, ob sie selbst diese Arbeit aushalten könnte. Auf einem dieser Erkundungsgänge sah sie auch ein Schild, auf der eine Firma Frauen zum Enttrümmern suchte. Sie ging sofort hin und wurde eingestellt, um die Dachböden der Mietshäuser zu entrümpeln:

»Also wir hatten mal wieder nichts Gescheites für unsere Gören, und von uns redeten wir doch gar nich mehr. Da hab ick mich mit Karla abgesprochen. Ick hab gesacht: ›Karla, eine von uns beiden muß enttrümmern gehn. Du bist ja viel zu schwach. Aber ick — ick schaff det. Und Du bleibst solange bei den Kindern, gehst einkaufen oder hamstern oder wat weeß ick nich.‹ Na klar, sachte se, det mach ick. Ick hab dann noch meinen Heinz gerufen, der ja wieder zur Schule mußte — ungern übrigens. Dem hab ick meinen Entschluß mitgeteilt und ihm gesacht, dat Karla det Recht, sogar die Anweisung hatte, ihm bei Gelegenheit auch eine zu scheuern. Damit det klar war. Nachdem ick allet geklärt hatte, hatte ick damit zu tun, Klamotten für die Arbeit zu finden. Wichtig is ne Hose, hatte ick. Darüber ein Pullover und eine Bluse — hatte ick nich, dafür von Opa Polten ’n Hemd. Aber bei aller Suche — ick hatte keine Schuhe. Nur meine Stöckelschuhe, also so Schuhe mit ’nem Absatz. Verdammt, sonst fand ick nischt. Karlas Füße waren kleiner als meine. Et nützte nischt, ick mußte diese Dinger anziehen. Als ick mich am nächsten Morgen fertigmachte, stand mein Heinz auch da, und als ick so fertig war und in ’n Spiegel sah, mußten wir alle lachen, so blöd sah ick aus: Ne alte Hose, Oberhemd und Stöckelschuh. Wat solls, ick mußte los: Mit Stöckelschuhe und ner Stulle.«

Ein buntes Völkchen scharte sich um die wenigen Vorarbeiter — die Berliner Haute Volée gab sich auf den Trümmern ein Stelldichein. Wer keine Arbeitskleidung hatte, bekam auch keine. Arbeitsgeräte? Moderne Technik fand sowieso nicht statt, und die Sowjets hatten — so war es mit den Westalliierten vereinbart — Kräne, Bagger und sonstige Geräte mit der ersten Welle der Demontage in die Sowjetunion geschafft, um dort Aufbauarbeit zu leisten. Es blieb den Frauen nichts anderes übrig, als mit den einfachsten Hilfsmitteln zu enttrümmern.

»Als ick mit meinen Stöckelschuhen auf der Baustelle ankam, waren da schon mindestens zwanzig Frauen. Ick ging zu der ersten hin und hab ganz keß nach dem Chef vons Ganze gefragt. Da guckt die mich so von oben bis unten an und zeigt auf alle Frauen. ›Det sind die Chefs‹ sacht se zu mir. ›Ja, und wat kann ick hier tun?‹ frag ick. Da gibt se mir ne Schaufel in die Hand und zeigt auf den Trümmerberg. Ick also mit meinen Schuhen da hoch, wat natürlich nich ging, ick rutschte immer wieder aus oder knickte um. Ick hatte mir zwar fest vorgenommen, daß meine Schuhe niemandem auffallen sollen, aber nach diesen Versuchen haben die Weiber dat sofort gesehen. Mensch, haben die gelacht und mich gefragt, ob ick Eva Brauns Leiche gefilzt hätte. Da hab ick zum ersten Mal nach dem Krieg geheult und mich auf son Stein gesetzt. Ja, da sind dann einige runtergekommen und haben sich neben mich gesetzt. Eine hat mir sogar ne Zigarette angeboten und unter fürchterlichem Schluchzen hab ick denen erzählt, daß dat meine einzigen Schuhe sind. ›Ja, damit kannste aber nich arbeiten hier. Du brauchst festere und stabilere Schuhe.‹ ›Ick hab aber nix mehr zu tauschen.‹ Else, eine sehr stämmige Frau, so Mitte Vierzig, erzählte mir dann von ihrer Schwester, die mit nem Ami befreundet war, und die würde mir schon helfen. Aber jetzt sollte ick erst mal nach Hause gehn, det hätte hier doch keinen Sinn. Wat sollte ick machen, ick zog also los. Da hält mich Else zurück und sacht, ick soll die Schuhe ausziehen, die bräuchte se doch für ihre Schwester. Ick hab se angeguckt wie ’n Kalb, denn wie sollte ick denn nach Hause kommen so ohne Schuhe? Else zuckte mit ihren Schultern, also wenn ick hier arbeiten wollte, müßte ick halt mal so nach Hause laufen. Hab ick dann auch gemacht, und ick bin barfuß nach Hause gelaufen. Unterwegs hab ick laut geschimpft: Scheißkrieg, Scheißmänner, Scheißnazis und wat weeß ick nich allet. Als ick endlich zu Hause ankam, hatte ick blutige Füße, einen Riesenhunger und nischt verdient. Das war der 12. August — ick weeß es noch wie heute. Am nächsten Morgen mußte ick ja wieder dahin. Unter allen Umständen wollte ick dahin, aber barfuß wollte ick nich noch mal durch Berlin latschen. Im ganzen

Haus haben wir nach irgendwelchen Klamotten gesucht, die mir passen könnten. Zum Schluß hab ick mir aus ein paar Unterhosen Lappen gemacht und um meine Füße gewickelt und bin dann los. Als mich Else sah, winkte se mir mit ein paar richtigen Lederschuhen mit ner richtigen Sohle. Vor lauter Freude hab ick Else, die mir völlig fremd war, gedrückt und gedrückt und vor lauter Rührung konnte ick nich sprechen. Als ick se dann anzog, waren se viel zu groß — aber mir war doch allet egal — ick hatte Schuhe, ne Arbeit und ne bessere Lebensmittelkarte«.

Um diese Lebensmittelkarten gab es auch Ärger, als nämlich Künstler, Wissenschaftler und Betriebsführer die besten erhielten. Und schon auf einer der ersten Konferenzen aller 20 Bezirksbürgermeister sah sich der stellvertretende Oberbürgermeister Maron gezwungen, die »Diplomatenverpflegung« der neuen Bonzen damit zu verteidigen, daß diese ein Anreiz zur Arbeit sein sollten. Es blieb bei der Aufteilung in fünf Gruppen. Doch auch das, was auf ihren Lebensmittelkarten angegeben war, bekamen die Berliner in den seltensten Fällen zu sehen. Zum Beispiel war die Versorgung mit Milch schwer durchzuführen, weil die Transportwege nach Berlin katastrophal waren und die für Berlin bestimmten Mengen an Milch auf dem Lande verdarben, weil sie nicht abgeholt werden konnten, so daß mehrere Wochen lang nur Kleinstkinder, stillende Mütter und schwangere Frauen Milch erhielten. Milch war in den ersten Monaten im Hause von Helene und Karla Mangelware, obwohl sie sich bemühten, genug Lebensmittel für die Kinder zu besorgen. Doch die Nahrungssituation wurde immer schwieriger, da Helene durch ihre Arbeit auf dem Bau kaum noch die Zeit hatte, hamstern zu fahren.

Und der Winter stand vor der Tür. Es mußten Wohnungen — oft nur notdürftig — winterfest gemacht werden. Improvisation und Einfallsreichtum waren jetzt gefragt. Helene war froh, daß sie ihre Wohnung schon einigermaßen hergerichtet hatte und diese Sorge nicht mehr da war. Sie hatte ihre Arbeit und war erst einmal glücklich.

»Ick zog also morgens los mit einer Scheibe Brot in der Tasche. Eingeteilt wurde ich zuerst, um Dachböden zu entrümpeln. Da haben wir uns Eimer genommen und sind hochgelaufen. Fünf Treppen. Damals gab es ja keine Rutschen, so daß wir den ganzen Dreck auch wieder runterschleppen mußten. Oben haben wir dann den ganzen Schutt in die Eimer gepackt und wieder runter. Unten standen dann andere Frauen, die haben allet sortiert. Die Steine, die noch gut waren, kamen auf eine andere Baustelle. Ich bin mit drei anderen Frauen immer hoch, weil wir noch die jüngsten waren und noch gut zu Fuß. Obwohl — ick fand det ganz schön anstrengend — immer rauf und runter. Und dann die Eimer, die waren doch auch schwer. Wir hatten alle nach ein paar Tagen mächtig Schwielen an unseren Händen und dicke Blasen. Außerdem war es auch ein komisches Gefühl durch verlassene Wohnungen zu gehen, da sah man manchmal sogar noch ein Bild oder den Rest eines Bettes. Einmal, da waren wir auch in einer Wohnung, die fast leer war. Die Tapeten hingen in Fetzen runter und kaputte Stühle lagen da noch, die Wohnung war schon leer, aber irgendwie hatte man das Gefühl — hier haben mal Menschen gelebt. Ick weeß nich wieso, aber an diesem Tag waren wir alle etwas gedrückt und wir sind da richtig umhergeschlichen und haben uns nur leise unterhalten. Da hat dann eine von uns in einer Ecke einen kleinen, verdreckten Teddy gefunden. Als sie uns den zeigte, waren wir ganz schön fertig, weil wir an das Kind dachten, dem dieser Teddy gehörte. Vielleicht lebte dieses Kind irgendwo und hat schon einen neuen Teddy oder aber — und im Geheimen wußten wir, das war wahrscheinlicher — das Kind war tot. Meine Kollegin fragte, ob einer von uns den Teddy haben wollte. Aber keiner hat den mitgenommen, da hat sie den dann eingesteckt. Ja, manchmal war das ganz schön traurig, und wir dachten auch an unsere Wohnungen, die jetzt nischt Wohnliches mehr an sich hatten. Als es dann Anfang September schon manchmal etwas kühler wurde, hab ick Else gefragt, ob man nich mal das eine oder andere Stück Holz mit nach Hause nehmen könnte. So alte Tapeten oder Holz. Else sachte, det wär in Ordnung — aber dann für alle. Wir haben uns dann aufgeteilt und fünf Frauen sind durch die Häuser gelaufen und haben allet eingesammelt, wat wir meinten zu brauchen. Während die Fünf durch die Häuser zogen, haben die anderen für die mitgearbeitet. So bin ick an Holz und an Pappe rangekommen. Wenn dann die Kinder aus der Schule kamen, haben wir denen dat mitgegeben, denn wir wurden ja auch kontrolliert. Aber de Gören haben se in Ruhe gelassen.«

Der Winter 1945/46 wurde kalt, sehr kalt. Jetzt kam zu dem Hunger auch noch der Frost. Die viel zu geringen Kohlelieferungen wurden in erster Linie für die Industrie und die Stromversorgung gebraucht. Die Berliner holten sich ihr Holz aus den Wäldern und Grünanlagen. Gegen Bezahlung konnten die »Stubbenscheine« erworben werden, mit denen man eine Baumwurzel ausgraben durfte. Eine Arbeit, die Stunden dauerte und sehr schwer war. In Helenes Wohnung gab es zwei Öfen — einen im Wohnzimmer und einen in der Küche. Um Kohlen und Holz zu sparen, wurde nur die Küche geheizt. Wenn Helene mit einem Stubben nach Hause kam, dauerte es Stunden, bis der Stubben so klein war, daß er in den Ofen paßte. Weil alle beim Zerkleinern mithalfen, brauchte an diesem Abend der Ofen nicht angemacht zu werden, und der Stubben konnte einen Tag noch trocknen. Aber am anderen Abend saßen dann alle um den Ofen herum und warteten, daß es warm wurde. Wenn es endlich soweit war, konnten sie einander kaum sehen, so verraucht war die Küche.

»Aber so war et doch wenigstens mal eine Stunde lang warm

am Tag. Ansonsten haben wir doch nur gefroren. Dazu noch der ewige Hunger und Weihnachten stand doch vor der Tür. Unsere erste Friedensweihnacht. Ick wollte irgendwat organisieren für die Kinder, also hab ick Else gefragt, die kannte sich schließlich aus. Ick war mittlerweile auf eine andere Baustelle, aber mit den gleichen Frauen, und da durfte ick nun Steine klopfen und Schienen für die Loren legen. Denn damals gab et ganz wenig Autos oder sowat. Wir hatten Pferdewagen — ohne Pferd, versteht sich — zum Ziehen. Auf die haben wir dann die Steine gelegt, und dann haben zwei Frauen vorne und zwei hinten Pferd gespielt. Jeden Tag acht Stunden: Steine klopfen, aufladen, Steine klopfen, aufladen. Oder eben die Loren ziehen zu anderen Baustellen. Meine Hände sahen dementsprechend aus, völlig zerrissen, obwohl ick mir aus Zeitung und geklauten Mullbinden Handschuhe gemacht hatte. Aber et half nischt. Irgendwann legte sich das aber auch, wie so vieles im Leben. Nur der Hunger und die Kälte, die legten sich nich. Und wie gesacht, Weihnachten stand vor der Tür. Ick sach zu Else, also, wie komm ick an Sachen für meinen Heinz ran? Sacht Else, da gibt et zwei Möglichkeiten, entweder du gehst klauen oder hamstern oder du lachst dir ’nen Am an. Is doch wohl klar. Ick hab die angeguckt wie ’ne blöde Kuh, und da steht se auf und sacht: ›Du hast recht, nützt eh nix.‹ Und wenn ick ganz ehrlich bin, stimmte das auch. Ick sah mit meinen 35 Jahren aus, wie heute 50jährige Frauen. Also Klauen oder Hamstern. Ick hatte doch nix mehr. Doch da hatte Klara die rettende Idee, wie se davon erfahren hat, weeß ick auch nich mehr, aber sie hatte se.

Die Briten hatten nämlich in ihren Bezirken Anschläge angebracht, wo sie ankündigten, 50 000 Berliner Kinder zu evakuieren, um ihnen die Kälte zu ersparen. Ick hab dann meinen Nachbarn, der ja Kommunist war, gefragt, ob unser Heinz auch eine Chance hätte, da mitzukommen. Und irgendwie hat der das dann geschafft, daß unser Heinz mitdurfte. Ick hab dann meinem Jungen die Reise schmackhaft gemacht und nach langem Hin und Her wollte Heinz dann auch. Man darf ja nich vergessen, wir beide waren noch nie voneinander getrennt gewesen und dann auch noch zu Weihnachten. Aber Karla hat ihm dann erzählt, daß viele Kinder mitfahren und daß er auch genug zum Essen hat. Da hat er eingewilligt. Im November ging es los. Ick hab ihn zum Bahnhof gebracht, und da standen schon Hunderte von Menschen und schrien und lachten. Da hat mein Junge ganz fest meine Hand gehalten, und er war auf einmal ganz ruhig und still, so wie ick ihn gar nich kannte. Zum Glück standen in der Nähe noch einige Mütter mit Jungen in seinem Alter, die genauso traurig guckten, und nach wenigen Minuten rannten sie schon auf dem Bahnsteig rum. Als er dann eingestiegen ist, haben wir beide wie die Verrückten geheult. Aber ick dachte, et is wohl das Beste.

Ick bin dann nach Hause und hab Trübsal geblasen, und am anderen Morgen bin ick wieder arbeiten gegangen und hab meine Steine geklopft und gebuddelt. Plötzlich fasse ick an wat Weiches, und da hab ick an einen Arm gefaßt. Mit mehreren Frauen hab ick gebuddelt wie ne Verrückte, und nach einer halben Stunde haben wir dann einen Mann rausgeholt, der nich mehr zu erkennen war. Wir waren alle ganz stumm, denn obwohl das in den ersten Monaten nich selten war, ist es dann doch immer wieder ein seltsames Gefühl. Inmitten dieser Stille sacht dann eine, der Mantel wäre noch in Ordnung, und ob ihn jemand haben wollte. Fast schon teilnahmslos verneinten wir stumm. Da zog die Frau den Mantel aus und probierte ihn gleich an. Irgendwie konnten wir sie verstehen. Später wurde der Mann dann abgeholt, und wir haben weitergemacht, als wär nischt geschehen. Und dann — sozusagen als Höhepunkt — fährt ein Jeep vor, so ein amerikanischer, und eine junge

Frau steigt aus. Ne richtige Frau — nicht sonne Gestalten wie wir, sondern eine Frau mit einem schwarzen Mantel, Perlonstrümpfen und mit meine Stöckelschuhe. Elses Schwester. Wir haben sie alle angestarrt und dann uns. Mensch sahen wir gegen die aus: Hosen aus alten Decken, darüber Pullover aus verschiedenen Wollresten zusammengestrickt und das obligatorische Kopftuch. Else winkte mich runter, und ick lief auf die an diesem Ort seltsame Gruppe zu. Else stellte mich ihrer Schwester und dem Soldaten vor. Das sei ihr Freund, raunte sie mir zu. Ick nickte stumm. Anneliese fragte nach Heinz und gab mir ein kleines Paket. ›Für Deinen Jungen‹, sachte sie. Dann lud sie mich ein, mal mitzufahren in ein Cafe, wo amerikanische Soldaten verkehren. Morgen? Ja, Morgen.«

Nachdem Mitte Juli das Fraternisierungsverbot aufgehoben wurde, das den alliierten Soldaten jeden privaten Umgang mit Deutschen verbot, freundeten sich viele Frauen mit ihren Besatzern an. Die Grenzen zwischen Vergewaltigung und Prostitution wurden allmählich fließend. So gab es viele Soldaten, die sich nach einer Vergewaltigung mit Brot, Zigaretten, Schokolade oder Strümpfen quasi entschuldigten. Und die jungen Frauen? Sie waren oft so geschwächt, daß sie nicht auf den Trümmern arbeiten konnten, und sie bekamen deshalb auch die schlechtesten Lebensmittelkarten. So freundeten sie sich — oft mit Billigung der Eltern — mit Soldaten an und wurden zum Hauptернährer der Familie. So war es auch bei Elses Schwester. Sie lernte in einem Cafe einen Soldaten der amerikanischen Truppen kennen, der sie und ihre Familie mit allem Notwendigen versorgte. Helene, eigentlich von ihrer Erziehung eher konservativ, dachte auf dem Nachhauseweg nochmal über ihre Entscheidung nach, die Einladung anzunehmen. Doch als sie am Abend Karla von ihrer Einladung erzählte, drängte sie Karla, dort hinzugehen und sie gleich mitzunehmen.

Am nächsten Tag, nach 8 Stunden Arbeit, rannte sie, so schnell sie konnte, nach Hause, um sich fertigzumachen.

»Karla sollte mit. Und als ick am Abend nach Hause kam, hatte die sich schon ihre Haare gewaschen und sah richtig flott aus. Aber aus mir ließ sich nischt mehr machen. Die Haare verklebt, Schwielen an den Händen, und als Kleid hatte ick nur das gute Schwarze von Oma Polten. Ick wollte erst gar nich mehr mit. Aber Karla hat Wasser geholt und mir mit eiskaltem Wasser die Haare gewaschen, dann bekam ick noch ein wenig von ihrem größten Schatz: einem Lippenstift. Als wir so nebeneinander standen, sahen wir aus wie Mutter und Tochter, obwohl ick nur 12 Jahre älter war als Karla. Wenn nich Anneliese gekommen wäre, hätte ick mich verkrochen. Aber nun war se da und ick mußte mit. Wir sind in den Jeep gestiegen und haben keinen Ton gesacht. Konnten wir auch nich, die quatschten doch nur englisch. Endlich waren wir da — an son uralten Schuppen, wo ick sonst nie reingehen würde. Da mußten wir die Treppen runtergehen. Als wir die Tür aufmachten, kam uns blauer Qualm, Musik und Wärme entgegen. Karla und ick staunten nur noch Bauklötze. Dat muß man sich doch mal vorstellen — mitten in den Trümmern son Schuppen. Wir setzten uns an einen Tisch, wo schon andere Soldaten saßen, die uns angrinsten und uns auf englisch ansprachen. Wir beiden, wie die blöden Gänse, grinsten zurück, ganz verschämt. Annelieses Freund schien sich hier auszukennen, denn sobald wir saßen, kam ein Kellner und fragte uns nach unseren Wünschen. Da wir schon lange nicht mehr aus waren, wußten wir auch nich, was es zu trinken gab. Anneliese bestellte für uns dann mit, und ick trank den ersten Whisky meines Lebens. Mir wurde ganz heiß, aber nun fand ick es hier nich ganz so schlimm. Karla wurde gleich zum Tanzen aufgefordert, Anneliese tanzte schon längst. Ick saß allein mit einem Soldaten, der kein Deutsch sprach und ick kein Englisch. Plötzlich überkam et mich: Auf dem Tisch lagen amerikanische Zigaretten — echte. Ick rechnete schnell nach, wieviel man da auf dem schwarzen Markt bekommen würde, und nahm drei Stück aus der Packung. Mensch — dafür grinse ick ooch noch mehrere Stunden lang. Und wie ick da so saß und vor mich hingrinse, kam doch tatsächlich einer und forderte mich auf. Warum nich? Gegen Tanzen kann ja keiner wat haben, ick nich, mein Junge nich und mein Mann schon gar nich. Wat weeß ick, wat der jetzt so gerade treibt. Angeregt durch meinen kleinen Klau, durch den Whisky, stand ick sehr beschwingt auf und ging auf die Tanzfläche. Ach war det schön, mal wieder zu tanzen, wenn ick auch die Musik nich so gut fand. Amerikanisch. Aber es war Musik. Mir begann der Abend richtig Spaß zu machen, bis mein Kavalier mich fragte: Du Mutter? Ick sah den an, und da viel et mir wie Schuppen von den Augen, der dachte, ick wäre Karlas Mutter. So eine Frechheit. Ick ließ den einfach stehen und wollte sofort gehen. Auf der Straße fiel mir ja ein, dat et ja schon Sperrstunde war. Ick ging also zurück und wartete an unserem Tisch auf Karla. Aber die amüsierte sich wie Bolle und dachte gar nich zu mir zu kommen. Und ick saß da wie eine alte Oma, als Anstandsdame für son junges Ding. Endlich kam Karla und ließ sich fallen, steckte sich eine Zigarette an und trank auch noch aus meinem Glas. Ick sachte ihr: ›Du scheinst dich ja wirklich zu amüsieren, wat?‹ Und sie — plötzlich Dame von Welt — bläst den Rauch geziert zur Decke: ›Du nicht?‹ ›Nein, ick amüsier' mich nich, und ick will nach Hause, sofort!‹ hab ick ihr zugezischt. Da sieht die mich an und sacht, daß det hier schön wäre, und sie wolle schließlich auch mal leben. Aus. Meine Einwände, daß ick nächsten Morgen um sechs Uhr wieder rausmuß und auf den Bau, interessierte die keinen Pfennig. Sie stand auf und ging wieder tanzen, und ick saß an meinem Tisch und wollte nur noch schlafen. Und dat hab ick auch gemacht, ick bin in dem lauten

Krach eingeschlafen, und irgendwann im Morgengrauen sind wir dann mit dem Jeep wieder nach Hause gefahren. Dann hab ick mich noch umziehen können und bin wieder los. Dahin, wo ick anscheinend auch hingehöre. Auf den Bau.«

Helene ging weiter zum Bau. Doch Karla hatte an diesem Abend einen amerikanischen Offizier kennengelernt, Sam, der jetzt häufiger bei den beiden Frauen zu Besuch war. Und durch Sam lernte auch Helene den Geschmack von richtigem Kaffee kennen. Als Gegenleistung bereiteten Helene und Karla dem Amerikaner eine deutsche Weihnacht, mit einem Tannenzweig, etwas Lametta und einer Kerze. Trotzdem war diese Weihnacht traurig, denn Helene war zum ersten Mal ohne ihren Jungen, von dem sie nicht viel hörte. Doch Anfang Januar 1946 war alles wieder beim Alten: Heinz war wieder da, und Sam hatte eine andere Frau kennengelernt. Der Amerikaner ging — der Hunger kam.

»Wenn ick nich gewesen wäre, hätten wir überhaupt nischt zu Weihnachten gehabt. Ick hatte für den Heiligen Abend ein Glas Bohnen, Schokolade und eine Flasche Wein zurückbehalten. Oma Polten hatte ein paar Eier, Maismehl und eine Handvoll Rosinen. Am Vormittag war ick noch auf dem Bau, und da kamen ein paar Russen vorbei, die riefen immer ›Machorka, Machorka?‹ Dat war so wat ähnliches wie Zigaretten. Nee danke, wir waren ja jetzt amerikanische Zigaretten gewöhnt, und zur Feier des Tages hab ick zwei mitgebracht, die haben wir dann in einer Pause zusammen geraucht. Diese Pause am Heiligen Abend 1945 war das Schönste am ganzen Weihnachtsfest. Jede hatte etwas mitgebracht, die eine hatte Kaffee, die andere Plätzchen, und eine hatte sogar en Schnaps. Wir haben zusammengesessen und geraucht und gequatscht, und zum Schluß haben wir dann sogar noch Weihnachtslieder gesungen. Richtig feierlich war das plötzlich. Abends zu Hause trudelten so nach und nach einige Nachbarn ein. Als erstes wurde gefragt: ›Wat hasse denn mitgebracht?‹ Jede legte etwas auf den Tisch, und ick hatte sogar einen Tannenzweig und eine Kerze. Als dann noch Sam kam, war der Abend perfekt, der brachte nämlich Fleisch, Kartoffeln und richtige Plätzchen mit. Wir haben uns alle um den Tisch rumgesetzt und haben gegessen, getrunken und gesungen. Sam war ganz begeistert und hat uns alle geküßt. Sogar für die Kinder hat er etwas mitgebracht, auch für meinen Heinz hatte er was, obwohl der doch gar nich da war. Als die anderen schon alle weg waren, holt der uns noch ein Paket raus und sagt mir: ›Mach auf.‹ Ick wollte et nich glauben, daß er auch an mich gedacht hat. Ick hab sofort ausgepackt, und da lagen tatsächlich richtige Nylons drin, und als ick se raushole und mit eine Hand da reingehe, hab ick mit meinen rauhen Hände eine Laufmasche gerissen. Da hab ick Rotz und Wasser geheult, und ick konnte mich nich beruhigen. Da nahm Karla den Strumpf und versprach, ihn für mich zu reparieren. Am anderen Morgen lag er gestopft auf meinem Tisch. Was habe ick diese Strümpfe geliebt und wollte se doch sofort ausführen — nur womit? Ick hatte keinen Hüftgürtel mehr, da hab ick zwei Schnüre genommen und hab se um meine Oberschenkel und die Strümpfe gebunden. Diese Strümpfe hielten dann noch länger, als Sams Liebe zu Karla. Anfang Januar war der weg — aber Heinz, der war wieder da.«

So traurig es auch heute klingen mag — Helene hatte es noch ganz gut getroffen. Sie hatte ein Dach über dem Kopf und Arbeit. Im Winter 1945/46 starben in Berlin 60 000 Menschen, die meisten an Unterernährung oder durch Erfrierungen. Darüberhinaus nahm die Lebensmittelknappheit immer bedrohlichere Formen an. So wurden die Lebensmittelrationen für den Normalverbraucher von 1500 auf 1000 Kalorien gekürzt. Doch diese Angaben waren eher trügerisch, weil sie sich nur auf Kohlehydrate bezogen, denn Fett und Eiweiß gab es nur in winzigen Mengen. Auch auf dem schwarzen Markt und beim Tauschhandel mit den Bauern gab es nur noch ganz selten Gemüse oder Fett, die dann mit horrenden Preisen bezahlt werden mußten. Helene opferte während dieser Zeit ihren gesamten Schmuck. Für einen halben Liter Milch und ein Pfund Speck verkaufte sie ihren Ehering, eine goldene Uhr und einen kleinen Anhänger. Doch ihr Junge war schwer erkrankt und brauchte die Lebensmittel dringend. Im Frühjahr gab der Berliner Magistrat die öffentlichen Grünanlagen als landwirtschaftliche Nutzfläche frei. Der Berliner Tiergarten wurde ein riesiger Schrebergarten, und auf jedem Balkon wurden Kräuter, Kartoffeln oder Tabak angebaut.

In Potsdam hatten die Siegermächte im Sommer 1945 beschlossen, die deutsche Wirtschaftskraft zu mindern und alles zu demontieren, was die Deutschen nicht unbedingt benötigten. Am 26.3.1946 war gemäß den Potsdamer Vereinbarungen ein sogenannter »Industrieplan« verkündet worden, dessen Ziel es war, deutsches Kriegspotential zu vernichten, Reparationen an die durch Deutsche geschädigten Länder weiterzuleiten und in Deutschland einen Lebensstandard aufrechtzuerhalten, der den durchschnittlichen Standard europäischer Länder — ausgenommen Großbritannien und die Sowjetunion — nicht übersteigen sollte. Doch schon bald forderte die USA eine Einstellung der Demontage deutscher Industrieanlagen. Dagegen votierten sehr lange die Engländer, die diese Gelegenheit nutzen wollten, ihre deutsche Stahlkonkurrenz lahmzulegen. Doch Ende 1949 hörte die Demontage im Westen praktisch auf. Nur Berlin war am längsten von der Demontage betroffen. Hier wurden nicht nur Rüstungsbetriebe, sondern auch sonstige Industrieanlagen zur Demontage vorgesehen.

Die Sowjets, deren Industrieanlagen während des Krieges durch die Deutschen am meisten zerstört worden waren, hatten die Zusicherung der Westalliierten, aus ihrem Besatzungsgebiet alles herauszuholen, was für den Aufbau der Sowjetunion nützlich sein konnte. Daneben stand den Sowjets auch ein Teil der in den Westzonen zu demontierenden Industrieanlagen zu. Und so wurde in Berlin eine große Anzahl von Betrieben demontiert.

»Also det war im März 1946. Ick war jetzt in einer Maschinenfabrik beschäftigt, wo wir auch erst mal alles weggeräumt hatten. Und da standen ja kaum noch Maschinen herum. Einige Männer und Frauen sind dann losgegangen und haben bei so kleinen Werkstätten nach Maschinen gesucht, und haben auch etwas gefunden. Ick weiß aber nich mehr, was das für Maschinen waren. Auf jeden Fall, eines Tages kamen einige Russen mit Lastwagen und luden alle Maschinen wieder auf. Wir standen alle wie die Ölgötzen rum und wußten nich, was wir tun sollten. Nur einer von uns — ein Genosse von denen — geht auf die zu und versucht denen klarzumachen, daß hier schon von Russen demontiert wurde, und daß wir hier mühselig wieder alles zusammengetragen hätten und so weiter und so fort. Der Russe hört sich das Ganze an und haut ihn dann mit einem Gewehrkolben einfach nieder und hat dann mit dem Gewehr auf uns gezielt. Da standen wir nun wie die Ölgötzen und konnten einfach nischt unternehmen. Ick hatte eine Scheißwut auf die Russen. Denn jetzt hatte ick doch wieder keine Arbeit.«

Allein in Berlin wurden bis Ende 1945 140 Betriebe demontiert. Wenn man die durch den Krieg zerstörten Betriebe hinzurechnete, beliefen sich die Verluste der Berliner Industrie auf rund 85%. Trotz alledem wurden in Berlin dringend Arbeitskräfte gebraucht. Im Mai 1945 wurde deshalb eine Melde-Arbeitspflicht erlassen. Bei Nichterfüllung drohte der Entzug der Lebensmittelkarte, und da damals Hausfrauentätigkeit nicht als Arbeit anerkannt wurde, drängten besonders viele Frauen auf den Arbeitsmarkt. Ihr Anteil von fast 50% aller

Arbeitnehmer hielt sich im Gegensatz zu den Westzonen noch bis Ende der 40er Jahre.

Die Frauen ließen sich auch nicht von den vielen Betriebsschließungen irritieren, sondern standen sofort wieder auf dem Arbeitsamt. So auch Helene. Auf den Fluren der Arbeitsämter trafen sich immer die gleichen Frauen, und während der Wartezeiten wurden die neuesten Neuigkeiten ausgetauscht — wo man gut hamstern konnte, wo reelle Händler standen, und wie es zu Hause stand. Auf den Fluren des Arbeitsamtes konnte man ab und an sogar Händler finden, die hier ihre Waren anboten.

»Ja und nachdem die Firma nich mehr arbeiten konnte, bin ick wieder zum Arbeitsamt gegangen. Da saßen wir alle wieder zusammen, viele Frauen kannte ick ja schon, und wir unterhielten uns über die Arbeit, Hamsterfahrten und über Kinder. Während wir da warteten, spielten die Kinder auf den Fluren herum. Obwohl alles ja ganz schön war, mal im Warmen zu quatschen, ick war immer froh, wenn wir dann aufgerufen wurden. Endlich war et so weit, ick war dran. In dem Büro standen mehrere Schreibtische mit Männern und Frauen, und mein zuständiger Mensch, det war en Mann. Ick zu dem hin und gesacht, det ick wieder arbeiten will. Der sucht meine Karte raus und fragt mich dann, warum ick denn nich mehr bei der Firma Paules arbeite. Ick dachte so bei mir, det die hier drinnen wirklich nich mitkriegten, wat draußen los war, und erzähle dem, daß die Russen mal wieder die Schnauze nicht vollgekriegt haben und da zum zweiten Mal alles abgebaut haben. Da hält der Kerl mir einen Vortrag über Faschismus, Krieg und Zerstörung und daß das ja wohl deren gutes Recht wäre. Da kriegte ick en Anfall. Ick schrie den beinahe an, vonwegen mein Sohn und ick müßten essen, und dat geht nur, wenn ick arbeite, und wir bräuchten Holz und Kohlen, auch die bekämen wir nur durch Arbeit, und wenn die Russen hier so weiter wüten, wär et hier bald Schluß, auch für ihn. Nach langem Hin und Her bekomm ick aber von dem Mann einen Zettel mit einer Adresse. Eine Firma im Westsektor, wunderbar, vielleicht haben die da schon andere Aufgaben für mich als dieses ewige Steinekloppen. Ick ging gleich los und stellte mich vor, und weil die in Bedrängnis waren, fing ick gleich an. Wat soll ick sagen, ick geh mit dem Meister die Treppen runter auf den Hof, da standen wieder Frauen in Reih und Glied und hauten Steine. Also irgendwie war det schon deprimierend, aber Hauptsache, ick hatte Arbeit, und wir bekamen damals 63 Pfennig pro Stunde und einen Teller Milchsuppe zusätzlich. Die Suppe allerdings hab ick immer meinem Jungen gegeben, der mittags von der Schule bei mir vorbeikam. Von weitem schrie der schon: ›Mama — hasse ne Stulle?‹ Ick hatte natürlich eine für meinen Heinz. Wenn der kam, bin ick vom Trümmerberg runter und hab mich mit ihm und den anderen hingehockt, und wir haben schön zusammen gegessen. Wenn der Tag besonders gut war, konnte ick mir noch eine Zigarette leisten. Nach ner halben Stunde war unsere Pause vorbei, und ick mußte wieder ran. Manchmal bei schönem Wetter hat der Heinz seine Hausaufgaben gleich bei mir unten auf dem Trümmerberg gemacht — wie andere Kinder auch. Das hatte den Vorteil, man hatte die Kinder unter Kontrolle, und sie trieben sich nich rum. Als ick bei dieser Firma war, da habe ick doch gemerkt, wie sehr diese Arbeit schlaucht und wie müde ick abends immer war. Gemerkt hab ick das auch daran, wieviele kleine Unfälle ick jetzt hatte. Anstatt auf den Stein hab ick mir auf den Daumen gehauen oder Steine auf die Füße fallen lassen und so weiter. Wie mir ging es vielen anderen Frauen ja auch. Ick hatte das Gefühl, es passieren mehr Unfälle, auch tödliche. Zum Glück hab ick nur einen erlebt und das auch nur aus der Ferne. Eine Straße weiter bauten einige Männer und Frauen schon wieder Häuser auf, und die haben fast schon im

Akkord gearbeitet, na ja, und eines Tages kam mein Heinz an und schrie: ›Da is eine tot, da is eine tot!‹ Wir haben allet liegen- und stehenlassen und sind dahin. Als wir kamen, konnte man aber nichts mehr sehen, und doch, allein die Tatsache, daß das eine von uns war, hat uns doch sehr traurig gemacht. Ein paar von uns haben sogar geweint, und zum ersten Mal haben wir direkt gespürt, daß unsere Arbeit auch gefährlich war.«

1946 würdigten die Politiker und auch die Unternehmen den Arbeitswillen und die Aufbauarbeit der Frauen. Zwar nur in Reden, aber immerhin waren zu diesem Zeitpunkt die Frauen mehr als erwünscht, auch in Berufen, die lange Jahre zuvor und — wie sich herausstellen sollte, auch kurze Zeit später — als reine Männerberufe galten und damit als nicht zumutbar für Frauen. In einem Bericht des Berliner Magistrats hieß es 1946: »Blicken wir heute auf die Arbeitsleistungen der Frauen im Rahmen des Wiederaufbaus Berlins, insbesondere bei den Enttrümmerungsarbeiten, so finden wir, daß gerade die Frauen die Zeichen der Zeit verstanden haben und sich mutig und willig den harten Gegebenheiten anpassen.«

Dieser Bericht, den die wenigsten Frauen damals lasen, klang wie Hohn angesichts der Tatsache, daß Hausfrauentätigkeit nicht als Arbeit anerkannt und mit der schlechtesten Lebensmittelkarte gewissermaßen »bestraft« wurde. Viele Frauen lebten allein und mußten für ihre Kinder sorgen, und die meisten von ihnen hatten ihre wenigen Vorräte verbraucht und schon alles versetzt, was Geld oder Lebensmittel einbrachte. Berlin — und nicht nur Berlin — war zu dieser Zeit eine Frauengesellschaft ohne Macht. 60% der Bevölkerung waren Frauen, die Männer, die damals in Berlin lebten, waren entweder alt oder krank. Frauen waren es, die die Nahrung beschafften, den Wohnraum und die Familien zusammenhielten. Doch in Verwaltung und Regierung bestimmten wie eh und je Männer.

Frauen wie Helene und Karla hatten allerdings auch gar keine Zeit, sich mit Politik zu beschäftigen, sie waren den ganzen Tag damit beschäftigt, den Haushalt zu versorgen und Geld zu verdienen. Zeitungen lasen sie äußerst selten und wenn doch, dann nur, um zu erfahren, wieviele Flüchtlinge und Kriegsgefangene Berlin erreichten. Helene wartete immer noch auf ihren Mann, denn das Alleinsein fiel ihr schwer, zumal auch ihr Sohn den Vater brauchte und die Familie einen zusätzlichen Verdiener nötig hatte. Die Ernährungssituation in dem kleinen Frauenhaushalt wurde langsam bedenklich. Karla und Helene hatten alles versetzt, was sie besessen hatten, und konnten auf keine Reserven zurückgreifen. Von dem Geld, das Helene auf dem Bau verdiente, konnte man auch nicht mehr viel kaufen, und so mußten die Frauen zum Hamstern aufs Land.

»Irgendwann mußten wir los. Es ging kein Weg dran vorbei, denn wir hatten — vor allem die Kinder — seit Wochen weder Gemüse noch Fleisch gegessen. Wir beschlossen, am Samstagmorgen loszufahren, zusammen mit Heinz, der schnell laufen konnte. Wenn ick mir det heute vorstelle, wir haben die Kinder richtig zum Klauen animiert, dat det keine Verbrecher geworden sind, wundert mich heute noch. Aber ick hab dem Heinz erklärt, daß wir nur soviel klauen, wie wir für uns allein benötigen und sonst nischt, allet andere wäre Diebstahl. Da lacht der und fragt mich, wat wir denn machen würden, am Samstag. Da hab ick gesacht, det wär Überlebenskampf. Basta.

Und so fuhren wir los, mit em Zug. Als wir ankamen, sahen wir Menschen über Menschen, die alle das gleiche vorhatten wie wir. Da wir so ungeübt waren, hatte es überhaupt keinen Zweck, dat klappte nie. Wir beschlossen zu warten, bis es dunkel wurde. Heinz war auch schon müde, und wir gingen in einen kleinen Wald, wo wir uns in einer kleinen Mulde hinlegten und einschliefen. Als ick wieder wach wurde, war det immer noch hell und unheimlich kalt. Erst wollte ick dat ja nich wahrhaben — aber et war Morgen, und wir hatten die ganze Nacht verschlafen. Ick hatte eine Scheißwut auf mich und auf Karla, die immer noch wie ne Göre schlief. Ick weckte sie sehr zornig, und da macht die ihre Augen auf und sacht auch noch fröhlich ›Guten Morgen!‹ Ick redete auf die ein, daß das zwar ein sehr schöner Ausflug gewesen wäre, aber wir immer noch nischt hätten und uns wahrscheinlich nur ne Erkältung eingefangen haben. Karla beruhigte mich und packte unsere Stullen aus und was zu trinken. Wir frühstückten in Ruhe wie auf einem Picknick. Als wir aufgegessen hatten — unser Heinz schlief noch — ging Karla los und ließ mich allein. Ja, wat sollte ick denn machen in dem Wald neben einem schlafenden Kind? Ick legte mich dazu und schlief in Nullkommanichts ein. Diesmal weckte mich Karla mit einem Stück Speck, drei Eiern, Möhren, Kartoffeln und Kohl. Ick dachte erst, die hätte das alles geklaut — aber wie sollte sie an den Speck und an die Eier rangekommen sein? Ick sah sie an und dachte, mein Gott, die arme Karla wird sich doch nich mit dem Bauern . . . Karla merkte sofort, an wat ick dachte, und sie beruhigte mich. Sie hatte ihren Ehering und den Ring ihrer Oma verkauft, und der Bauer war großzügig. Wir weckten Heinz, der nun dachte, et geht los mit der Klauerei. Als ick dem sachte, wir fahren nach Hause, fing der Bengel noch an zu brüllen, er will klauen gehn und was zu essen besorgen. Karla wollte schon nachgeben und ihn machenlassen, aber ick wollte sofort nach Hause, und wir hatten ja noch die Kontrollen vor der Brust. Ick schärfte Heinz ein, bei den Kontrollen seinen Mund zu halten und nischt zu sagen, aber wenn es sich nicht vermeiden ließ, soll er sagen, wir waren bei unserer Oma in Brandenburg. Aber wir sind nicht kontrolliert worden und waren abends irgendwann zu Hause. Ick hab um elf Uhr abends noch Mohrrübeneintopf mit richtigem Speck gekocht. Herrlich!«

Dieser Berliner Sommer war für die Bevölkerung von der

Suche nach Lebensmitteln bestimmt, für die Politiker dagegen vom Wahlkampf, der heftig war und in dem bezeichnenderweise die Notlage der Bevölkerung eine erstaunlich unwichtige Rolle spielte. Stattdessen entbrannte ein ideologischer Streit über das veränderte Verhalten der Vereinigten Staaten gegenüber dem besetzten Deutschland. Immer mehr waren sie von ihrer Direktive ICS 1067 abgerückt, in der es hieß: »Deutschland wird nicht besetzt zum Zwecke seiner Befreiung, sondern als ein besiegter Feindstaat.« Der amerikanische Außenminister ging sogar noch weiter, seine Rede im September 1946 schloß mit den Worten: »Das amerikanische Volk wünscht dem deutschen Volk die Regierung zurückzugeben. Das amerikanische Volk will dem deutschen Volk helfen, seinen Weg zurückzufinden zu einem ehrenvollen Platz unter den freien und friedliebenden Nationen der Welt.« Im gleichen Monat wurde die wirtschaftliche Zusammenarbeit der amerikanischen und britischen Besatzungszonen beschlossen und Anfang 1947 auch eingeführt.

Die ersten freien Wahlen im Nachkriegs-Berlin gewann mit 48,7% die SPD, gefolgt von der CDU mit 22,2%. Die SED bekam 19,8%. Zum Oberbürgermeister wurde Dr. Ostrowski von der SPD, doch die eigentliche Macht lag weiter bei der Alliierten Kommandantur.

Helene hatte sich lange überlegt, ob sie überhaupt zu den Wahlen gehen sollte, denn obwohl sie ganz selten die Zeitung las, interessierte sie sich doch für Politik und den Einfluß der Alliierten. Aber sie konnte sich nicht entscheiden, Wahlkampfveranstaltungen zu besuchen, obwohl ihr Nachbar sie immer wieder einlud. Am Wahltag machte sie wie früher ihr Kreuzchen bei der SPD, ohne sich persönlich davon etwas zu versprechen. An ihrer Situation hatte sich nichts geändert, außer, daß sie immer mehr Hunger hatte und die Schwarzmarktpreise immer höher schnellten. Außerdem hatte sie sich entschlossen, aus ihrem Heinz etwas zu machen. Durch den vielen Schulausfall hatte sie das Gefühl, da müßte einiges getan werden. Helene engagierte eine Lehrerin, die für drei Mark dem Jungen Nachhilfeunterricht erteilte. Für dieses Geld machte Helene gern Überstunden, denn sie wollte unter allen Umständen verhindern, daß ihr Sohn sich auf der Straße herumtrieb, während sie auf der Arbeit war. Helene spürte immer mehr, wie sehr sie ihren Mann vermißt. Im April 1946 erhält sie von ihm ein Päckchen aus Frankreich mit Zucker, Schokolade und Kaffee. Am Abend erzählte sie ihrem Jungen, das Paket sei von seinem Vater, der nun bald nach Hause käme. Da sah Heinz sie ganz groß an und fragte, warum denn so viele Männer Papa hießen. Das Wort war für Helenes Sohn und für viele andere wohl nur ein Begriff, den die meisten nicht mit Leben oder mit einem Gesicht verbinden konnten. Viele Kinder in Heinz' Alter hatten ihre Väter nicht mehr in Erinnerung. Die Menschen zum Reden, zum Trösten und zum Schmusen waren Frauen. Männer kamen in den Köpfen der Kinder nur als blasse Erinnerung vor, getrübt von der Anschauung kranker und alter oder bettelnder und häufig entstellter junger Männer. Die alliierten Soldaten, das waren tolle Kerle, denen wollten alle Jungs unbedingt nacheifern. So war das liebste Spiel von Helenes Sohn und seinen Freunden »Nazis besiegen«. Helene versuchte, ihrem Sohn zu erzählen, daß auch sein Vater ein Soldat war und in irgendeiner fremden Stadt mit Kindern spielte. Und daß er bald wieder mit seinem eigenen Kind spielen würde.

»Ick merkte natürlich auch, daß Heinz überhaupt keine Beziehung zu seinem Vater hatte, und am Anfang hatte ick auch andere Sorgen. Aber als ick das Paket bekam und wußte, mein Mann lebt, da mußte ick meinen Sohn doch vorbereiten, was nich ganz einfach war. Und ick sehnte mich auch nach meinem Mann. Am Anfang war et nich so schlimm, ick war froh, daß ick lebte, und dann waren ja andere auch allein, und wir haben trotz der harten Arbeit ganz schön viel Spaß gehabt. Wir haben viel gelacht auf der Arbeit. Oder nach Feierabend sind wir oft zu einer Frau nach Hause gegangen und haben gequatscht. Jede Frau hat was auf den Tisch gepackt, wat se eben so hatte. Meistens war das ja nich viel. Denn wir Trümmerfrauen hatten doch gar keine Zeit, auf den Schwarzmarkt oder zum Hamstern zu fahren. Und unser Geld? Was war das schon wert? Nischt, absolut nischt. Aber das Wenige haben wir noch geteilt. Der Zusammenhalt war wirklich toll und einmalig. Das änderte sich ein wenig, als die ersten Männer nach Hause kamen, da blieben die Frauen abends bei sich zu Hause und hatten überhaupt keine Zeit mehr. Man dachte, wenn der Mann wiederkommt, wird allet besser, aber wat ick so mitbekam, hatten die Frauen noch weniger Zeit. Wenigstens hatten se einen Mann, dachte ick immer wieder, obwohl — so ganz im Geheimen hatte ick auch ein wenig Angst vor der Rückkehr meines Mannes, warum kann ick nich sagen — aber Angst war auch da. Ja, und im Juli, kurz nach den Wahlen, kam der dann auch wieder. Ick war an dem Tag zum Lorenfahren eingesetzt und zog den Wagen zu ner Baustelle eine Straße weiter. Dort warteten schon die anderen auf die Steine, um damit bauen zu können. Plötzlich kam Karla angerannt. Sie schrie mich schon von weitem an, daß da son Mann aufgetaucht wär, der behauptete, mein Mann zu sein. Ick fragte sie, wie der denn aussehen würde. Na gut, antwortete Karla. Das mußte er sein, und ick hab mich schrecklich gefreut und war ganz aufgeregt. Meinen Vorarbeiter hab ick gefragt, ob ick sofort nach Hause dürfe, mein Mann wär wieder da. Der hat sich mit mir gefreut und mir sofort freigegeben. Ick bin dann, so wie ick war, nach Hause gerannt, wie eine Wilde, immer mit dem Gedanken, wie er wohl jetzt aussieht. Die Wohnungstür stand offen, und da bin ick reingestürmt, und er saß auf dem Sofa und wartete schon auf mich. Das erste, was er sachte, wie ick denn aussehe, so ganz anders. Na, er sah auch anders aus, nich krank, aber eben älter. Vor lauter Aufregung konnte ick ihn erst einmal nich in die Arme nehmen und hab ihn nur angestaunt und er mich auch. Ich glaub, nach Minuten erst haben wir uns dann gedrückt und geküßt, und dann fragt er nach unserem Jungen, der immer noch nich da war. Aber es war noch früh, und die Schule war noch nich aus. Oma Polten ist dann gekommen, und wir haben uns eine Tasse Muckefuck gegönnt und eine Stulle. Dann kam mein Sohn. Er kam wie jeden Tag hereingeschneit, hat seine Schultasche in die Ecke gefeuert und hat dann auf meinen Mann — seinen Vater — gezeigt und mich gefragt, was das denn für ein Onkel wär. Bevor ich antworten konnte, hat mein Mann gesacht, er wäre doch sein Papa und er bliebe jetzt immer hier. Mein Sohn erstarrte und lief einfach weg, solche Angst hatte er. Am Abend hab ick ihn dann gefunden, und wir haben zum ersten Mal als richtige Familie zu Abend gegessen.

Die erste Zeit hatte er ja erst mal keine Arbeit — sollte er auch nich. Der war ja völlig kaputt, und der Krieg und die Kriegsfolgen machten sich ja doch bemerkbar. Er hatte Schlafstörungen, und sein Magen war auch nich ganz in Ordnung. Nach ein paar Tagen ist er auf die Baustelle gekommen und hat mir geholfen, die Loren ziehen. Ick war so stolz auf meinen Mann und hab angegeben wie sonstwas. Oder aber er ist Hamstern gegangen und hat Lebensmittel für uns besorgt. Eines Tages kommt der mit einem Stuhl auf die Baustelle und sacht, daß es in der Luisenstraße morgen Pferdefleisch geben soll. ›Ja, und wat soll ick mit dem Stuhl?‹ frag ick ihn. Ick sollte mich nach der Arbeit mit dem Stuhl vor det Geschäft setzen und am Abend würde er mich dann ablösen. Ick fand die Idee so gut und einmalig und bin dann nach Feierabend auch zu dem Geschäft hin. Doch die Idee war so einmalig auch wieder nich, denn et saßen schon einige vor dem Geschäft. Am

Abend kam dann auch mein Mann und hat mich abgelöst, und am anderen Tag gab et bei uns Pferdefleisch.«

Nach den ersten Tagen legte sich bei Helene die Begeisterung und Zufriedenheit über die Rückkehr ihres Mannes. Bald half er nicht mehr auf der Baustelle, er saß nur noch zu Hause herum und wartete auf ihre Rückkehr. Auch ihr Sohn konnte sich nicht an den Vater gewöhnen. Bald gab es wegen Heinz öfter Auseinandersetzungen, und auch Karla sollte die Wohnung verlassen, denn Helenes Mann fühlte sich nicht wohl in ihrer Gegenwart. Der heißersehnte Mann entwickelte sich bald zu einem störenden Faktor in dem Frauenhaushalt. Beide Frauen waren in ihren Entscheidungen sehr selbständig und brauchten auch niemandem Rechenschaft über ihr Tun abzulegen. Aber Hermann — Helenes Mann — pochte auf seine Rechte. Er, der noch krank zu Hause saß, spürte sehr bald, daß Helene ohne ihn sehr gut zurechtkam. Sie war lange Zeit und immer noch der Haupternährer der Familie und für den gemeinsamen Sohn die Respektsperson. Wenn die beiden Frauen — Karla arbeitete als Hilfsschwester in einem Krankenhaus — aus dem Haus waren, blieb Hermann oft stundenlang in seinem Sofa sitzen oder wanderte durch die Straßen. Er beteiligte sich immer weniger an der Beschaffung von Lebensmitteln.

»Als ick eines Abends von der Arbeit nach Hause kam, total kaputt, und ick ihn auf dem Sessel sitzen seh, da konnte ick nich anders — ick hab ihn zum ersten Mal angeschrien. Meinen ganzen aufgestauten Zorn hab ick wie aus einem Kübel ausgeschüttet. Ick hab ihm gesacht, daß die Zeiten sich geändert haben, daß ick nich bereit bin, neben meiner Berufstätigkeit auch noch für den Haushalt zu sorgen, während er nischt tut. Da steht der auf und erklärt mir allen Ernstes, er wäre schließlich 'n Mann und hätte weder Kochen noch Putzen gelernt, und er denke auch nich daran, jetzt damit anzufangen. Det muß man sich doch mal durch den Kopf gehen lassen — er hätte das nich gelernt! Und wat is mit meiner Arbeit auf dem Bau? Die hab ick doch auch nich gelernt! Dem Mann fiel nich mehr dazu ein, als mir zu erklären, daß ick da ja auch nich hingehen brauchte, ick könnte doch was anderes machen. Fassungslos hab ick ihn angestarrt. Dieser Mann hatte wirklich keine Ahnung, was es hieß, 1946 in Berlin zu leben. Später hat der sich auch nich mehr an Hamsterfahrten beteiligt und einmal, ick weiß noch genau, da bin ick sonntags zu einem Bauern nach Brandenburg gefahren, weil der eine Hochzeit ausrichtete und eine Arbeitskollegin dort half. Ick bin mit der mit und hab den Bauern gefragt, ob ick nich helfen dürfte. Erst wollte der nich so richtig, aber dann durfte ick helfen. Der Bauer hatte vorher seine Gäste gefragt, was sie lieber hätten, zu essen oder zu trinken. Die Antwort kann man sich ja denken, die wollten was zu fressen. Wir haben für rund dreißig Leute Sauerkraut und Kartoffelpürree und Eisbein gekocht. Die haben gegessen wie verrückt — ick aber auch —, und danach war denen allen nich gut, denn Sauerkraut, dat weiß man ja . . . Die Klos waren auf jeden Fall immer besetzt. Trotzdem war es schön, und ick durfte mir Kartoffeln, Gemüse und Eier mitnehmen. Als wir dann abends auf dem Trittbrett eines Zuges standen und ick meinen Rucksack zwischen den Beinen hatte, sprang an einer Biege plötzlich einer aus dem Graben und riß mir den Rucksack weg. Da hatte ick nischt mehr außer einem vollen Magen, und als ick abends meinem Mann die Geschichte erzähle, da glaubt der mir noch nich mal. Ick bin ohne ein Wort ins Bett gegangen. Am anderen Morgen hab ick ihm gesacht, entweder er sucht sich jetzt ne Arbeit oder er fliegt raus. Da war der ganz still, weil er nämlich merkte, daß mit mir nich mehr zu spaßen war. Eine Woche später hatte er ne Stelle als kaufmännischer Angestellter bei Siemens. Trotzdem wurde die Stimmung bei uns nich besser, und Karla ist mit ihren Kindern nach Oma Polten hoch, die allerdings nur eine Ein-Zimmer-

Wohnung hatte. Aber besser in der Enge, als mit dem Alten zusammen, war Karlas Devise. Ick konnte se leider nich halten, und Hermann war richtig froh, weil der immer Schiß hatte vor uns beiden zusammen.«

Mittlerweile stand der Winter wieder vor der Tür, und die Berliner versuchten sich wieder darauf einzurichten. Viele besorgten sich wieder Stubbenscheine, andere nahmen immer weitere Wege in Kauf um Holz zu sammeln, manche gingen einfach auf Kohlenklau. Dieser Winter wurde so hart, daß sich der Berliner Magistrat mit den Nöten der Bevölkerung auseinandersetzen mußte. Nach langen Diskussionen über die geeigneten Maßnahmen, beschloß der Magistrat, Gaststätten und andere geeignete Räume als öffentliche Wärmehallen zu benutzen. Tanzlokale wurden geschlossen und die Verordnung, daß öffentliche Karnevalssitzungen nicht stattfinden dürften, löste in Berlin keine Protestwelle aus, mit der man in Köln hätte rechnen müssen. Der U- und S-Bahn-Verkehr wurde wegen Stromknappheit sehr eingeschränkt und die Privathaushalte wurden nur stundenweise mit Strom beliefert. Das hieß für viele Frauen, daß das Mittagessen eben um zwei Uhr morgens gekocht werden mußte, damit die Kinder wenigstens einmal eine warme Mahlzeit bekamen. Viele Familien schlossen sich zu Kältegemeinschaften zusammen, d.h. sie bewohnten alle nur einen Raum und warfen ihre Kohlen zusammen. In einigen Fällen wohnten drei Familien in einem Zimmer, und wenn es nicht anders ging, strömten die Berliner in die Kneipen.

»An den Winter 1946/47 kann ick mich noch sehr gut erinnern. Dat war so kalt wie lange nich mehr. Wie viele andere auch, haben wir uns mit zwei anderen Familien aus dem Haus zusammengetan und vorübergehend zusammengewohnt. In unserem Wohnzimmer stand ein Kachelofen, der auch funktionierte, und da herum haben wir Matratzen hingelegt für fast 10 Menschen, denn wir bekamen die Wohnungen doch gar nich warm. Da mußte jeder auf den anderen Rücksicht nehmen, das hat sogar mein Mann eingesehen. Wenn ick morgens raus mußte auf die Baustelle — immer nur im Trab, damit ick bloß nich friere — hatten wir unter die Pullover und Hosen Zeitungspapier gesteckt und unter unsere Mützen und Tücher auch. Das hatten wir von den Männern gehört. Trotzdem haben wir nur gefroren. Die Hände und Füße haben am meisten gelitten. Damals — da war es noch nich ganz so kalt — da arbeitete bei uns auch eine junge Frau, die ein Kind erwartete. Eigentlich durfte die ja nich so hart arbeiten, aber die hatte auch niemanden, der für sie sorgte, und so war sie eben bei uns auf dem Bau. Zu der haben wir oft gesacht, sie soll sich doch ausruhen, und dann hat sie sich in einen Hausflur gesetzt, und wir haben für sie mitgearbeitet. Dat hört sich heut so übermenschlich an, aber wir haben eben nach der Devise gelebt, eine Hand wäscht die andere. Wenn wir aber gemerkt haben, daß da jemand nich mitzog, den haben wir links liegenlassen, und der oder die konnte sehen, wo sie blieb. Aber dieses junge Ding da, die tat uns doch allen leid. Auf jeden Fall, die saß mal wieder im Hausflur, und wir arbeiteten weiter. Plötzlich fiel uns auf, daß sie nich wiederkam, und eine ist mal nach ihr sehen. Da lag sie da, nicht tot, aber doch bewußtlos und war schon ganz erfroren. Im Krankenhaus hat sie dann ihr Kind verloren und nach sechs Wochen stand sie wieder auf dem Bau, als wenn nischt geschehen wäre. Wir haben auch nich mehr über ihr Baby gesprochen.«

Im Sommer saßen die Frauen oft auf ihren Steinen und machten Pause. Dabei schwatzten, aßen und rauchten sie — allerdings nur an besonders guten Tagen. Doch jetzt in diesem besonders strengen Winter wurden die Pausen in den angrenzenden Kneipen verbracht. In diesen Wärmestuben waren die Frauen zuerst nicht allzu beliebt, weil die Wirte wußten, daß das keine guten Kunden waren. Aber wer war damals schon ein guter Kneipenkunde? Nach und nach gewöhnte man sich jedoch aneinander, die Wirte an die Frauen und die Frauen an die Wirte. Unter den Frauen arbeitete auch eine, die als Kommunistin während des Faschismus inhaftiert gewesen war. Sie war Mitglied des Demokratischen Frauenbundes, der auch viel in Antifa-Gruppen arbeitete. Diese Antifa-Gruppen wurden sofort von den Sowjets und später auch von den Amerikanern, Engländern und Franzosen benutzt, um in Berlin einen Verwaltungsrat aufzubauen. Viele Frauen aus dem Demokratischen Frauenbund sahen hier ihre Chance, politisch zu arbeiten. Da zu dieser Zeit die Berliner — und nicht nur die Berliner — von Politik die Nase voll und nur den Wunsch hatten, wieder »Gute Deutsche« zu werden, paßten sie sich sehr schnell den neuen Gegebenheiten an und ließen sich nicht gern in politische Diskussionen hineinziehen. Man stöhnte zwar über die Anordnungen der Alliierten, aber die Tatsache, daß die Stadtverordnetenversammlung nur Staffage war, störte niemanden allzu sehr.

In diesen Wärmehallen, wo sich nun alles traf, sahen auch die Antifa-Gruppen ihre Chance. Sie versuchten in Gesprächen und Versammlungen die Kollegen davon zu überzeugen, sich zu politisieren und ihren Verdrängungsmechanismus abzulegen, aber sie stießen auf Ablehnung und Desinteresse.

»Bei uns arbeitete auch eine Frau, die sehr politisch war und die immer versuchte, uns für Politik zu begeistern. Aber ehrlich, wir hatten von Politik und allem, was damit zusammenhing, die Nase voll. Wir wollten nur en warmes Bett und was zu essen, und dat hat die Frau auch sehr schnell gemerkt und hat nicht mehr davon erzählt. Wir wohnten ja im Ostsektor, und gearbeitet hab ick im Westsektor. Eines Tages gehen wir in der Pause wieder in den Goldenen Anker, um uns aufzuwärmen, und Ede, der Wirt, schrie schon von hinten ›Da kommen wieder die Weiber, quatschen nur und verdienen tut man nix‹.

Aber Ede war ganz in Ordnung und wir wußten, der meint das nich so. Aber an diesem Tag hatte er sogar Unrecht, denn Lisbeth — eine Kollegin — gab einen aus. Für jeden einen Schnaps zum Wärmen. Wir waren alle ganz perplex, denn schließlich waren wir acht Frauen. Aber lange gefragt haben wir auch nich, wieso auch. Else konnte es dann doch nich lassen und fragte Lisbeth, woher sie denn das Geld her hätte, vielleicht ne Erbschaft. Erst druckste Lisbeth so rum, na ja, gespart und so, aber dann hat sie die Katze aus dem Sack gelassen. Die hatte sich verliebt, und der schusterte ihr was zu. Verliebt — daß es so etwas noch gab — und dann Lisbeth! Wer das denn wär und so, haben wir gefragt. Da gibt sie sich en Ruck und sacht, ein russischer Offizier. In einen Iwan — einen Russen — also wirklich! Ick muß schon sagen, zuerst waren wir richtig perplex. Wie kann man sich in einen Russen verlieben, der hatte doch auch nischt und dann . . . na ja, Russe bleibt doch Russe. Doch Lisbeth erzählte dann, daß der eigentlich Pianist wäre und sie mitnehmen wollte nach Moskau, und heute wär ihr letzter Tag in Berlin. Morgen wollte sie mit ihrem Freund nach Rußland. Wir haben Lisbeth bedauert und auf sie eingeredet, sie soll sich das noch mal überlegen — sie als Deutsche nach Moskau. Aber mit Verliebten reden is, als wenn man mit Verrückten redet — sie wollen nich begreifen, und so ging Lisbeth nach Moskau. Gehört haben wir nie wieder was von ihr.«

Als es sehr kalt wurde, stellten die Firmen ihre Arbeit auf den Baustellen ein, und Helene blieb erst einmal zu Hause. Doch schon bald versuchte sie, wieder an Arbeit heranzukommen, und sprach bei Siemens vor, wo auch schon ihr Mann arbeitete. Sie bekam auch eine Arbeit und sortierte Kohlen in einer großen Halle.

»Mein Mann arbeitete bereits bei Siemens, als ick dort auch meine Arbeit bekam. Natürlich nischt Feines, sondern ick durfte Kohlen pressen, sehr schwere und vor allem sehr schmutzige Arbeit. Deshalb bekamen wir auch eine Zusatzkarte und einen Teller Haferschleimsuppe, die ick meinem Mann in der Pause rüberbrachte. Einmal bin ick wieder mit meiner Suppe zu ihm rüber. Als ick in sein Büro kam, stand er auf und sachte mir, daß ick gefälligst in dem Aufzug nich in sein Büro kommen soll. Ick sah natürlich sehr dreckig aus, überall Kohlenstaub an den Haaren, Händen, im Gesicht und auf meiner Bluse. Aber ick war so beleidigt, daß ick den Teller einfach hab fallen lassen, und am Abend bin ick mit meinem Jungen, der sowieso keine Beziehung zu seinem Vater hatte, weg. Wir sind dann erst einmal zu Oma Polten gezogen, wo ja schon Karla wohnte, und das wurde auf die Dauer natürlich sehr eng. Aber ick hab mir immer gesacht, bevor ick mit dem Mistkerl zusammenwohne, teil ick mir 12 Quadratmeter mit Karla. Ewig, das war klar, konnte et allerdings nich so weitergehen. Jeden Tag hab ick meine Kolleginnen auf der Arbeit nach ner Wohnung gefragt, und die haben immer gefragt, ob ick spinne — ick hatte doch eine. Die wußten nischt von meinen Schwierigkeiten mit meinem Mann, und da hab ick denen das erstmal erzählt. Für die war sofort klar, daß ick nich raus muß, sondern er. Wer hätte denn die ganze Zeit die Miete bezahlt und so. Nach einigen Überlegungen fand ick auch, daß meine Kolleginnen wie immer recht hatten. Die Frage war nur, wie ick meinen Mann aus der Wohnung herausbekam. Da hatte Else, die Gute, die beste Idee. Ick soll mir einen Freund nehmen bzw. so tun und mit dem da einziehen, dann würde mein Mann schon von alleine gehen. Alles gut und schön, aber wo bekomme ick den passenden Freund her, wenn nich klauen? Auf der Baustelle waren doch nur verheiratete Männer. Bis auf Paul, aber der war schon fast Sechzig. Aber da ick den ja nich heiraten wollte, haben wir den gefragt, und gegen ne Flasche Schnaps wollte der das auch machen. Jetzt hieß et nur noch ne Flasche

Schnaps besorgen, und das war verdammt nich einfach. Im Nachhinein erscheint es mir leichter, einen Mann zu finden als Schnaps, damals zumindest. Keine von uns hatte einen Ami oder Engländer als Freund, und Lisbeth mit ihrem Russen, die war ja auch schon weg. Anneliese, Elses Schwester, war ja mit ihrem Freund in den USA, also darüber lief nun schon mal gar nischt. Also, Schnaps war Neese. Ick hab mit Paul noch einmal geredet und ihm angeboten, ein Jahr lang seine Wäsche zu waschen, und der hat eingewilligt. Damals glaubte ick noch einen guten Tausch gemacht zu haben, aber das war eine meiner kleinen Irrtümer — der hatte vielleicht plötzlich einen Wäschebedarf, sagenhaft! Paar Tage später war et dann soweit, Paul und ick sind von der Arbeit nach Hause gelaufen, und Paul mußte sich auf das Sofa setzen, wo mein Mann so gern saß, und ick hab saubergemacht. Heinz war noch bei Karla. Ick hörte meinen Mann schon auf der Treppe kommen, und mir wurde die Sache doch langsam mulmig. Als der reinkam, staunte der erst mal Bauklötze, und ick habe meinen ganzen Mut zusammengenommen und ihm von Paul und mir erzählt. Ick hätte mich verliebt und so weiter, und daß Paul und ick jetzt wieder hier wohnen würden. Hermann war sprachlos, und dann meinte er, daß das ja wohl nich gehen würde und einer hier raus müßte. Er oder Paul. Ick sachte ihm, Paul bliebe, und was er machen würde, wäre mir egal. Während der ganzen Zeit saß Paul auf dem Sofa und grinste frech, hielt aber zum Glück seinen Mund. Am Abend ging mein Mann in unser Schlafzimmer, und ick mußte mich mit Paul auf dem Sofa hinlegen, weil das ja alles echt aussehen mußte. Am anderen Tag haben die Frauen nur gelästert und gelacht. Aber nach ein paar Tagen war das auch ausgestanden, und mein Mann zog aus. Ick hab dann später erst wieder etwas von ihm gehört, als er wieder heiraten wollte. Paul zog wieder in seine Wohnung und Karla wieder zu mir, und wir lebten wieder so wie vor einem

Jahr. Aber ick habe mir geschworen, daß ick nie wieder einen Mann ansehen würde. Zwei Wochen später war alles wieder ganz anders. Da hab ick nämlich einen Mann kennengelernt, und zwar auf unserem Trümmerhaufen. Ick packte die Loren voll und zog sie dann weg. Wenn man das ne lange Zeit macht, geht es wie im Schlaf. Immer mit dem Gefühl, daß der Trümmerberg nich weniger wird . . . Na ja, also, ick schob die Lore oder zog sie, und der Schweiß lief nur so runter. Plötzlich hörten wir ein Schifferklavier, und dat spielte ein Lied von Marika Röck ›In der Nacht ist der Mensch nicht gern alleine‹, und wir sangen aus voller Kehle mit. An das Lied hatten wir doch alle schöne Erinnerungen. Ick hab alle Filme von der Röck gesehen und kannte natürlich auch die Lieder von der. Als der aufhörte zu spielen, haben wir gerufen, er soll bloß weiterspielen. Ja, und da hat er alles gespielt, was wir uns wünschten, sogar alte Volkslieder. Irgendwann kam dann so ein Oberaufpasser und hat gesacht, er soll sofort aufhören zu spielen, das würde uns nur von der Arbeit ablenken. Na, dem haben wir aber was erzählt, daß uns die Arbeit mit Musik doch viel besser von der Hand gehen würde und so. In der Pause haben wir uns einfach hinfallen lassen und erst einmal nach Luft geschnappt. Dem Musiker haben wir dann noch von uns ne Stulle gegeben. Der hat sich riesig gefreut und gleich ein Ständchen gespielt, und wir haben dazu getanzt und mitgesungen. Es war eine richtig schöne Pause. Der Musiker war in Gefangenschaft oben in Dänemark und erst seit zwei Monaten in Berlin. Jetzt war er auf der Suche nach Arbeit, aber et war nich einfach, als Musiker eine Arbeit zu finden. Musiker! Na wir haben uns bald schimmelig gelacht. Mit Musik Geld zu verdienen, erschien uns damals nur komisch. Ick fragte dann so aus Spaß, ob er uns denn einmal mitnehmen würde, wenn er eine Arbeit als Musiker hat. Er nickte, spielte noch einen Walzer auf und ging dann weg. Am Abend hatte ick den schon wieder vergessen.

Doch zwei Wochen später stand der da und lud mich ein, am Wochenende mit ihm zu gehen. Ick war richtig gerührt, dat son junger Mann mit mir ausgehen wollte. Aber ick habe eingewilligt, denn sonst kam ick doch überhaupt nich raus. Abends bin ick richtig beschwingt in mein Bett gefallen und hab mich so richtig auf mein schönes Wochenende gefreut.

Am Samstagnachmittag wurde dann der Ofen in der Küche angeschmissen, um Wasser für 'n Bad heißzumachen. Karla meinte zwar, das wäre pure Verschwendung, aber abhalten konnte sie mich nich. Wir hatten nur ne ganz kleine Wanne, in die ick mich so grade reinsetzen konnte. Ehrlich gesacht, eigentlich hatte nur mein Hintern Platz. Ick hab mich so richtig gepflegt und war auch guter Dinge, als mein Kavalier dann kam. Wir sind durch halb Berlin gelatscht, weil wir weder Fahrrad noch Geld für die S-Bahn hatten. Aber irgendwann waren wir da. Ne Ami-Kneipe. Scheiße, hab ick gedacht, du wolltest doch nie wieder zu den Amis gehen. Nun war ick aber mal hier, und dann bin ick da auch rein. Im übrigen konnte ick mich an diesem Abend auch sehen lassen, obwohl — mein Verehrer war ja erst Anfang 30 und vielleicht hielten die mich wieder für seine Mutter oder so was. Egal, ick bin da rein. Und als hätte ick ne Vorahnung gehabt: Die Frauen, die da saßen, sahen alle verdammt gut aus und ick, ick sah wieder mal aus wie, ja, wie eigentlich? Zu Hause fand ick mich doch noch gut mit meinem weinroten Kleid und dem weißen Spitzenkragen. Doch gegenüber den anderen sah ick wieder mal wie ne alte Schachtel aus. Ick sah meinen Begleiter heimlich an, und der sah eigentlich ganz zufrieden aus. Dem war ick aber nich peinlich, und darauf kam et ja wohl an. Er begleitete mich an einen Tisch, wo schon andere junge Männer warteten. Mein Musiker, Hans, stellte mich vor mit den Worten: ›Das ist die von der Trümmerbeseitigung — Helene.‹ Oh Gott, von der Trümmerbeseitigung! Die Jungen sprangen gleich auf und boten mir

Platz an, richtig nett, wie man eben ne ältere Frau so begrüßt. Dabei war ick auch erst 37 Jahre alt, also doch noch jung. Ick glaube im Nachhinein, die Zeit war die stärkste Krise, die ick mit mir als Frau hatte. Immer, wenn ick was mit Männern zu tun hatte, die auch noch nett waren, fühlte ick mich schrecklich alt.

Wir tranken ein Glas Bier, und dann gingen die vier auf die Bühne, und es ging los. Aber anstatt die schönen alten Schlager, spielten die son ganz modernes Zeug. Jazz. Ick fand es trotzdem irgendwie schön, die Musik, die Menschen hier, das Lachen und mein kleines Glas Bier — et war Leben. Klar, ick lebte auch so — zu Hause und auf meiner Arbeit — aber mir war so, als hätte ick vergessen, daß Leben auch was anderes sein kann als Sorgen und Arbeit. Plötzlich wurde ick richtig melancholisch, wat ick sehr selten hatte und eigentlich auch nich zuließ. Der Hans hat das auch gemerkt. Als er in einer Pause runterkam von der Bühne, zog er mich an sich und meinte, ick solle mich einfach nur wohlfühlen und fallenlassen. Aber wohin sollte ick mich wohl fallenlassen — ick hatte niemand. Das wurde mir in diesem Augenblick so schmerzlich bewußt, daß ick fast anfing zu heulen. Bevor ick loslegte, hatte Hans schon ein Glas Schnaps vor mich hingestellt, und er drängte mich, ihn zu trinken. Das hab ick gemacht und dann hab ick noch einen bestellt, und um 11 Uhr war ick betrunken und bin schwankend nach Hause gelaufen — wieder durch halb Berlin.

Als ick dann torkelnd in die Wohnung kam, blickte Karla beleidigt von ihrer Näherei auf und meinte nur, daß das hoffentlich kein Dauerzustand werden würde. Bei Musikern weiß man ja nie, setzte sie dann noch hinterher. Am anderen Morgen war mir speiübel, und ick blieb im Bett, und wenn ick dann mal durch die Stube taumelte, blickte mich Karla streng an. Nachmittags bekam mein Heinz Besuch, und da hörte ick ihn sagen: ›Sei bloß still, meine Mutter ist besoffen, die schläft grade ihren Rausch aus.‹ Hans kam noch 'n paarmal, um mich abzuholen, aber ick konnte einfach nich mehr. Meine Kräfte waren aufgezehrt, und ick merkte, daß ick krank wurde. Kurz vor Weihnachten war ick dann auch zwei Wochen im Bett und hab mich ein wenig erholt. Doch kaum war ick wieder auf den Beinen, da erinnerte mich Paul an mein Versprechen mit der Wäsche. Versprochen ist versprochen, und so wusch ich dann immer Paules Socken.«

Für Helene war es allerdings nicht leicht, dieses Versprechen auch wirklich einzulösen. Denn Wäschewaschen hieß, eine Woche lang nach Feierabend in der Küche oder Waschküche zu stehen. Außerdem herrschte immer noch Mangel an Brennstoff und an Seife. Dafür kursierten jede Menge Haushaltstips auf den Arbeitsstellen, in Zeitungen und im Rundfunk. Zeitung und Hörfunk waren mittlerweile auch für Helene eine willkommene Abwechslung, nachdem sie in den ersten Jahren kaum Zeit oder Interesse hatte an Informationen und Nachrichten außerhalb ihres Lebensbereichs. Allerdings war dieses Desinteresse nicht symptomatisch für alle Berliner, die immer gern und viel Zeitungen gelesen hatten und die nur 16 Tage auf ihre Zeitungen in der 300jährigen Zeitungsgeschichte ihrer Stadt verzichten mußten. Die erste Zeitung, die die Berliner lesen konnten, war die »Tägliche Rundschau«. Später kamen dann noch die »Berliner Zeitung« und die »Deutsche Volkszeitung« hinzu, die sich inhaltlich an die offizielle sowjetische Politik hielten. Kurz nachdem die politischen Parteien zugelassen wurden, erschienen »Das Volk«, eine Parteizeitung der SPD, die »Neue Zeit« bzw. »Der Morgen«, Parteizeitungen der CDU und der LDP. Unabhängig waren diese Zeitungen natürlich noch nicht, denn zum einen drohte ihnen bei auch nur ansatzweiser Kritik der Papierentzug, zum anderen lief die Nachrichtenbeschaffung über das Nachrichtenbüro der Sowjetischen Militäradministration, die sich ihre Informationen von

TASS, Reuter und BBC holte, und da kam es schon mal vor, daß den Redaktionen bestimmte Nachrichten freundlich, aber nachdrücklich »empfohlen« wurden.

Als dann die Westalliierten einmarschierten, waren sie überrascht, schon so viele Zeitungen in Berlin vorzufinden, mit denen die Sowjetunion die Beeinflussung der Berliner Bevölkerung fest im Griff hatte. Die Amerikaner suchten sofort passende Räume, um ihrerseits eine Zeitung aufzubauen, die sich dann im Ullstein-Haus in Berlin-Tempelhof auch fanden. Die Zeitung, die dann erschien, war wie bei den Russen ein offizielles Organ der Amerikanischen Militäradministration und hieß »Allgemeine Zeitung«. Die Briten ihrerseits gaben »Der Berliner« heraus, und zwar — ebenso wie die Amerikaner — dreimal in der Woche. Beide Zeitungen waren immer sehr schnell vergriffen, nicht zuletzt durch den neuen Typ, den sie verkörperten. Knappe, schlagkräftige Reportagen und Kommentare waren deutlich von den Nachrichten getrennt.

Aus der »Allgemeinen Zeitung« wurde später dann »Der Tagesspiegel«, die erste unabhängige Tageszeitung des westlichen Deutschland mit einer Auflage von 200 000 Exemplaren. Ende 1945 besaß Berlin immerhin schon wieder zwölf Tageszeitungen, neun in der sowjetischen und drei in den westlichen Zonen.

Helene, die ja im Ostsektor wohnte aber im Westsektor arbeitete, versteckte ihre Zeitung »Der Tagesspiegel« auf dem Nachhauseweg unter ihrem Pullover, weil das Kaufen und Lesen westlicher Zeitungen nicht gern gesehen wurde. Oma Polten hatte ihr ein Radio geschenkt, was Helene wie ein unbeschreiblicher Luxus vorkam. So saß sie jetzt abends immer vor ihrem Radio und hörte den RIAS. Sie hörte alles, angefangen von den Nachrichten, über die Musik bis hin zu wirklich brauchbaren Tips für die Hausfrau.

»Von meiner Schwägerin, die in München wohnte, bekam

ick einmal sogar eine richtige Frauenzeitschrift zugeschickt, die wir verschlungen haben und nicht aus der Hand gaben. Dann hörte ick auch oft Radio, und da hatten sie Sendungen nur für Hausfrauen mit wirklich guten Tips, wie man aus nischt was machen konnte oder wo man in der Stadt was ergattern konnte. Ick hab so manches von dem auch probiert, auch als ick anfing, Pauls Wäsche mitzuwaschen. Ick hatte ja gehofft, der hätte das mit dem Versprechen vergessen — aber Pustekuchen, der kam mit seinen Brocken an. Wat sollte ick machen, ick hab se also mitgewaschen und das war damals ne Sauarbeit. Die ganze Woche hab ick Wäsche gewaschen, und zwar nach der Arbeit. Montags fing ick an, Einweichlauge herzustellen.

Das Rezept hatte ick aus der Zeitung von meiner Schwägerin aus München: Über einen Holzbottich mußte man 'n altes Tuch legen, unter das Tuch einen Korb, und auf dieses Tuch legte man dann die Holzasche und ließ langsam Wasser drüberlaufen, bis die Asche naß war. Dann nochmal langsam Wasser. Die Lauge, die durch den Korb in den Bottich floß, mußte hellgelb und weich sein. Dann schöpfte man die obere Lauge ab, weil die etwas heller war, und da kam die weiße Wäsche rein, in die untere, dunklere Lauge eben die dunkle Wäsche. Dann ließ man die Lauge 24 Stunden stehn. Am anderen Abend kam dann die Wäsche zum Einweichen rein. Wieder einen Tag warten. In der Zwischenzeit habe ick Waschzeug, oder besser: Waschlauge hergestellt. Da gabs sone Lauge aus Kastanien, aber ick weiß nich mehr, wie die ging. Oder aus Kartoffelschalen. Die wurden gekocht, abgekühlt und dann durch 'n Tuch gepreßt, schaumig geschlagen, und die Wäsche wurde darin gedrückt und ausgespült. Aber dat haben wir zum Glück nich oft machen müssen, weil Karla aus ihrem Krankenhaus später Schmierseife geklaut hat. Daß das Wäschewaschen dadurch leichter wurde, kann ick allerdings nich behaupten. Es mußte doch alles mit der Hand gewaschen werden — auswringen, nochmal waschen, und dann das Ganze in der Wohnung aufhängen. Die ganze Wohnung roch eine Woche lang nach Wäsche und Lauge, und wenn man Glück hatte, wurde sie auch trocken. Im Sommer ging das ja noch, aber im Winter war es doch so kalt, da ist mir so manches Mal die Wäsche gefroren. Wie oft hab ick die blöde Idee mit Paul verflucht, aber ick habs gemacht, ein ganzes Jahr.«

Im Dezember 1946 überlegte sich Helene immer öfter, eine neue Arbeit zu suchen, denn sie wurde immer schwächer und immer öfter krank. Wenn ihr Junge oder ihre Kolleginnen nicht gewesen wären, hätte sie viel früher aufgehört, auf dem Bau zu arbeiten. Doch die Chancen, eine andere Stelle zu finden, waren immer noch sehr gering:

»Also Ende 1946 ging et mir wirklich ganz dreckig. Ick stand jeden Morgen völlig zerschlagen auf, zog mich an, weckte dann meinen Jungen, machte ihm was zu essen und ging los. Man mußte rechtzeitung los, damit man die Bahn noch bekam. Manchmal war ick über eine Stunde unterwegs, um zur Arbeit zu kommen. Am Anfang hat mir die Arbeit ja auch Spaß gemacht, vor allem mit meinen Kolleginnen. Aber jetzt, nach anderthalb Jahren, konnte ick einfach nich mehr. Immer nur Steine kloppen, Loren ziehen oder Kohle stapeln. Ick habe immer mehr gegrübelt und wurde immer ruhiger. Für Späße und Witze war ick überhaupt nich mehr zu haben. Ick hab gegrübelt und gegrübelt, über mein Leben und wie et mit mir weitergehen soll. Et kam alles hoch, und ick fing an, mich zu bedauern, und et stimmte doch auch — wat hatte ick denn von meinem Leben gehabt? Keine richtige Kindheit, früh geheiratet, dann Krieg, zwei Mal ausgebombt, selber 'n Kind, und der Mann war weg. 'N Scheißleben war das. Ick war nur noch 'n Häufchen Elend. Bald merkten das auch meine Freundinnen. Die versuchten, mich zu trösten. Man muß sich das doch nur mal vorstellen, da versuchen mir Frauen Mut zu machen, die oft zwei Weltkriege mitgemacht hatten. Alles verloren, ihren Hausrat und ihre Kinder. Diese Frauen, ausgemergelt und viele auch krank, standen um mich rum und machten mir Mut. An einem Tag hab ick so beim Kohlestapeln geheult, bis 'n Kollege kam und sachte, ick soll mich doch mal in ne nich so zugige Ecke setzen. Und da saß ick nun und heulte und heulte. Plötzlich stand jemand neben mir und sachte: ›Na Lene, wat heulste denn so, ick bin doch wieder da.‹ Da war det meine Mutter, die während des Krieges nach Holstein gegangen war. Die war wieder hier und übernahm nun die Arbeit zu Hause, für mich und Karla. Meine Mutter hat mich auch wieder aufgepäppelt, daß ick dann zum Arbeitsamt gegangen bin und nach anderer Arbeit gefragt habe. Ick wollte wieder als Verkäuferin arbeiten — also in meinem erlernten Beruf. Doch da war nischt zu machen. Wat hab ick gemacht? Weiter Kohlen gestapelt, und für Weihnachten fing ich schon mal an, Briketts zu klauen.

Meine Mutter hatte in einen Mantel von Heinz vier Taschen ins Innenfutter genäht, und als der mittags immer kam, hat der jeden Tag vier Briketts mit nach Hause genommen, und so hatten wir 's Weihnachten endlich mal warm. Meine Mutter hat sogar 'n Tannenbaum besorgt und Kerzen, Äpfel und Schokolade für die Kinder. Ick hatte Haselnüsse besorgt, Karla hatte kleine Puppen gebastelt, und Heinz bekam 'n kleines Auto. Aber alles in allem kam mir das Jahr 1946 ganz schwarz vor, und ick hatte Angst vor dem, was mir 1947 bringen konnte.«

Helene arbeitete noch zwei Monate auf dem Bau, dann wurde sie ernstlich krank und mußte ins Krankenhaus. Danach konnte sie nicht mehr auf dem Bau arbeiten und meldete sich arbeitslos. Im April konnte sie einen kleinen Kiosk übernehmen, und später wurde sie Verkäuferin in einem Warenhaus.

Magda Andre

Köln 1947

Am 1. Januar 1947 verschlief Magda, obwohl sie in der Sylvesternacht weder lange aufgeblieben war noch etwas getrunken hatte. Sie schlief einfach den Schlaf der Gerechten oder der Menschen, die wie Roboter ihre Arbeit tun und dann nur noch umsinken. Magda fühlte sich zwar nicht wie ein Roboter, doch sie war einfach müde. Müde vom kalten Winter, müde vom Hunger und müde vom Frieden, der für sie noch kein Frieden war. Nicht, daß sie Angst empfand, aber die Straßen mit den fensterlosen Häusern und die bettelnden Kinder — das ließ sie nach anderthalb Jahren Frieden traurig werden. Wütend dagegen machte sie die Selbstherrlichkeit mancher englischer Soldaten und die Arroganz derer, die wieder Macht hatten und — so schien es Magda — diese Macht nie wirklich hatten abgeben müssen. Machtdemonstrationen auch auf dem Versorgungs- und dem Arbeitsamt, die Macht der kleinen Angestellten. Sie ließen Magda spüren, daß der Schreibtisch zwischen ihnen eine Grenze war, die nie überschritten werden konnte. Traurigkeit am Neujahrsmorgen, einem Morgen der Hoffnung auf etwas Neues und Frisches — eben auf das Neue Jahr. Wie war Sylvester und Neujahr doch früher schön gewesen! Besinnung am Abend und dann ausgelassene Fröhlichkeit — und am Morgen eine eigentümliche und aufregende Freude. Das fehlte Magda zu Neujahr 1947, denn das Jahr fing schlecht an, Verschlafen, kein Gottesdienst, das Zimmer kalt und nichts zu essen. Magda blieb also im Bett, dachte an warme Brötchen mit Butter und Käse und an eine Tasse Kaffee. Genau so ein Frühstück hatte sich Magda gewünscht und erwartet, als im März 1945 die amerikanischen Truppen in Köln einmarschierten. Damals lebten in diesem Trümmerhaufen, der einmal die »Krone aller Städte« war, rund 45 000 Menschen. Von den fast 70 000 Gebäuden waren nur 22% unversehrt geblieben, und die Verluste in der Südstadt lagen bei 90%. Alle fünf Rheinbrücken waren zerstört, und die letzte — die Hohenzollernbrücke — wurde noch am 6. März 1945 in die Luft gesprengt. Fast alle berühmten alten Kirchen und die Kunstdenkmäler waren zerstört und beschädigt. Nur der Dom ragte — wenn auch lädiert — wie ein Fels aus den Trümmern. Stolz und ungebrochen, für die Kölner ein Symbol ihres Durchhaltewillens und ihrer Kraft zum Wiederaufbau. Sie krochen aus ihren Trümmern und sahen von überall als erstes den Dom — ihren Dom. Der Krieg war aus und alles, was danach kommen konnte, war egal — Hauptsache sie lebten.

In den ersten Monaten wurde auch in Köln viel geplündert, doch sehr schnell war eine Stadtverwaltung eingesetzt. Die Militärregierung nahm Verbindung zu Personen auf, die ihnen politisch einwandfreie Fachleute nannten. Sie fanden ihre ersten Ansprechpartner in Kirchenmännern. Auf ihrer Wunschliste stand an erster Stelle Dr. Konrad Adenauer, der auch bald wieder als Oberbürgermeister eingesetzt wurde. Adenauer sah seine wichtigste Aufgabe darin, die Trümmerberge so schnell wie möglich zu beseitigen und die Bevölkerung mit Lebensmitteln zu versorgen. Nachdem die Zuzugssperre aufgehoben war, kehrten die Kölner zurück in ihre Stadt. Die meisten zu Fuß, manche mit Fahrrädern oder mit kleinen Handkarren, aber alle mit dem dringenden Wunsch, so schnell wie möglich nach Hause zu kommen. Eine der schönsten Geschichten aus dieser

Zeit hat mit einem Lied von Willy Ostermann zu tun. Auf den Straßen aus dem Bergischen Land oder aus Richtung Aachen zogen die Kölner heim und munterten die Müden und Hungrigen auf mit dem Refrain »Ich möch ze Foß no Kölle jon.« Je mehr sie sich der Stadt näherten, umso lauter und fröhlicher wurde ihr Gesang. Ein langer Treck müder, hungriger und kranker Menschen, der sich nach Hause wälzt und den die Liebe zu ihrer Stadt mit einem Lied aufrecht hält und anfeuert. Eine wahrhaft kölsche Liebeserklärung.

Im September lebten bereits wieder 360 000 Menschen in Köln, die Ernährungslage verschlechterte sich dramatisch. Auch die Maßnahmen zur Beseitigung der Wohnungsnot reichten einfach nicht aus, den notwendigen Wohnraum zu schaffen. Aber im Mai fuhren bereits wieder die ersten Straßenbahnen und Omnibusse und bald auch der erste Zug nach Pulheim. Als dann die Kindergärten und die erste Volksbücherei wieder öffneten, hatten die Kölner das Gefühl, es gehe jetzt schnell aufwärts. Doch die Situation auf dem Arbeitsmarkt — besonders für die Trümmerbeseitigung — war prekär. Die meisten Menschen waren voll damit ausgelastet, ihre politische Vergangenheit zu klären und für sich und ihre Familien einen neuen Anfang zu schaffen. Daher wurde eine Verordnung erlassen über »die Arbeitspflicht für gemeinnützige und zum Wiederaufbau dringend erforderliche Tätigkeiten«. Sie galt für Männer zwischen 14 und 65 Jahren und »unter bestimmten Voraussetzungen« auch für Frauen von 16 bis 45 Jahren. Doch, wie nicht anders erwartet, brachte diese Verordnung nicht den erhofften Erfolg.

Auch der erste Kölner Nachkriegswinter begann kalt und wurde erst in den Monaten Februar und März erträglich. Die Zahl der Rückkehrer sank, bis Ende März trafen nur noch 22 000 Personen ein, die aber nicht — wie von der Verwaltung erhofft — sofort dem Arbeitsmarkt zur Verfügung standen. Es gab immer noch 19 000 offene Stellen, die nicht besetzt werden konnten. Deshalb versuchte man es erneut mit einem Erlaß über Melde- und Arbeitspflicht für Männer und Frauen. Wörtlich hieß es darin: »Wenn notwendig, ist das Arbeitsamt ermächtigt, Personen durch Zwangsanordnung in Arbeitsplätze einzuweisen«. Das bedeutete, daß sich jeder Deutsche registrieren lassen mußte und einen Arbeitspaß erhielt, der ordnungsgemäß zu stempeln war, wenn man Lebensmittelkarten erhalten wollte.

Doch die Kölner übergingen auch diese Anordnung, weil auf Lebensmittelkarten sowieso nichts zu haben war. Stattdessen blühte das Hamstern oder der Tausch auf dem Schwarzen Markt. Trotz der anhaltenden Misere auf dem Arbeitsmarkt hielt das Landesarbeitsamt Nordrhein an dem Grundsatz fest, der Baueinsatz von Frauen sei erst dann zulässig, wenn die Möglichkeiten einer Heranziehung männlicher Kräfte erschöpft seien. Zu dem Zeitpunkt — Anfang 1946 — kamen laut Arbeitsamt für eine Tätigkeit auf dem Bau ohnehin nur Frauen zwischen 20 und 30 Jahren in Frage. Doch bald stellte sich heraus, daß sich Frauen ab Mitte 30 um diese Tätigkeit bemühten. Das hatte mehrere Gründe: Zum einen gab es in Köln kaum noch Arbeitsplätze in typisch weiblichen Berufen, zum anderen wuchs die Zahl der Frauen, die auf Arbeit dringend angewiesen waren. Frauen, deren Männer als vermißt galten, Witwen, denen eine Mindestrente von nur 30 RM zustand, und Frauen, die alleinstehend waren und eine bessere Lebensmittelkarte anstrebten. So drängten nicht die Männer auf den Bau, sondern Frauen, die man schließlich auch nahm. Die Verwaltungen paßten sich den Gegebenheiten schnell an und gaben ein neues Gesetz über die Beschäftigung von Frauen bei Bau- und Wiederaufbauarbeiten heraus. Nach Art. 1 des Gesetzes Nr. 32 durften nun weibliche Arbeitskräfte bei Bau- und Wiederaufbauarbeiten einschließlich Aufräumungsarbeiten beschäftigt werden.

Magda war eine der ersten Frauen, die im September 1946 als Bauhilfsarbeiterinnen anfingen. Sie war damals 42 Jahre alt und von Beruf Schauspielerin, hatte aber in diesem Beruf seit fünf Jahren nicht mehr gearbeitet. Ihre Ersparnisse waren beträchtlich zusammengeschmolzen und sie brauchte für sich und ihren damals schon 68 Jahre alten Vater dringend Geld. Beim Einmarsch der Amerikaner hatte sie ihr kleines Häuschen in Rodenkirchen verlassen müssen. Genauer gesagt: Man warf sie raus.

»So etwas vergißt man ja wohl nicht, wenn man aus seinem eigenen Haus, das die Bombenangriffe einigermaßen unbeschadet überstanden hat, rausgeschmissen wird, anders kann man das ja wohl nicht nennen. An einem Nachmittag klopfte und bumste es an unserer Haustür, und ich bekam gleich eine Heidenangst. Ich glaube, das hatte ich mir noch von der Nazizeit behalten, denn damals bedeutete so ein heftiges Klopfen meistens Schlimmes. Also, ich hatte Angst und ging erst mal nicht zur Tür, doch als das Klopfen heftiger wurde, ging ich hin und öffnete. Da stand vor der Tür ein amerikanischer Offizier und sagte nicht Guten Tag oder sonstwas, sondern starrte mich nur stumm an. Ich staunte aber noch viel mehr, denn so einen Mann hatte ich seit Jahren nicht mehr gesehen. So fein und ordentlich gekleidet, schwarze, gewienerte Schuhe und so richtig gesund und vor allem satt. Die Männer, die ich in den letzten Jahren gesehen hatte, waren alle heruntergekommen, einschließlich meines Vaters. Ich nickte nur, und der Offizier grüßte endlich, ganz kurz, und kam dann gleich zur Sache. Er erklärte mir auf englisch — das fand ich schon frech, woher wußte der, daß ich ihn verstand? —, daß guterhaltene Häuser und Wohnungen für die amerikanischen Soldaten benötigt wurden und daß ich aus meinem Haus rausmüßte. Ehe ich überhaupt etwas sagen konnte, war der mit seinen beiden Kollegen schon drin. Sie gingen durch unser Haus und nickten immer und sagten immer ›Okay, okay‹. Nach ein paar Minuten konnte ich endlich reagieren und fragte ihn, was das eigentlich solle, das wäre unser Haus, und wir gingen nicht hier raus. Ich hatte zwar unheimliche Angst, aber verdammt noch mal, das war unser Haus und mit welchem Recht verjagten die uns? Wir hatten nichts getan, waren keine Nazis und waren auch nicht im Krieg gewesen. Ich fühlte mich im Recht und dachte, es wird sich schon aufklären. Aber ich muß sagen, damals, also kurz nachdem die hier einmarschierten, waren wir für die alle Nazis. Hinzu kam noch, daß unser Haus einen guten und wohlhabenden Eindruck machte, mit den vielen Bildern und schönen Möbeln, so daß die annahmen, nur Nazis konnten in Deutschland so leben. Als ich sehr unsicher und holprig meinen Einwand vortrug, wurde der richtig fuchsig. Ganz kühl erwiderte der, dies wäre eine Anordnung, und ich hätte dem Folge zu leisten. Am nächsten Tag würden hier Soldaten einziehen, und wir hätten bis dahin zu verschwinden. Dann winkte der Mann seinen beiden Begleitern, grüßte noch einmal kurz und ging. Sobald die Tür zu war, hab ich da rumgeschrien, gegen Möbel getreten und lauthals gegen unsere Befreier gewettert, und als mein Vater, der überhaupt nichts begriffen hatte, mich fragte, ob die noch einmal wiederkommen werden, da habe ich einen Teller genommen und den gegen die Wand geschmissen. Da wurde wiederum mein Vater wütend. Warum ich so hysterisch sei, den Teller bräuchten wir vielleicht noch und so weiter und so fort. Da hab ich ihm erzählt, daß er morgen schon nicht mehr hier sei und daß er sich Gedanken machen solle, was er mitnimmt. Tja, und dann hat der kapiert. Nach einer Stunde hatten wir beide uns ein wenig beruhigt und haben erst einmal überlegt, wo wir denn hingehen könnten. Als einziger fiel uns dann mein Bruder ein, der in der Südstadt wohnte und eine 4-Zimmer-Wohnung hatte. Ich wußte allerdings nicht, ob die Wohnung noch bewohnbar war, denn nach den letzten Bombenangriffen war ich nicht mehr in der Stadt gewesen. Ich hab mir mein Fahrrad geschnappt und bin in die Südstadt gefahren.«

Das war seit sechs Wochen das erste Mal, daß Magda in die Südstadt fuhr, die stark beschädigt war. Doch in der Straße, in der ihr Bruder wohnte, standen noch die meisten Häuser. Als sie dort ankam, war sie dennoch entsetzt über das Ausmaß der Verwüstung. So hatte sie sich das alles nicht vorgestellt. Es stand kaum noch ein Haus, überall Schutt und Asche und — eine unheimliche Stille. Ein Stille des Entsetzens und des Todes. Die Bäume waren schwarz und die Blumen ohne Duft. Nur eine kleine Bank, auf der sich abends die Männer zum Skat getroffen hatten, stand noch da wie das Überbleibsel einer längst vergangenen Epoche.

Magda kletterte vom Fahrrad und wollte es in die Ecke stellen, wo es immer stand. Doch die Ruhe war ihr unheimlich, und so nahm sie es lieber mit und kletterte über die Berge aus Steinen. Im Nachbarhaus ihres Bruders traf sie eine Frau, die gerade Kissen in einen Keller trug, und diese Frau wußte, wo ihr Bruder war. Ein paar Häuser weiter hatte er in einem Keller Unterschlupf gefunden. Als sie dort eintrat, war Magda entsetzt über den Gestank und über den Lärm. Keiner beachtete sie. Angeekelt lief sie durch den Keller, bis sie ihren Bruder fand. Er hatte für sich und seine Familie eine kleine Ecke abgeteilt mit einem Bett, zwei Stühlen und drei Koffern. Magdas Schwägerin hing gerade Wäsche auf. Schlüpfer und Socken, und das im Pelzmantel. Dieses Bild hat Magda nie vergessen, doch für sentimentale Gefühle blieb jetzt keine Zeit. Sie erzählte ihrem Bruder von der Beschlagnahme ihres Hauses und fragte ihn, ob er keine Bleibe für sie wüßte. Er lachte laut und meinte, wenn er eine hätte, würde er hier nicht hausen. Er nahm sie mit zum Kellerobmann, den die Notgemeinschaft gewählt hatte, und fragte ihn, ob sein Vater und seine Schwester hier wohnen könnten. Der Mann sah sich ratlos um und fragte: Wo? Doch Magda war Schauspielerin, und so erzählte sie ihre Geschichte dramatischer, als sie sich zugetragen hatte. Der Kellerobmann gab sich geschlagen und wies ihr eine Ecke zu, doch bevor sie davon Besitz nehmen konnte, brach ein Sturm der Entrüstung im Keller los. Ihre zukünftigen Mitbewohner protestierten und verwehrten ihr den Zugang zu IHRER Ecke. Darauf fühlte sich der Kellerobmann wiederum in seiner Funktion angegriffen. Er beharrte auf seiner Entscheidung, und da die Leute an Befehle gewöhnt waren, wies er sie an, den Platz freizumachen. Magda durfte einziehen. Zusammen mit ihrem Bruder fuhr sie nach Rodenkirchen, um ihren Vater und ihre Habseligkeiten zu holen. Als sie zu Hause ankam, hatte ihr Vater seine Sachen schon gepackt, und der nächste Streit war damit vorprogrammiert. Da standen sein Bett, sein Sekretär, sein Bücherschrank, seine Wäschetruhe, diverse Bilder und Bücher. Während Magda in der Südstadt war, hatte ihr Vater mit einem lieben Nachbarn die »notwendigsten« Sachen für sich zusammengepackt und wollte nicht einsehen, daß er nichts davon mitnehmen konnte. Magdas Bruder schlichtete den Streit und entschied, was mitgenommen werden konnte. Das waren: ein Bett, die Wäschetruhe, Wäsche und drei Bücher. Alles andere blieb in Rodenkirchen und wurde bei einem Nachbarn untergebracht, dessen Haus nicht beschlagnahmt worden war. Danach konnte der traurige Umzug beginnen — von einem Haus in einen Keller, der eng und klein war. Der Vater war entsetzt, als er seine neue Bleibe sah, doch er war müde und abgespannt, und es kam zu keinem weiteren Streit. Als er aber neben seiner Tochter im Bett lag, schwor er den Amerikanern bittere Rache. Trotzdem lebte er sich sehr schnell im Keller ein, spielte den ganzen Tag Skat und schwatzte mit den anderen alten Männern von alten Zeiten.

Vier Monate blieben sie in diesem Keller und konnten dann

mit dem Bruder in eine Wohnung ziehen, die zwar sehr klein und auch nicht winterfest, aber immerhin eine richtige Wohnung war. Bei der Instandsetzung lernte Magda zum ersten Mal ihre Fähigkeiten als Maurerin kennen. Sie entschloß sich, diese Fertigkeiten beruflich anzuwenden, bewarb sich beim Arbeitsamt und bekam die Zusage für den »Ehrendienst« bei der Trümmerbeseitigung. Magda absolvierte ihren Ehrendienst und ging erneut zum Arbeitsamt, diesmal mit dem festen Willen, sich nicht abweisen zu lassen:

»Ich hatte doch in der Zeitung von den Schwierigkeiten gelesen, und außerdem hatte ich diesen blöden Ehrendienst absolviert. Auf Ehre, verdammt noch mal, hatte ich keine Lust, die machte doch nicht satt. Also bin ich wieder zum Arbeitsamt marschiert, zu diesem freudlosen Ort. Ganz früh schon bin ich los, weil, ich wollte unbedingt die Erste sein, und als ich ankam, war schon alles voll. Ein Lärm auf den Treppen und Gängen und dann der Qualm von diesem fürchterlichen Kraut, was die damals rauchten. Und keiner — das war damals nicht anders als heute — wußte hier Bescheid. Endlich war ich an der Reihe und ging in ein Büro, und bevor ich mein Sprüchlein aufsagen konnte, blökte der Kerl mich an, daß hier nur Männer vermittelt werden und es sowieso keine Möglichkeiten gibt für Frauen. Ich sagte, ich will auf den Bau, und er: Das, meine Dame, ist nichts für Frauen. So, das ist nichts für Frauen? Und wer, bitte schön, soll diese verdammte Stadt aufbauen, wenn nicht die Frauen? Oder meinen Sie etwa die paar Krüppel, die draußen auf dem Flur warten? hab ich dem wirklich gesagt. Der wurde da richtig verlegen, und als ich dann noch meine Ehrenkarte rauszog, hat der sich erbarmt und in seiner Kartei gekramt. Wortlos hat er mir eine Adresse aufgeschrieben, und dann bin ich raus. Das wär ja wohl noch schöner. Adenauer sagt ›Hü‹, und seine Beamten sagen ›Hott‹ . . . Ich bin dann gleich zu dieser Baustelle gegangen, die war am

Chlodwigplatz, und was soll ich sagen — die paar Männekes, die da arbeiteten, das waren alles Frauen. Frauen in meinem Alter und ein paar jüngere, aber so 20jährige waren eigentlich nicht da. Ich bin nicht sofort dahingegangen, sondern hab mir die ganze Szenerie erst einmal von weitem angesehen, das habe ich wohl noch vom Theater. Am liebsten pirsche ich mich immer an Situationen und Menschen ganz langsam ran. Ungefähr zwanzig Frauen standen auf einem hohen Trümmerberg, so in Reih und Glied. Ein Bühnenbild, das an futuristische Visionen erinnerte. Meterhohe Schuttberge, die das Land mehr ahnen ließen, als daß man es sehen konnte. Schuttberge als Trennungsstrich zwischen Gestern und Morgen. Ja, genauso war das damals. Diese Trümmer, die Steine, das Geröll und der Staub waren der Strich — die Grenze zwischen Krieg und Frieden. Doch das haben die wenigsten, so glaube ich zumindest, gespürt. Kann man ihnen ja auch nicht verdenken, oder? Und in dieser Landschaft standen rund zwanzig Frauen an ihrem Platz und klopften mit einem Hammer die Steine ab, wie am Fließband. Sie sahen auf den ersten Blick fast gleich aus in ihrem Kölner Nachkriegslook: Kopftuch, Schürzen, Röcke oder Hosen, und alles schon grau vom Staub — wie ihre Gesichter. Doch dann beim näheren Hinsehen konnte man in den Gesichern lesen. Geschichten, die niemand liest und die doch allen bekannt sind. Ich versuchte, in ihnen zu lesen, und las immer mein eigenes Schicksal: vertrieben, der Mann verschollen, Hunger und ein Beruf, der nichts einbringt. Und ich dachte so, bald bist du auch eine von ihnen, und was soll ich sagen: Es erfüllte mich mit Wehmut, aber auch mit Stolz, zu diesen Frauen zu gehören. Frauen, von denen man später mal erzählen würde, daß sie Köln aufgebaut haben. Mit Stolz würden sie auf uns blicken und uns ehren. War natürlich alles Quatsch, das weiß ich auch, aber ich war 'ne richtige sentimentale Kuh, und vielleicht ist da auch noch was von der Künstlerin und Schauspielerin in mir gewesen. Wenn ich auf der Bühne gut war, hab ich mein Geld bekommen, aber — und das war ja das Wesentliche — die Menschen haben sich gefreut und applaudiert. Diese Chance, so dachte ich, bekommen wir nie wieder. Ich hab da eine ziemliche Zeit gestanden und auf die anderen da oben wohl wie eine Träumerin gewirkt. Sie riefen mir zu: ›He, nicht träumen! Ran, nimm die Schippe und dann weggeräumt!‹ ›Ach, laß die doch, die ist bestimmt auch son Fräulein‹. . . . ›Bißken alt, wie?‹ So ging das eine Weile hin und her. Ich kann mich nicht mehr an alles erinnern, was sie so gerufen haben. Auf jeden Fall bin ich hoch und hab ihnen erzählt, daß ich ab morgen auch hier arbeite, und zeigte denen meinen Wisch vom Arbeitsamt. Sofort waren sie freundlich zu mir und haben mich gefragt, woher ich komme, was ich sonst noch so mache. Na ja, da hab ich wieder meine dramatische Geschichte etwas dramatischer gemacht, und eine von ihnen, Elsbeth, holte aus ihrer Tasche eine Flasche raus und gab mir zu trinken. Ich hab dann mit allen Brüderschaft getrunken mit diesem schrecklichen Fusel, Knolly-Brandy. Davon mußte man mindestens drei Stück trinken, damit der schlechte Geschmack wegging. Na, auf dem Bau waren ja schließlich viele Frauen, und als wir uns alle duzten, war ich blau und kannte alle Namen: Gretel, Christa, Lotte, Mariechen, Berta und eben Elsbeth. Zu allen habe ich, soweit sie noch leben, engen Kontakt, und zu jeder fällt mir ein Gesicht und eine Geschichte ein. Am Abend habe ich mir dann eine Tasse Kaffee-Ersatz und eine echte Zigarette geleistet, weil ich wirklich glücklich war. Glücklich darüber, daß ich ab morgen an etwas Wichtigem teilnehmen würde. Mein Vater hielt mich für total bekloppt, der hatte in mir doch immer etwas Besseres gesehen, und nun war ich stolz, 'ne Trümmerfrau zu sein. Aber, ehrlich gesagt, stolz war ich auch nur an diesem Abend. Hinzu kam noch, daß sich mein Vater von einem alten Stich getrennt hatte und ihn bei einem Bauern, den wir von früher kannten, getauscht hatte. Für diesen Stich bekam er fünf Pfund Kartoffeln, Speck, Blutwürste, Leberwurst, Rauchfleisch, Gemüse und ein wenig Obst. Wir konnten also sogar noch richtig was Gutes essen.

Am anderen Morgen war ich schon ganz früh wach, noch immer mit diesem Glücksgefühl im Magen. Ich zog mich schnell an und ging los. In der Tasche eine Scheibe Brot, bißchen Speck und eine Zigarette. Auf der Baustelle herrschte schon reges Leben, und ich ging zu Elsbeth, die mich einem Vorarbeiter vorstellte. Dieser Mann fragte mich, ob ich schon mal auf dem Bau gearbeitet hätte und mich auskenne. Ich hab' ihm meine Ehrenkarte gezeigt, und da hat er gelacht und gemeint, jetzt würde ich mal richtige Arbeit kennenlernen. Na ja, meine Freude war da doch schon gedämpft. Wie auch immer, Elsbeth ging mit mir auf einen Hügel, der voller Geröll lag, und gab mir einen Hammer in die Hand. Da sollte ich nun die Steine abklopfen. Eine leichte Angelegenheit, dachte ich noch so, und fing dann auch gleich an mit meiner ehrenvollen Aufbauarbeit. Ich nahm also einen Stein, legte den vor mich hin und kloppte drauflos, und zwar mit einer gewaltigen Kraft. Einer Kraft, die den ersten Stein schon mal kaputtmachte. So war das ja sicher nicht gemeint, also kam der nächste dran. Wieder legte ich den Stein hin, hielt den mit der linken Hand fest und fing an zu klopfen. Diesmal rührte sich überhaupt nichts, es fiel einfach nichts ab. Hilflos drehte ich mich um und sah nur klopfende Frauen, die sich gegenseitig etwas zuriefen. Jetzt war mein Aufbauwillen schon merklich reduziert, und als ich dann so über die Trümmerberge sah, wurde mir ganz anders. Kann man sich doch nicht vorstellen, heute: Berge über Berge, die weder grün noch schön waren. Ich glaubte damals nicht, daß Köln jemals aufgebaut werden könnte. Schon gar nicht mit mir. Nach einer Weile ging ich doch zur Elsbeth und bat sie um Hilfe. Die zeigte mir dann, wie man Steine richtig und schnell abklopfte. Aber irgendwie war das nichts für mich, und ich fragte, ob ich nicht lieber Loren schieben konnte. Der Vorarbeiter sah mich entgeistert an und zuckte mit den Schultern. Nach der Mittagspause durfte ich Loren schieben. Diese Dinger waren vollgepackt mit Steinen, die wir von einer anderen Baustelle holen mußten. Zwei Frauen hatten solche Riemen, die sie sich über die Schulter zogen, und zwei Frauen schoben von hinten nach. Eine Sauarbeit war das, und als endlich Feierabend war, schwang ich mich weniger lustvoll auf das Fahrrad und fuhr völlig übermüdet und erledigt nach Hause. Zu Hause warteten schon Vater, Bruder und Schwägerin auf mich, voller Erwartung, sie wußten ja von meiner ehrenhaften Einstellung. Als ich zur Tür hereinkam, konnten die sich vor Lachen nicht halten, denn ich gab ein Bild des Elends ab: Kaputte Hände, meine schöne Hose aus Pferdedecken total verstaubt, und meine Bluse sah genauso aus. Die Haare hingen mir in dreckigen Strähnen im Gesicht, und — was das Komischste für die war — ich machte keine Anstalten, mich zu waschen. Ne, also, an dem Abend bin ich einfach ins Bett und hab geschlafen, wie eine Tote. Am nächsten Morgen lagen auf dem Tisch ein paar Handschuhe und ein dicker Pullover, daneben ein Zettel: Für unsere Heldin — Johann und Papa.«

Magda ließ sich nicht entmutigen und ging weiter jeden Tag zu ihrer Baustelle am Chlodwigplatz. Mit der Zeit lernte sie auch, wie man Steine klopft und wie die Loren gezogen werden mußten. Was sie nie lernte — und das ging wohl allen so —: ihren Hunger zu stillen. Am Abend saß ihre Familie zu Hause und versuchte, dieses nagende Gefühl im Magen zu verdrängen. Manchmal klappte es mit heißem Wasser und manchmal mit kleinen Vorstellungen, die Magda gab. Denn es war für sie ganz klar, auch wenn es zur Zeit nicht so aussah: Schauspielerin wollte sie immer bleiben. Ihr größter Traum war, wieder auf einer Bühne vor Publikum zu spielen. Zunächst begnügte sie sich mit ihrer Familie, die auch immer sehr geduldig ihren Rezitationen zuhörte. Vater hatte ein Buch in der Hand, ihr Bruder saß zusammen mit seiner Frau auf dem Sofa, in Dekken eingewickelt. Am liebsten spielte sie Lessing oder Ibsen oder sie las Gedichte von Christian Morgenstern und Kurt Tucholsky. An solch einem Abend wuchs in ihr die Idee, eine Vorstellung für ihre Kolleginnen zu geben. Eine Idee, die bei ihrer Familie großen Anklang fand, und alle glaubten, die Frauen auf den Trümmern wären dankbar dafür. Sofort machten sie sich daran, ein passendes Stück zu finden, das von einer Person gespielt werden konnte und auch den Frauen gefallen würde. Aber es fiel ihnen nichts Passendes ein. Da entschied sich Magda, selber ein Stück zu schreiben: Über die Lebenssituation in Köln. Tagsüber ging sie weiter auf den Bau, und abends schrieb sie, oft nur bei Kerzenlicht, ihr Stück. Doch sie fand nie den Mut, es ihren Kolleginnen vorzuspielen. Stattdessen lud sie die Frauen zu sich nach Hause ein, um ihnen Gedichte von Morgenstern vorzulesen. Die Frauen waren begeistert und kamen auch alle. Selbstverständlich brachte auch jede von ihnen etwas mit. Dann hockten sie sich auf die Erde, um Magda zu lauschen. Magda hatte aus einem alten Bettuch einen Vorhang gemacht, der an den Seiten von ihrem Bruder und ihrer Schwägerin gehalten wurde. Ihr Vater machte den Ansager und dann kam Magdas großer Auftritt. Sie schlug ihr Buch auf und begann. Je mehr sie las, umso begeisterter wurde sie selbst. Ja, sie hatte tatsächlich ein Gefühl der Spannung und roch die Luft des Theaters. Tatsächlich war es der Rauch der Nachkriegszigaretten, die das ganze Zimmer verpesteten. Aber das war Magda egal, sie las und legte sich dabei richtig ins Zeug, sie gab ihr Bestes. Als sie nach einer Stunde ungefähr das Buch zur Seite legte und erwartungsvoll in die Runde blickte, schliefen einige Frauen. Noch empörender war, daß sie sich nicht einmal entschuldigten oder für den netten Abend bedankten. Magda war enttäuscht und entmutigt. Ihre Idee eines Theaters war gescheitert. Sie wurde auch nie wieder von den Frauen darauf angesprochen. Dabei galten die Kölner doch als sehr theaterfreudig. Schon sehr bald wurde in Köln die Theatersaison eröffnet, wenig später die Konzert- und Opernsaison. Alle Veranstaltungen waren immer restlos überfüllt. Selbst unter größten Anstrengungen stellten sich die Menschen um Karten an.

Obwohl der Versuch, ihren Kolleginnen etwas Kultur näherzubringen, gescheitert war, akzeptierten und bewunderten die Frauen Magdas Vorliebe und Begeisterung für das Theater. Wenn sie von einer Theateraufführung hörten oder lasen, sagten sie sofort Magda Bescheid und die ließ dann alles liegen und stehen, um eine Karte zu ergattern.

»Einmal gab es Karten für eine Shakespeare-Aufführung in der Universität, und ich wollte unter allen Umständen da hin. Ich stand morgens um vier Uhr auf und fuhr mit meinem Fahrrad von der Südstadt zum Dom. Diesmal war ich mir ganz sicher, daß ich die erste war, und fiel bald vom Fahrrad, als ich um die Ecke bog. Da standen doch tatsächlich schon 10 oder 15 Leute, um sich Karten zu kaufen. Am liebsten wäre ich wieder nach Hause gefahren, denn es gab ja nur wenige Karten. Aber dann dachte ich mir, daß ich mir das Geld von allen möglichen Leuten geliehen hatte und daß ich auch dahin wollte. Um 7 Uhr kam mich mein Vater ablösen, denn ich mußte doch auf den Bau. Der meckerte sofort rum, daß das Wahnsinn sei, sich wegen solch einer Karte anzustellen. Da hab ich so ganz spitz zu ihm gesagt, wer wollte denn eine Schauspielerin in der Familie? Das stimmte nämlich, mein Vater wollte immer, daß ich etwas Besonderes werde, und er hat mich immer unterstützt. Erst gegenüber meiner Mutter und später gegen meinen Mann. Brummelnd stellte er sich an. Wär ja auch noch schöner, ich als Schauspielerin und sich solch eine Gelegenheit entgehen lassen! Ich bin dann zur Baustelle gegangen, hab meinen Hammer in die Hand genommen und im Dreivierteltakt die Steine geklopft. Ich träumte von alten Theaterzeiten, von Beifall und Blumen und einfach wieder von Normalität. Da ich ja noch nicht allzu lange auf dem Bau war, taten mir immer sehr schnell die Arme und der Rücken weh. Dann hatte ich Schwielen und Blasen an den Händen — also ich verkörperte in keiner Weise mehr die Frau, die ich immer vorgab zu sein. Ich war jetzt wirklich eine von ihnen und zwar in allem. Ich war grau in grau, Hände wie Leder mit großen Rissen, und ich sprach und redete wie sie. Laut und manchmal sogar ordinär. Wie schnell hatte ich mich doch angepaßt. Nur mein Denken und zum Teil auch mein Fühlen, die Möglichkeit der sinnlichen Wahrnehmung, das war noch vorhanden. Ich meine nicht politisches Denken — also mit Verlaub gesprochen, Politik interessierte mich nicht die Bohne. Nein, ich meine die Fähigkeit, mich mit Dingen zu beschäftigen, die außerhalb unseres täglichen Lebens lagen. Weg vom Hunger, vom Hamstern, hin zu Musik und zu schönen Worten. Das war immer mein Wunsch, und gleichzeitig merkte ich auch, wie diese Fähigkeit immer mehr verschwand und wie mein Denken sich den Realitäten — besser gesagt: dem Sichtbaren — anglich. Aber an diesem Tag war ich doch unheimlich glücklich, aus diesem Einerlei herausbrechen zu können. Ich hab dann noch unseren Vorarbeiter gefragt, ob ich ein wenig eher gehen könnte, und hab ihm auch gesagt, warum. Und da habe ich wieder gemerkt, wieviel Wärme diese sogenannten einfachen Menschen haben. Er hat mich sofort nach Hause geschickt und hat noch gefragt, was denn gespielt wird, und ich: ›Was Ihr wollt‹, und er: ›Was zum Fressen!‹

Um vier Uhr bin ich nach Hause geradelt, wie ne Wilde, und hab als erstes Wasser geholt und dann den Ofen angeschmissen, um das Wasser ein wenig warmzumachen. Es war schon halb sechs. In der Zwischenzeit hab ich mir was Passendes zum Anziehen rausgesucht. Ich hatte zum Glück noch ein schönes Kleid aus reiner Seide, nur, als ich es anprobierte, war es viel zu weit. Von meiner Schwägerin habe ich dann einen Gürtel bekommen, und um kurz nach Sechs war ich fertig. Zum Glück fuhren die Straßenbahnen, so daß ich nur das letzte Stück laufen mußte. Es war toll. Von allen Seiten strömten die Menschen zur Uni, und alle waren in der gleichen aufgewühlten Stimmung wie ich. Im Foyer konnte man sogar ein Programmheft kaufen, und eine junge Frau verkaufte schon Schokolade, allerdings mit wenig Erfolg. Es war noch relativ früh, und ich habe mich schnell hingesetzt, um die Atmosphäre ganz auszukosten. Es war schon ein tolles Gefühl, sich vorzustellen, wie die Kollegen jetzt nervös in ihren Garderoben sitzen oder schon hinter der Bühne stehen und der Regisseur noch allen ein ›toi, toi, toi‹ zuruft. Ich hätte alles drum gegeben, wenn ich jetzt da oben hätte stehen dürfen. Aber allein die Tatsache, hier zu sitzen, war schon einmalig. Kurz vor Beginn setzte sich eine junge Frau direkt hinter mich, und sie duftete nach Parfüm, wirklich echtem Parfüm. Ja, das war Theater! Die Vorstellung begann, und noch ehe ein Wort fiel, tobte das Publikum vor Begeisterung, vielleicht darüber, daß überhaupt wieder Theater gespielt wurde. Die Aufführung war auch wirklich gut, das Bühnenbild erstaunlich vielfältig und schöne Kostüme. Aber nach zwei Stunden merkte ich, wie müde ich wurde. Doch ich hielt mich tapfer. Wie im Rausch bin ich zur Straßenbahn gegangen und dann auf dem Weg nach Hause im Stehen in der Straßenbahn eingeschlafen.«

An diesen Abend dachte Magda noch lange zurück. Die Sorgen wurden immer drückender, denn die Wohnung war noch nicht instandgesetzt, die Gas- und Stromversorgung funktionierte immer noch nicht, aber am schlimmsten war der Hunger. Die ungewöhnlichsten Methoden der Lebensmittelbeschaffung sprachen sich herum. Beispielsweise von der Eisfabrik Linde. Auch Magda hörte, daß dort geplündert wurde, und zog mit ihrem Bruder dorthin. Schon eine Straße vorher kamen ihnen die Leute mit riesigen Käserädern entgegen, und auch Magda ergatterte einen halben Käse und etwas Butter. Die Polizei hatte beide Augen zugedrückt, sie hatte auch Hunger.

»Die Polizei? Die hat doch nichts gesehen und nichts gehört, manche haben uns sogar noch die Tips gegeben, wo was stand. Nur die Amerikaner, die fand ich ja am Anfang schrecklich. Also nicht direkt aggressiv uns gegenüber, wahrscheinlich kein Vergleich zu den Russen, aber mir hat es gereicht. Einmal kam nämlich der Nachbarsjunge zu uns, verheult und verrotzt. Die Kinder streunten ja zu der Zeit auf den Ruinen herum und suchten nach Eßbarem, und da haben sie amerikanische Soldaten gesehen, die gerade Lebensmittel wegschmissen. Die Amerikaner haben, als unsere Pänz um ein wenig Brot gebettelt haben, nur gegrinst und dann alles auf einen Abfallhaufen geschmissen und verbrannt. Für die Kinder war das so unfaßbar, daß jemand Lebensmittel verbrannte, und für mich einfach ein Skandal. Aber damals und noch lange danach durfte man ja nichts über unsere Befreier sagen. Na ja, da hab ich halt auch nichts gesagt.«

Nicht alle Kölner hatten eine Abneigung gegen die alliierten Soldaten, viele — und nicht nur Frauen — freundeten sich mit Amerikanern und besonders mit Engländern an. Doch Magda war am Anfang so wütend auf die Soldaten, daß sie auch keinen Unterschied machte zwischen Amerikanern und Engländern. Einige ihrer Kolleginnen gingen nach Feierabend gern in Lokale auf der Severinstraße, um ein wenig zu entspannen und Unterhaltung zu haben. Es dauerte sehr lange, bis sie Magda überreden konnten mitzukommen, denn ab und zu waren dort auch Engländer. Aber mit der Zeit besuchte auch

Magda diverse Kneipen und Cafes, die immer gut besucht waren. Wenn man am Tage hungerte, wollte man wenigstens abends dieser und anderen Realitäten entfliehen. Clevere Wirte stellten Volksempfänger auf, aus denen Schnulzen klangen, Kapellen spielten Hits aus der großen Ufa-Zeit, und dann und wann sang eine späte Marika Rökk oder hauchte eine Möchtegern-Zarah ihr »Kann denn Liebe Sünde sein?« in ein Mikrofon. Wenn dann das Lokal gut besucht war und die Menschen dicht gedrängt standen, saßen oder tanzten, zogen die Musiker schon mal trotz der Kälte ihre Handschuhe aus. Neben echten Spelunken, in denen sich die Halb- und Unterwelt der Großstadt tummelte, gab es auch Cafes, wo Dichterlesungen stattfanden. Hier lauschte man den Worten jahrelang verbotener Dichter, betrachtete die einst entartete Kunst und tanzte Tango, Cha-Cha und Boogie. Aber das Wichtigste in diesem Winter war für die Kölner der Karneval. Umzüge gab es zwar noch nicht, aber immerhin schon Sitzungen, bei denen man anfangs erbärmlich fror, bis man sich irgendwann doch warmgetanzt und warmgesungen hatte.

Magda machte natürlich mit, und das ging für eine echte Kölnerin selbstverständlich nicht ohne Verkleidung. Zusammen mit ihren Kolleginnen überlegte sie schon Wochen vorher, was sie wohl anziehen konnte. Da die wenigen Kleider oder Röcke, die man sich 1947 leisten konnte, Jahre halten mußten, kam Magda auf die Idee, beim Theaterfundus nach Kostümen zu suchen. Aber auch die Theaterleute hatten kaum genug Garderobe für ihre Aufführungen und konnten außer einigen Bändern nichts entbehren. So wurde die Aktion »Trümmerberg Südstadt« ins Leben gerufen.

»Es waren noch 14 Tage bis Fasteloovend, und wir hatten außer den paar dusseligen Bändern nix. Da haben wir uns einen Samstag bei mir getroffen, und jede hat ein paar alte Klamotten mitgebracht. Die eine kam mit einem Anzug von ihrem

Mann, mit Kissenbezügen, Handtüchern, Bettzeug usw. Die andere hatte Decken aus den Luftschutzkellern, alte Fliegeruniformen, Overalls und so. Wir haben schön alles aussortiert und uns dann überlegt, was wir sonst brauchen konnten und was nur für den Karneval gebraucht wurde. Aus den Decken haben wir Hosen und Röcke genäht, aus Fliegeroveralls Blusen. Also blieben nur die alten Uniformen, die durfte man ja laut Befehl des Alliierten Kontrollrats so und so nicht mehr tragen. Die mußten also gefärbt werden, aber wie? Mir fiel dazu rein gar nichts ein. Aber eine Kollegin von uns, die hatte einen Einfall und meinte, wir bräuchten nur Teeblätter aufzukochen und die Klamotten da reinzulegen. Kamillen-, Pfefferminz- oder Heidelbeertee. Nur, um den Tee zu suchen, war es ja wohl zu spät, aber wir wollten zum Karneval, und wir mußten an Tee rankommen. Wir überlegten und überlegten und kamen schließlich auf eine Frau im Westerwald, die schon immer Kräuter sammelte und die dann verkaufte. Jetzt mußten wir nur noch diese Frau besuchen und der den Tee abluchsen. Was haben wir an dem Samstag gelacht und Spaß gehabt! Mein Vater sagte immer, so verrückt können nur Kölner Weiber sein, son jeckes Volk! Wir überlegten, was wir denn zum Tauschen mitnehmen könnten. Die eine hatte einen Kerzenständer, die andere eine Sammeltasse, und ich hatte eine schön in Leder gebundene Bibel. Ne Bibel — als wenn die was wert wäre, meinte eine meiner Kolleginnen. Aber die war so eine richtige Heidin, und ich wußte oder glaubte zu wissen, die im Westerwald sind gläubige Christen, die freuen sich über so eine schöne Bibel. Am anderen Morgen — ein Sonntag — sind drei Frauen und ich los. Mit Fahrrädern in den Westerwald. Das sind 100 km hin und 100 km zurück. Uns war klar, daß das einige Tage dauern und daß wir Urlaub brauchen würden. Elsbeth meinte, wir melden uns einfach krank. In aller Herrgottsfrühe sind wir los. Der Winter 1947 war kalt, verdammt kalt, und wir haben getrampelt und getrampelt. Am späten Abend waren wir im Westerwald und haben in einer Scheune geschlafen — heimlich natürlich. Am anderen Morgen sind wir dann zu der alten Frau hin. Elsbeth, die die Frau kannte, sagte, wir sollen bloß unsere Klappe halten, vonwegen Karneval und so. Klar. Wir also rein. Da saß — wie in alten Märchen — so ein verhutzeltes altes Weib in Decken eingewickelt auf nem alten Stuhl. Elsbeth zu der hin und erzählt der was von kranken Kindern, die unbedingt Tee bräuchten, und daß wir schon überall nach Tee gefragt haben, und keiner hat uns welchen gegeben. Sie wäre unsere letzte Hoffnung, und wir hätten schon viel von ihr gehört. Keine Antwort. Elsbeth also noch mal alles von vorne. Wieder keine Antwort. Ich flüsterte Elsbeth zu, daß das wohl keinen Zweck hier hätte, und wir könnten gleich wieder gehen. Aber Elsbeth wollte nicht einfach aufgeben und ging zu einer Kiste, die in der Ecke stand. Da schreit die Alte plötzlich, was wir denn so zu bieten hätten. Wir sofort unsere Schätze auf den Tisch. Zuerst die Tasse — wir durften einen kleinen Beutel Pfefferminztee nehmen. Dann die Leuchter — wieder einen Beutel Tee. Als wir dann die Bibel auf den Tisch legten, wollte sie wieder nur einen Beutel rausrücken, und die anderen waren damit einverstanden. Da bin ich aber wütend geworden: ›Drei Beutel — oder ich nehm die Bibel wieder mit!‹ Schweigen. Keiner sagte etwas, und schließlich durfte ich mir drei Beutel nehmen. Wir sind, so schnell wir konnten, aus der Wohnung raus und ab nach Köln.

Am Dienstag waren wir in Köln und sind sofort nach Hause gefahren, und Elsbeth hat angefangen zu färben. Zwei Tage mußten die Sachen in dem Tee liegen. Auf der Baustelle haben die anderen unsere Stellung gehalten und für uns mitgearbeitet. Die haben sogar Überstunden machen müssen. Dann haben wir die Sachen getrennt und wieder zusammengenäht. Am Abend vor Altweiberfastnacht saßen wir noch bei einer Funzel von Licht und mit leerem Magen bei mir in der Küche und haben genäht wie die Bekloppten. Hanne hatte sogar noch ’nen Brandy besorgt für Karneval, den berühmten Knolli-Brandy, der schmeckte immer noch entsetzlich, aber es war Alkohol. Am nächsten Morgen sind wir wie gewohnt zur Arbeit gelaufen. Es war sehr kalt in diesem Winter, und die Steine konnten kaum saubergemacht werden, aber Plünder, was unser Bürgermeister war, hatte uns eingetrichtert: Die Stadt muß wieder blühen, und so haben wir uns auch in der Kälte noch abgemüht. Um 11 Uhr 11 sollte es losgehen, aber wir hatten doch keine Uhr und so ist eine losgelaufen, um die Zeit auf der Kirche abzulesen und dann zu uns zu kommen. Sie kam dann auch und schrie ›Kölle, Alaaf!‹ Wir waren schon alle umgezogen und fanden uns ganz toll, obwohl wir alle gleich aussahen. Dieser Karneval — also, wir haben gefeiert wie toll. Ein Kollege hatte eine Gitarre und hat alte Karnevalslieder gesungen. Wir haben geschunkelt und getanzt. Von den anderen Baustellen kamen andere Frauen zu uns, und in Nullkommanix waren wir ’ne richtige Karnevalsgesellschaft. Es dauerte nicht lange, da kamen die Tommies angefahren. Wir, mit Knolli-Brandy im Bauch, waren nicht mehr zu halten und haben denen zugeprostet. Aber diese feinen Pinkel in ihren teuren Uniformen stiegen todernst aus und fragten, was das denn soll. Wir haben natürlich so getan, als wenn wir sie nicht verstehen, obwohl viele von uns sehr gut Englisch verstanden und auch sprachen. Elsbeth und Hanne waren schon richtig in Stimmung und schrien immer ›Kölle Alaaf!‹ und Hanne hing sich an einen Tommy ran. Da schüttelte der Hanne so richtig runter, als wenn sie Ungeziefer wäre. Richtig schlimm. Aber da war es aus, wir haben uns ja alles gefallen lassen — Plünderungen, Vergewaltigungen, nix zu fressen — aber unseren Karneval, den lassen wir uns nicht vermiesen, schon gar nicht von den paar Jüngelchen aus England! Ich bin dann zu denen hin und hab ihnen meine ganze Wut ins Gesicht gebrüllt, vonwegen Besatzungsmacht und so, wir könnten schließlich unser Köln allein aufbauen, da brauchten wir sie nicht und so. Zum Glück verstanden die kaum Deutsch und vor allem nicht mein Kölsch. Na ja, die sagten immer, Arbeit, Arbeit. Endlich ist einer von unseren Männern zu denen hin und hat denen auf Englisch erzählt, daß wir Karneval hätten, und das wäre für die Kölner ein ganz wichtiger Tag, und es wäre selbstverständlich, daß wir alles nacharbeiten würden. Bla, Bla. Na ja, die zogen auf jeden Fall wieder ab, und da ging es erst recht los. Irgendwann sind wir dann abgezogen zu Hugo in der Friesenstraße, das war eine der ersten Kneipen in Köln, wo man auch was bekam. An diesem Tag war es hier knüppeldicke voll, und überall sangen die Leute und schunkelten. Und keinen Engländer hab ich an diesem Tag mehr gesehen, es war mein schönster Fasching. Ohne viel Alkohol und mit nichts im Bauch, haben wir getanzt und gelacht, daß es nur so krachte. Wir hatten das Gefühl, wir sind wieder da. Köln hat seinen Karneval, und damit ist alles gelaufen, und alles wird wieder gut. Nichts wurde natürlich gut.«

Die Versorgungslage der Kölner war im März 1947 besonders schlecht. Der amtliche Grundbedarf wurde unter 800 Kalorien pro Tag festgesetzt. Die Folge: Die Kölner Arbeitsmoral sank auf den Nullpunkt. Jeder der hamstern konnte, fuhr los, und jeder, der noch irgendetwas zum Tausch hatte, versuchte sein Glück auf den Schwarzmärkten.

Gegen diese Notlage mußte etwas getan werden, das wußte auch die Stadtverordnetenversammlung und gab zunächst einmal einen Bericht heraus über die großen Mängel in der Gasversorgung, über die unzureichende Versorgung der Bevölkerung mit Nahrungsmitteln, Verbrauchsgütern (besonders Stoffen, Möbeln und Hausrat) sowie Treibstoff. In dem Bericht wurde auch der angebliche oder tatsächliche Verlust von Lebensmittelkarten, der Diebstahl von Kartenlagern und die Fälschung von Lebensmittelkarten aufgeführt. Bedrohlich waren — so betonte ein Beamter — die Verluste von Lebensmitteln durch Einbrüche in Geschäften, Beraubung von Transporten und Plünderungen der Felder.

Ein anderer Bericht schilderte die Lage auf dem Schwarzmarkt. Da staunten selbst die Beamten, was es da alles gab: Tabak (eine amerikanische Zigarette für 5 bis 8 RM), Lebensmittel aus Schwarzschlachtungen, Medikamente, Textilien, Schuhe, Weine und Spirituosen. Außerdem Bescheinigungen über die Beteiligung am Ehrendienst (für 80 RM). Erstaunlich war für die Beamten auch, wer sich alles auf den Schwarzmärkten herumtrieb: ein guter Querschnitt der Kölner Bevölkerung und der alliierten Soldaten. Zum Schluß waren die einzelnen Schwarzmarktplätze gesondert aufgeführt, z.B. der Ehrenfelder Bahnhof und die Plätze vor den Kasernen in Mülheim und Dellbrück und diverse Kneipen.

Magda las Ausschnitte aus diesem Bericht in einer Zeitung und war überrascht, daß sich deshalb Männer stundenlang streiten konnten. Wahrscheinlich, dachte sie, brauchten diese Leute weder Hamsterfahrten noch die Schwarzmärkte. Wahrscheinlich hatten sie auch sehr viel öfter ein Stück Fleisch auf ihrem Teller oder Butter auf ihrem Brot. Fleisch oder Butter hatten Magda und ihr Vater schon ewig nicht mehr gegessen, und dieser Zeitungsbericht machte Magda Hunger. Hunger auf Butter, und deshalb ging sie zum ersten Mal auf einen Schwarzmarkt.

»Da gab es Ecke Chlodwigstraße immer einen Schwarzmarkt, und wir hatten schon ewig nichts Gescheites gegessen, und ich war auch noch krank geworden. Weil ich nichts mehr richtig zu essen hatte und auch immer zu dünn angezogen war auf dem Bau. Na ja, auf jeden Fall hatte ich mich fürchterlich erkältet und bekam eine Lungenentzündung. Nach drei Wochen stand ich aber wieder auf dem Bau und hab gekloppt und gekloppt. Wie gesagt, ich hatte auch mal Hunger auf Butter oder Speck. Da bin ich mal zum Schwarzmarkt hin und hab einem Kerl 200 Reichsmark gegeben für ein Pfund Butter. Der hatte aber die Butter nicht dabei und sagte, ich müßte mir die Butter in der Severinstraße abholen. Ich, ganz Trottel vom Dorf, glaub' dem das und geh los. Endlich komme ich in einen Verschlag, da thront sone vollgefressene Frau auf einer Kiste und fragt mich, was ich will. ›Ich will meine Butter abholen, wie Herr K. mir sagte.‹ ›Was denn für Butter? Hier kriegste keine Butter.‹ Und wenn ich nicht machen würde, daß ich sofort verschwinde, würde sie mir die Hucke vollhauen. Eh' ich mich versah, war ich draußen. Keine Butter, und das Geld war auch weg. Da hab ich mir gesagt, so, jetzt gehst du zurück zum Chlodwigplatz und siehst zu, ob du diesen Mann erwischst. Ich also wieder zurück und tatsächlich, der stand noch da. Ohh, hatte ich 'ne Wut, weil der schon wieder handelte und das Geld nur so einstrich. Allein konnte ich aber nichts ausrichten, und da bin ich zur Bonner Straße und hab die Polizei geholt. Die haben den Kerl auch festgenommen, aber mein Geld war natürlich weg. Aber die anderen, die haben mir echt gedroht — ich sollte mich ja nicht noch mal hier blicken lassen, sonst könnt ich was erleben. Auch ohne diese Drohung wär' ich da nie wieder hingegangen. Und so hab ich vom Schwarzmarkt auch nicht viel gesehen.«

Solange ihr Vater gesund war, brauchte Magda auch nicht zum Hamstern aufs Land zu fahren. Sie hatte genug auf dem Bau zu tun, denn ihr Arbeitstag begann um 8 Uhr morgens und endete gegen 17 Uhr, oft aber auch erst später. Hamstern hieß auch, manchmal tagelang unterwegs sein zu müssen. Nur am Wochenende fuhr Magda mit ihrem Bruder oder ihrer Schwägerin zu den Bauern in der näheren Umgebung. Dort hatte sie dann die Möglichkeit, Kleieabfall oder Mehlabfälle mitzunehmen, daraus bestand denn auch oft ihre Hauptmahlzeit. Es wurden Suppen gekocht, die außer Kleie noch künstliche Aromastoffe enthielten, zum Beispiel Vanille. Am Samstag verzichtete jedes Familienmitglied auf eine Scheibe Brot, das war dann rund ein halbes Pfund. Daraus briet die Schwägerin künstliche Frikadellen — ebenfalls mit Aromastoff. Zur Erntezeit wurde mit einem selbstgezimmerten Wagen aufs Land gefahren, um Zuckerrüben zu klauen, aus denen dann Rübensirup gekocht wurde, eine der seltenen Delikatessen. Die Zubereitung war nicht ganz einfach. Man mußte beim Kochen immer ganz fest in den Topf reinstechen, und dabei gingen die Töpfe häufig kaputt.

Im Frühjahr wurde Magdas Vater sehr krank und mußte für einige Zeit ins Krankenhaus. Ihr Bruder hatte wieder Arbeit und konnte sich an Hamsterfahrten nicht beteiligen. So mußte Magda los.

»Als mein Vater ins Krankenhaus kam, war das besonders blöd für uns, weil wir uns doch jetzt neben unserer Arbeit auch noch um die Essensbeschaffung kümmern mußten. Was blieb anderes über: Ich mußte hamstern fahren. Abends nach der Arbeit sofort ins Bett, und dann um zwei Uhr morgens raus, schnell angezogen und los, damit ich noch die Bahn Richtung Bergisches Land bekam. Unterwegs traf ich eine Nachbarin, die sich großzügig anbot, mir zu helfen. Sie kenne sich aus, ich solle nur immer ihr nach. Hab ich dann auch gemacht, ich Schaf. Nach einer Stunde waren wir da, sind dann runter vom Zug und zu Fuß weiter. In geduckter Haltung sind wir durch die Gegend gelaufen. Ich sollte mich ganz leise verhalten. Irgendwie kam mir die Sache mehr als blöd vor. Wir schlichen durch die Gegend, als wenn wir Gold schmuggeln wollten. Doch die wurde fast verrückt, wenn ich sie ansprach. Dann kam mir das doch komisch vor, weil wir liefen und liefen und nichts passierte. Sie meinte dann, wir sollten warten, bis es dunkel würde, und dann losschlagen. Na gut. Nach einer Weile zog sie sich ein schwarzes Kopftuch um den Kopp und sagte, ich müsse mir meinen Schal umbinden. Also, das Tuch hab ich mir ja umgebunden, obwohl ich nicht wußte, warum — aber, als sie dann sagte, ich müsse mir mein Gesicht mit Kohle schwarzmachen, da konnte ich nicht anders, als laut herauszulachen. Sie klärte mich dann wutschnaubend auf, das wäre, damit wir nicht wie Kohlrabiköpfe glänzen würden. Sie überzeugte mich dann noch, weil sie drohte, allein weiterzugehen. Ich hab dann alles gemacht, und wir sind weitergeschlichen. Schon damals hab ich mir gesagt: Solltest du jemals diese Zeit überleben, schreibst du darüber ein Buch — Magda beim Schmuggeln auf dem Lande. Nach einer halben Stunde waren wir endlich an einem Feld. Da gab es Weißkohl und Blumenkohl, und die haben wir in Windeseile ausgegraben und dann ab. Bei einem anderen Bauern haben wir Obst geklaut. Ich hatte meinen kleinen Sack schon voll und wollte nach Hause. Doch meine Nachbarin war jetzt richtig auf den Geschmack gekommen und wollte noch mehr. Ich hatte keine Lust und vor allem mehr Angst als Vaterlandsliebe, deshalb schlug ich ihr vor, auf sie zu warten. Nach langem Hin und Her willigte sie ein. Als sie losziehen wollte, fragte ich noch, ob ich nicht auf ihren Sack aufpassen sollte. Da guckte die mich an wie ein Weltwunder — das sähe mir ähnlich und so. Selbstverständlich nahm sie ihren Sack mit. Sie zog also los und nach einer Stunde kam sie wieder — ohne Sack. Der Bauer hatte sie erwischt, den Hund hinter ihr hergeschickt, und sie mußte rennen wie eine Verrückte. Den Sack hat sie dagelassen. So sind wir denn zurück. Ich mit Sack und sie ohne. Abgegeben hab ich nichts, weil ich wußte, von der war nichts zu erwarten.«

Wenn man durch Hamstern, Tauschen, Klauen oder Betteln etwas Eßbares ergattert hatte, stand die Hausfrau vor dem Problem, daraus etwas Genießbares zu kochen. Oft ohne Gas und Strom, in Kochgemeinschaften oder Gemeinschaftsküchen. Es war die große Zeit der Improvisation. Provisorische Küchen, provisorische Mahlzeiten. Und die große Zeit der Ersatzprodukte. Trockenmilch statt Kuhmilch, Trockenei statt Hühnerei, Muckefuck, Kürbiskerne. Aus Bucheckern machte man Öl, gebraten wurde in Rizinusöl und gezuckert mit Rübensaft. Ein Kochbuch mit über 50 Rezepten auf diesen Grundlagen war der Renner.

Irgendwann war auch Magdas Phantasie erschöpft, und ihr kamen keine neuen Ideen für einigermaßen schmackhafte Rezepte. Ihr Vater erhielt die Aufgabe, nach Kochrezepten zu forschen. So wie Magda erging es auch ihren Kolleginnen auf dem Bau. Sie waren schlichtweg ratlos, wie und womit sie sich und ihre Lieben sattkriegen konnten. Also schob Magdas Vater los, um nach geeigneten Kochrezepten, möglichst mit den dazugehörigen Zutaten, zu suchen. Eines Tages kam er aufgeregt zur Baustelle.

»Es war schon Sommer und so richtig heiß. Überall Staub und ewig dieses Geräusch von klopfenden Frauen und Männern. Ohh, wie ich das alles haßte! Da kam mein Vater um die Ecke gerannt und schwang aufgeregt ein Buch. ›Maggi, Maggi‹, schrie er, ›unsere Rettung‹. ›Ein Kochbuch, wirklich ein Kochbuch‹. Wir blätterten gleich durch und lasen nur: Kartoffeln, Kartoffeln und nochmals Kartoffeln. Ich sagte zu meinem Vater: ›Nu sieh mal zu, wo du die ganzen Kartoffeln für die Rezepte herkriegst‹. Kartoffeln waren doch damals schon fast Luxus. Mein Vater schob los. In der Pause saßen wir immer so auf den Steinen und ließen uns von der Sonne bescheinen. Ich blickte so an mir runter, und ich muß sagen, viel war da nicht mehr dran. Elsbeth, meine Freundin, hatte so einen kessen Strandanzug an aus Wolle, Socken und so ein paar Sandalen. Die sah auch ganz schön mitgenommen aus. Die Knie spitz, und wo früher mal ein Busen war, da hing jetzt nur ein Lappen. Die anderen sahen genauso aus wie ich und Elsbeth

— mager und dünn. An uns war nichts mehr dran und dann immer dieser nagende Hunger, den wir mit Zigaretten und Wasser stillten. Wenn wir da so lagen, stellten wir uns immer schönes Essen vor, Brötchen mit Butter und Schinken, Sauerbraten mit Rosinen und Klößen. Jede hatte ein anderes Lieblingsgericht und erzählte, wie sie dieses Essen früher immer gekocht hatte. Je mehr wir erzählten, umso hungriger wurden wir. Am Abend bin ich wie eine Betrunkene nach Hause, immer in der stillen Hoffnung, daß mir eines Abends ein wunderbarer Küchenduft entgegenschlagen würde. Aber es passierte nie. Im Gegenteil. Es roch immer nach Trümmern und Abfall. Zu Hause haben meine Schwägerin und ich uns noch mal das Kochbuch vorgenommen. Wir fanden Gerichte, von denen wir noch nie was gehört hatten, und mein Vater hatte schon einige angekreuzt, die er uns demnächst kredenzen wollte. Da gab es Brennesselsuppe, Brennessel als Salat und als Gemüse. Klöße aus Maisgries, Kuchen aus Eichenmehl, Kartoffelkuchen und wie man falsche Schlagsahne macht. Ich hab gesagt, gut und schön, dann fangt mal an. Mein Vater hat dann an dem Abend tatsächlich etwas aus dem Kochbuch gekocht. Maismehlklöße. Die waren gar nicht mal so schlecht.«

Schon kurz nach 1945 wurde die Kölner Bevölkerung aufgefordert, Kleingärten anzulegen und selbst Gemüse zu ziehen. Viele Kölner setzten die Ratschläge auch in Taten um. Magda allerdings hatte nie die Zeit, sich nach einem Stück Erde umzusehen, aber eine Nachbarin hatte sich einen winzigen Garten angelegt, und ab und zu konnte Magda etwas tauschen: einen Kohlrabi gegen ein Brikett, einen Salat gegen eine Zigarette. Mit der Zeit wurden die Kölner wieder zu Kennern der heimischen Pflanzen, und im Frühjahr wurde Löwenzahn gesammelt. Je früher, desto zarter war er und schmeckte fast wie Chicoree. Auf den Wiesen wuchs der Wiesenknopf oder Pimpernell. Manche Gärtner hielten Pimpernellen auch als Winterwürzkraut, und mit etwas Phantasie konnten sie für Schnittlauch, Sellerie oder Petersilie durchgehen. Besonders Pfiffige legten ihn in Essig, dann schmeckte er besonders gut.

Magdas Vater entwickelte sich im Lauf der Zeit zu einem richtigen Fachmann für heimische Gemüsesorten, und so verwunderte es niemanden, als er eines Tages grüne Blätter als Spinat anbot. Nach dem Essen fragten die zufriedenen Esser, was das denn für ein delikates Gemüse gewesen sei, und bekamen zur Antwort: Vogelmiere, auch Hühnerdorn genannt. Als Magda das Essen langsam hochstieg, hakte ihr Vater gleich mit seiner neuesten Erkenntnis nach: Vogelmiere eigne sich vorzüglich als Herzstärkungsmittel und auch für Entzündungen. Alles in allem wurde die Kochkunst des alten Mannes immer perfekter und festigte seine Stellung im Haus. Alle waren überrascht, am meisten Magda, denn ihr Vater hatte Kochen und alles, was damit zusammenhing, früher als reine Weibersache abgetan. Verdrehte Welt — und doch so normal, zumindest für die, die von Anfang an dabei waren. Schwerer wurde es für die Männer, die erst spät aus der Kriegsgefangenschaft nach Hause zurückkehrten und ihre Frauen als Haupternährer der Familie vorfanden, energisch und selbstbewußt. Die Stellung des Mannes in der Familie hatte sich sehr verändert.

So war es auch bei Magda. Ihr Mann wurde 1941 eingezogen und kam dann noch einmal 1942 nach Hause. Seit April 1944 hatte Magda nicht mehr von ihm gehört und sich insgeheim schon mit seinem Tod abgefunden. Und doch — als sie mit den anderen Frauen aus den Trümmern kroch, hoffte sie wie alle anderen auf die Rückkehr ihres Mannes. In den ersten Monaten waren fast alle Kolleginnen allein, zum Teil verwitwet, oder ihre Männer galten als vermißt. Doch Mitte 1947 waren die meisten Ehemänner wieder zurück, und die gemeinsamen Unternehmungen der Frauen nahmen allmählich ab. Nun spürte Magda ihre Einsamkeit immer deutlicher. Sie wartete auf ihren Mann, zog immer häufiger mit seinem Bild zu den Bahnhöfen und hoffte auf Menschen, die ihren Mann kannten. Nichts. Überall erlebte sie Wiedersehensfreude und Feiern. Die Frauen schwärmten von ihrem Eheleben und von ihren Männern. Magda war fest überzeugt, daß auch ihr Mann bald kommen würde, und sie arbeitete wie eine Wilde auf dem Bau — nicht zuletzt deshalb, um Hermann zu zeigen, was sie alles für ihn getan hatte. Denn von ihrem Lohn sparte sie etwas, um bei seiner Wiederkehr mit ihm feiern zu können. Der einzige Luxus, den sie sich ab und an leistete, waren Konzert- oder Theaterbesuche, die sie sich mit langem Warten und für viel Geld kaufte. Eines Abends hatte sie von Freunden wieder Karten für ein Konzert bekommen. Es fand in der Volkshochschule statt und war wie immer ausverkauft. Magda genoß solche Abende intensiv, und nach diesem Konzert ging sie mit einer ehemaligen Kollegin und deren Mann noch ein wenig feiern. In einer kleinen Wohnung wurden Gedichte vorgelesen und Musik gespielt, dazu gab es echten Rheinwein. Wein — etwas sehr Seltenes und sehr Kostbares. Zufrieden und gestärkt lief Magda nach Hause und hoffte, dort noch jemanden anzutreffen, dem sie von dem wundervollen Abend erzählen konnte. Als sie zu Hause ankam, hörte sie schon auf der Treppe Stimmengewirr und Lachen. Sie wunderte sich aber nicht zu sehr, denn warum sollten sich ihre Verwandten nicht auch ohne sie amüsieren? Nur ihr lauter werdendes Herzklopfen konnte sie sich nicht erklären. Sie spürte, daß hinter ihrer Wohnungstür etwas ganz Außergewöhnliches wartete. Voll ängstlicher Freude ging sie ins Wohnzimmer und sah — ihren Mann. Er saß auf dem Sofa, etwas dünner und schmutziger, als sie ihn in Erinnerung hatte. Erwartungsvoll sah er seine Frau an und hoffte wohl, daß sie sich mit einem Aufschrei in seine Arme werfen würde. Doch irgend etwas hinderte Magda an dieser Freudengeste. Stattdessen fragte sie ihn, ob er Kaffee haben wolle, den sie gar nicht hatte. Hermann schüttelte den Kopf, stand auf und drückte Magda ganz fest an sich. Magda fing sich und freute sich nun auch. Hermann erzählte von seinen Erlebnissen in der Gefangenschaft, von dem Arm, den er verloren hatte, von seinen Krankheiten und seinen Entbehrungen. Wie schrecklich, dachte Magda, der arme Mann. Als er mit seinen Erzählungen zu Ende war, blickte er um sich und sagte: »Na, ihr habt es hier ja zum Glück ganz gut getroffen.« Dann bat er die Familie, von ihrem Leben zu erzählen. Da wurde über Episoden von Hamsterfahrten, über Schwarzmarktgeschäfte berichtet und und und. Doch Hermann winkte ab und meinte, das sei ja alles halb so schlimm, und wenn Magda wieder ins Theater gehen könne, wäre ja alles wieder in Ordnung. Dann sprach er wieder von Gefechten, von toten Kameraden, von Hunger und von Kälte. ›Und ich, was habe ich erlebt?‹ dachte Magda, befahl sich aber, sich zu freuen. Als sie nach Jahren zum ersten Mal wieder mit ihrem Mann in einem Bett lag, hatte sie den Wunsch, Wärme zu spüren und ganz nah bei ihm zu liegen. Es war die schönste und liebevollste Nacht ihres Lebens. Werden unsere Nächte und unsere Tage jetzt immer so sein? fragte sie sich, als sie am nächsten Morgen leise aufstand, um ihren Mann nicht zu wecken, bevor sie zur Arbeit ging.

»Am anderen Morgen stand ich wie gewohnt auf, um mich für meine Arbeit fertigzumachen. Ganz leise habe ich mich aus dem Bett geschlichen, um ja nicht Hermann zu wecken. Kurz bevor ich gehen mußte, habe ich mich noch einmal an sein Bett gesetzt, um ihn im Schlaf zu beobachten. Ich dachte: Ja, jetzt wird es schön, jetzt fange ich an, richtig zu leben. Ich freute mich auf das, was vor uns lag, und bin richtig beschwingt zur Arbeit und hab voller Elan meine Hacke in die Hand genommen. Ja, jetzt war Frieden, wirklicher Frieden. Als Elsbeth mich so sah, lachte sie und meinte: ›Na, wohl gestern nen tollen Hecht kennengelernt, was?‹ Sah man mir meine Freude so an? So sehen nur verliebte Frauen aus, hieß es, und ich dachte bei mir: Ja, ich bin verliebt und zwar in meinen Mann. Das ist gut, sehr gut. Ich erzählte dann von der Heimkehr meines Hermann, und alle freuten sich mit mir. An dem Tag hab ich gehämmert und geklopft wie lange nicht mehr. Wie ein richtiges junges verliebtes Mädchen.

Nach Feierabend bin ich wie ein D-Zug nach Hause und jedem, den ich unterwegs traf, hab ich von meinem Glück erzählt, und alle freuten sich mit mir. Doch mein Hermann saß wie eine beleidigte Leberwurst in seinem Sessel und erwartete mich vorwurfsvoll. Wo ich denn herkomme, es wäre schon spät, waren dann die ersten Fragen. Ich sagte ihm, daß mein Dienst um 8 Uhr anfängt und um halb sechs aufhört. Stille. Dann stand er auf und erklärte in so einem Ehemann-Ton, daß das jetzt sofort aufhören müsse, seine Frau brauche nicht zu arbeiten, das wäre ja noch schöner, und am anderen Morgen solle ich schon zu Hause bleiben. Da er bislang gewohnt war, daß ich zu allem Ja und Amen sagte, war für ihn damit die Sache erledigt. Doch ich war einfach nicht mehr die Frau von vor fünf Jahren, die sich alles sagen läßt. Und zum anderen wußte ich über unsere Situation besser Bescheid als er. In einem ganz ruhigen Ton erklärte ich ihm, daß ich nicht daran denke aufzuhören, denn ohne meine Arbeit würde hier nichts laufen. Und mit seinem kaputten Arm hätte er auch wenig Aussicht, als Zeichner wieder eine Stelle zu bekommen. Solange sich seine Situation nicht ändern würde, müßte ich eben das Geld verdienen. Da war er still und sagte erst nichts mehr. In dem Augenblick kam mein Vater, der sich wieder mal stundenlang für Brot und Fleisch angestellt hatte, und da wir so eingespielt waren, schob er auch gleich ab in die Küche, um das Abendessen zu kochen. Meine Schwägerin und mein Bruder kamen von irgendwelchen Kunden wieder, denen sie was genäht hatten, und werkelten irgendwie vor sich hin. Nur mein Mann saß wie angewurzelt auf seinem Platz und wußte nichts mit sich anzufangen. War natürlich auch schwer für ihn, das sahen wir alle ein, aber was sollten wir denn machen? Beim Abendessen fragte ich Hermann, ob ich mit ihm zum Versorgungsamt gehen solle, damit er Geld für seine Kriegsverletzung bekäme. Nee, das mache er alleine, er brauche kein Kindermädchen. Sense. Nach dem eintägigen Stimmungshoch waren wir jetzt stimmungsmäßig im Keller. Alle bemühten sich zwar, Hermann da herauszuhelfen — mein Bruder fragte ihn z.B., ob er nicht bei ihm arbeiten wolle — doch nichts half. Hermann stand auf und ging schlafen. Da wußte ich, daß es nicht einfach werden würde mit uns und unserem gemeinsamen Leben.«

Magda nahm einen Tag Urlaub und begleitete ihren Mann zum Versorgungsamt, um dort Unterstützung zu bekommen. Schon sehr früh gingen sie los, und als sie ankamen, begegneten ihnen auf den Treppen wartende und laut palavernde Menschen. Auf den Korridoren dasselbe Bild. Demnach wurde hier gearbeitet, und wenn man viel Glück hatte, fand man auch den richtigen Beamten im richtigen Zimmer. Magda und Hermann hatten kein Glück. Von der ersten Etage in die fünfte, dann wieder runter und endlich im Zimmer des richtigen, eines deutschen Beamten. Sie trugen ihr Anliegen vor, und der Beamte forderte als erstes eine Bescheinigung über die Kriegsverletzung. Hektische Suche in allen Taschen. Glücklicherweise hatten sie die Bescheinigung dabei. Ordentlich und mit Stempel, allerdings auf Englisch, denn sie war von den Amerikanern ausgestellt worden. Und der deutsche Beamte konnte kein Englisch:

»Hermann saß da wie gelähmt. Aber ich natürlich nicht. Ich riß diesem Dussel die Bescheinigung aus der Hand und übersetzte sie. Ja, das ginge aber nicht, weil ich ja die Ehefrau wäre. Der Nächste bitte! Nicht mit mir! Ich verlangte sofort den Vorgesetzten dieses Menschen. Hermann wollte schon gehen.

Doch ich bestand auf dem Vorgesetzten. Also ab in den vierten Stock. Wieder Warten, endlich durften wir rein. Zum Glück konnte der Englisch, und nach sechs Stunden hatten wir die Zuteilung in der Tasche. Ich stolz wie sonstwas, und Hermann sauer auf mich, weil ich ihn angeblich blamiert hätte. Da hatten wir zwei Tage nach seiner Heimkehr den ersten Krach, aber das war mir sowas von egal. Wir haben drei Tage nicht miteinander geredet, und ich hab auf dem Bau wieder gekloppt wie irre, diesmal aber aus Wut. Elsbeth bemerkte meine Arbeitswut und meinte nur, daß ich jetzt aussehen würde wie eine richtige Ehefrau. Recht hatte sie. Und plötzlich erzählten die, ach, so glücklichen Frauen über ihre Schwierigkeiten zu Hause. Die meisten Männer, so kam raus, konnten sich einfach nicht mit ihren neuen Frauen abfinden.

Erst schwieg Hermann nur. Dann fing er an, gemein zu werden. Er nörgelte an allem herum. Mein Vater sei ein Schlappschwanz, daß er jetzt Weiberarbeit mache, und zu mir, daß ich den Haushalt vernachlässige und so weiter. Aber das war ja alles noch harmlos und erträglich. Dann aber — es war schon November und auch kalt —, da kam ich einen Abend etwas später nach Hause, dreckig und schrecklich müde. Meine Schwägerin hatte noch etwas Kleiesuppe, die sie mir warmmachte, und ich saß am Tisch in meinen Arbeitsklamotten. Da fing er an, ob ich denn überhaupt mal in den Spiegel sehen würde und wenn nicht, wär 's auch besser für mich, denn sonst würde ich mich glatt umbringen, so schrecklich sähe ich aus. Wie ne alte, ungepflegte Schlampe. Als ich meinen Löffel zum Mund führen wollte, nahm er meine Hand, sah sie sich an und sagte: ›Damit könnte man glatt Ziegel kaputthauen und die Fingernägel als Schaufel benutzen‹. Ich reagierte nicht — niemand. Dann strich er mir durch die Haare, die verklebt und dreckig waren. Er würgte. Da hab ich den Teller genommen, ihm die Suppe ins Gesicht geschüttet und bin ins Schlafzimmer.

Dort hab ich mich ausgezogen und wollte ins Bett. Wir hatten in einer Ecke auf einem Stuhl eine Schüssel mit Wasser, da stand ich und wollte mich waschen. Als Hermann reinkam, habe ich mich nicht umgedreht, sondern ruhig weitergewaschen. Hermann fing wieder an zu stänkern, daß ich aussehen würde, zum Kotzen, und ein Mann sich vor mir nur noch ekeln würde. Ich hab es einfach nicht mehr ausgehalten und ihn angeschrien, daß es egal sei, was ein Krüppel von mir denken würde, und er solle sofort verschwinden. Zuerst hab ich gedacht, jetzt wird er toll. Aber nein, er ist gegangen, und ich hab nie wieder was von ihm gehört. Er ist einfach gegangen, und das wiederum fand ich schon wieder toll.«

Wie Magda und ihrem Mann erging es sehr vielen Menschen nach dem Krieg. Die Schwierigkeiten, sich wieder aneinander zu gewöhnen, waren groß, und so trennten sich in dieser Zeit mehr Ehepaare als je zuvor oder danach. Magda war noch tagelang betäubt von diesem kurzen Zwischenspiel mit ihrem Mann, das für beide so schrecklich endete. Noch lange machte sie sich Vorwürfe über ihr Verhalten, doch ihre Familie und ihre Kolleginnen bestärkten sie in ihrer Haltung, und so arbeitete sie weiter als Trümmerfrau in Köln. Allein. Trotzdem fehlte ihr ein Mensch, für den sie sorgen konnte. Deshalb kümmerte sie sich bald um eine junge Frau, die auf dem Bau mit ihr arbeitete. Die meisten ihrer Kolleginnen waren ältere Frauen, ganz selten kam eine junge Frau zu ihnen. Im November — kurz nach der Trennung von Hermann — erschien eines Tages eine sehr junge Frau, jung und sehr zart, und die Kolleginnen fragten sich, wie sie diese harte Arbeit wohl aushalten wollte. Aber Anne hielt die ersten Wochen gut durch und bekam auch zu den Frauen Kontakt. Nach einigen Gesprächen fand sie den Mut, ihre Schwangerschaft zu beichten. Sofort waren sich die Frauen einig, ihr, soweit sie konnten, zu helfen. Als erstes wurde Anne zu leichten Arbeiten eingesetzt, und jede achtete darauf, daß sie sich nicht überarbeitete. Anne war so mager, daß man ihr nicht ansah, daß sie schon im sechsten Monat war. In den Pausen wurden die kargen Mahlzeiten mit der jungen Frau geteilt, und die zusätzlichen Milchrationen wurden ihr selbstverständlich zugeteilt. Irgendwann hielt sie dann die schwere Arbeit nicht mehr aus.

»Mensch war das ein dünnes und junges Ding. Ich hab Anne sofort in mein Herz geschlossen und für sie gesorgt. Am Anfang war nicht herauszubekommen, wo sie wohnte, wie sie lebte. Irgendwann hat sie dann erzählt, daß das Baby von einem Amy sei, der natürlich schon wieder in Amerika war. Eine Adresse hatte sie nicht, und eine Beratung gab es damals doch auch nicht. Die hatten auf den Ämtern auch andere Sorgen. Ihre Eltern hatten sie rausgesetzt, und jetzt wohnte sie in einem Keller und wartete auf irgendwas. Tja, so war das damals, eine Verwahrlosung sondergleichen, und dann kamen in solch einer Situation auch noch Kinder. Wir wollten ihr natürlich helfen, aber wie, das war uns auch nicht klar. Zuerst mußte sie eine Unterkunft bekommen, und da hatten wir auch gleich ein Zimmer für sie gefunden, sogar in der Südstadt, in meiner Nähe. Als Schwangere bekam Anne auch noch eine Sonderration, und da wir ihr wirklich auf dem Bau halfen, konnte sie die Schwangerschaft einigermaßen gut überstehen. Sie hat bis vier Wochen vor der Geburt bei uns gearbeitet, und vier Wochen danach stand sie schon wieder auf der Matte. Ihre Tochter war unser aller Kind, und ich bin Patin geworden. Petra, so heißt sie, besucht mich immer noch regelmäßig, und wir haben einen sehr guten Kontakt zueinander. Ihre Mutter ist dann aber in den 50er Jahren — als es endlich was zu fressen gab — gestorben. Wahrscheinlich konnte sie sich an das gute Essen nicht gewöhnen.«

Die Weihnachtszeit kam und die Sorge um Heizmaterial und Essen. Magdas Bruder suchte Brennbares, und der Vater suchte Lebensmittel. Magda ergatterte in einem Kaufhaus sogar Lametta für den Tannenbaum, und Weihnachten 1947 wurde ein sehr ruhiges, etwas trauriges Fest — passend zu dem ganzen Jahr.

»An dem Weihnachten bekam ich von einer lieben Freundin eine Aktentasche Briketts und eine Aktentasche Kohlen. Da hab ich mich ungemein gefreut. Wir haben am Heiligabend richtig geheizt, so daß wir im Wohnzimmer ohne Jacken am Tisch sitzen konnten — ein sehr ungewohntes und sehr schönes Gefühl. Mein Bruder hatte etwas Holz auf Baustellen gesammelt und brachte noch etwas anderes mit. Es war nämlich so: Mein Bruder war Dekorateur, und er ist mit seiner Frau immer losgezogen und hat auf den Trümmern nach Möbeln gesucht. Er suchte vor allem alte Sofas, und dann versuchte er, den Stoff abzuziehen oder die Federn noch zu reparieren, und so nach und nach hat der sich 'ne richtige Kundschaft aufgebaut, die zwar nicht viel hatte, aber man konnte doch was tauschen. Wir haben uns natürlich am liebsten Lebensmittelhändler als Kunden ausgesucht. Na, und da war auch ein Bäcker aus Sülz, und am Heiligabend sagte meine Schwägerin: ›Mensch, Heinrich, jetzt geh' zu dem hin und versuch, ein wenig Mehl oder Fett abzustauben‹. Mein Bruder hin und fragt den auch. Da sagt der Bäcker, ja, er könne sich ausgelassenes Fett holen. Und dann ist er hingefahren mit dem Fahrrad und hat zwei Stunden gestanden, bis ihn der Bäcker vorließ. Mein Bruder hatte ihm Vorhänge genäht und einen Stuhl neu bezogen, und als Gegenleistung bekam er zwei Kompottschüsselchen voll Fett, das aussah wie ausgelassenes Schweineschmalz. Wir haben uns unheimlich gefreut. Das Fett in die Pfanne, die geklauten Kartoffeln da rein — und da war das angebliche Fett Talg, und wir haben alle geweint. Man konnte das doch nicht mehr essen. Aber mein Vater ging dann geheimnisvoll nach hinten und kam mit einigen Paketen wieder ins Zimmer. Er hatte für jeden etwas: Schokolade, Obst und Spielzeug für die Kinder und für uns richtigen Kaffee, Mehl und Zucker. Dafür hatte er seine Lieblingsbilder verkauft. Das war Liebe, die echte.«

Hilde Kalmeyer

Berlin 1947

Am Weihnachtsmorgen 1947 sitzt Hilde, damals 28 Jahre alt, mit ihrem Freund in der kleinen Küche beim Frühstück. Beide gönnen sich neben Kaffee auch ein wenig Butter und Marmelade. Sie haben das Gefühl, daß es ihnen doch sehr gut geht. Beide haben Arbeit und eine kleine Wohnung. Nach dem Frühstück gehen sie an der Havel spazieren und hoffen, daß ihr Leben endlich in ruhigere Bahnen kommen wird als in den letzten Jahren.

1946 arbeitete Hilde in einem Krankenhaus bei Plauen als Hilfsschwester und betreute dort die verwundeten Deutschen und Russen. Nach Anfällen von Malaria war sie jedoch so geschwächt, daß sie sich eine andere Tätigkeit suchen mußte. Sie hatte Chemielaborantin gelernt, doch an eine solche Arbeit war zu dieser Zeit nicht zu denken. Hilde war ganz allein. Ihr Vater hatte nach dem Tod der Mutter wieder geheiratet und lebte seit 1946 in Westdeutschland. Ihr Mann war noch vermißt, von ihm hatte sie seit zwei Jahren kein Lebenszeichen bekommen. Da hörte sie von einem Aufruf. Wer über eine gute Schulbildung verfügte, konnte Lehrerin werden. Hilde überlegte nicht lange. Sie mochte Kinder sehr gern und so entschloß sie sich, eine Ausbildung zur Lehrerin zu machen. Sie meldete sich und wurde genommen. Aber eine Ausbildung, wie wir sie heute kennen, war 1946 nicht möglich. Gleich am nächsten Tag stand sie vor einer Klasse von über vierzig achtjährigen Kindern, die genauso erwartungsvoll waren wie sie. Vormittags unterrichtete sie nun und versuchte, diesen hungrigen Kindern Lesen und Schreiben beizubringen. Nachmittags drückte sie dann selbst die Schulbank, um die Grundbegriffe von Pädagogik und Psychologie zu erlernen. Eines Tages meldete sich ein Schüler bei ihr und fragte, ob sie nicht Frau W. sei. Erstaunt antwortete sie, er kenne sie doch und auch ihren Namen. Da erzählte ihr der Steppke, daß sein Vater in Berlin gewesen war und eine Familie mit ihrem Namen getroffen hätte, die am Wittenbergplatz wohnte.

Am Wittenbergplatz in Berlin hatten Hildes Schwiegereltern gewohnt, bis sie 1943 ausgebombt wurden. Seitdem hatte Hilde kein Lebenszeichen mehr von ihnen gehabt. Am nächsten Tag machte sie sich auf den Weg nach Berlin. Sie hatte Glück und konnte bis kurz vor die Stadt auf einem Kohlenwagen mitfahren. Zu Fuß ging sie weiter durch Berlin bis zum Wittenbergplatz. Obwohl sie nicht recht glauben wollte, daß ihre Schwiegereltern noch lebten, wurde sie immer nervöser und aufgeregter. Dann stand sie vor dem Haus, rannte die Treppen hinauf und las an der Wohnungstür den Namen ihrer Schwiegereltern. Hilde klingelte, und es schien ihr Stunden zu dauern, bis endlich geöffnet wurde. Ihre Schwägerin stand vor ihr und sagte: »Mein Gott, Hilde, du?« Es war nicht Freude, sondern pures Erstaunen und Entsetzen. Hildes Herz schlug bis zum Hals, sie trat ohne Aufforderung ein, ging den langen dunklen Flur entlang und kam in ein typisches Berliner Zimmer. Groß und dunkel, mit einem Fenster, das mit Pappe verklebt war. Dieses Zimmer war fast das einzige, was in dieser Wohnung an den Krieg erinnerte. Ansonsten war schon wieder alles beim Alten — das große Büffett, die schweren Sessel — und am Fenster stand ein Mann, der sich bei ihrem Eintreten umdrehte. Ihr Mann. Beide erstarrten und waren erst zu keiner

Reaktion fähig. Stumm sahen sie sich an, bis Hilde fragte: »Du?« Ja, er war zurückgekommen. Hildes Mann war während des Faschismus ohne ihr Wissen in den Widerstand gegangen. Sie war bei ihrer Heirat gerade 17 Jahre alt gewesen und aus einem wohlbehüteten Elternhaus gekommen. Niemand wußte von der illegalen Arbeit ihres Mannes. Hilde hatte ihrem Mann auch nie Fragen gestellt, das hatte sie nie gewagt. 1938 verschwand ihr Mann, und sie glaubte, er habe sich zur Wehrmacht gemeldet. Irgendwann tauchten dann Männer von der Gestapo auf, konnten aber durch Hilde nichts erfahren. Später erfuhr sie, daß ihr Mann im Zuchthaus Brandenburg saß. Warum und wieso, das wußte sie nicht, und sie hatte auch Angst vor der Wahrheit. 1941 kam ihr Mann nach Stalingrad, dann hörte sie nichts mehr von ihm und hatte nicht mehr an seine Rückkehr geglaubt. Nun stand er vor ihr, gealtert und abgemagert — aber es war ihr Mann. Endlich konnten sie aufeinander zugehen und sich die Hand geben. Dabei sahen sie sich an, abschätzend und suchend. Hilde forschte nach einem Zeichen der Freude oder der Liebe, doch sie sah nur einen Mann, der zwar schon bessere Zeiten gesehen hatte, aber doch einen zufriedenen Eindruck machte. Er räusperte sich und erzählte ihr dann seine Geschichte. 1942 war er zur polnischen Armee übergelaufen, wo er sofort standrechtlich erschossen werden sollte. Zum Glück kamen sowjetische Soldaten vorbei, die er auf Russisch anrief. Sie nahmen ihn mit und verhörten ihn — Stunden, Tage und Wochen —, bis sie ihm glaubten, daß er ein Gegner Hitlers war und ein Kommunist. Die Soldaten nahmen ihn mit, und er wurde in Moskau zum Verwaltungsfachmann ausgebildet. Nach Ende des Krieges wurde ihm freigestellt, in der Sowjetunion zu bleiben oder nach Deutschland zu fahren, um dort — im Sinne der marxistischen Ideologie — Aufbauarbeit zu leisten. So flog er nach Berlin, um seine Mutter noch einmal zu sehen. »Mich nicht?« fragte Hilde ihren

Mann. »Dich auch, aber ich kann nicht bei dir bleiben, ich will und ich muß Deutschland aufbauen helfen«. Hilde war weder traurig noch froh — sie war einfach leer. Sie hörte diesem Mann, der ihr Mann war, zu und begriff nichts. Nach ein paar Minuten stand ihr Mann auf und bat sie, jetzt zu gehen. Hilde stand auf, gab ihm die Hand und ging zur Tür. Hier nahm er sie in die Arme und versprach, sie zu holen, sobald er könne. Hilde kramte in ihrer Tasche, um nach einem Zettel zu suchen — für die Adresse. Er winkte ab und sagte, wo immer sie sei, er finde sie.

Hilde ging nach Hause. Nach Hause? Es war nichts mehr da — nicht in ihr und nichts von ihr. Also arbeitete sie erst einmal weiter als Lehrerin in Plauen, bis sie an einer Gelbsucht erkrankte, von der sie sich nur schwer wieder erholte. An ihren Mann und an sein Versprechen dachte sie schon gar nicht mehr. Doch eines Tages kam ein großer schwarzer Wagen, und ein sowjetischer Offizier stieg aus. Zielstrebig ging er auf Hilde zu, die im Krankenhausgarten saß. Er fragte sie, wo ihre Sachen seien, denn er wolle sie jetzt abholen. Abholen? Wohin? Zu ihrem Mann. Sie packte ihren Koffer und fuhr mit. Ihr Mann lebte in der DDR und war dort so etwas ähnliches wie ein Verwaltungsdirektor. Hilde staunte nur. In ihrem Haus, einer alten und restaurierten Villa, nahm sie das Leben wieder auf, das sie von ihrem Elternhaus her kannte. Es gab Essen in Hülle und Fülle, Kleider, soviel sie haben wollte, und Angestellte, die sie bedienten. Am Anfang genoß Hilde diesen Wohlstand in vollen Zügen. Doch bald bekam sie Skrupel, denn obwohl sie in ihrem Puppenheim kaum die Not der Bevölkerung mitbekam, ahnte sie doch, in welcher Notlage sich ganz Deutschland befand. Ihr Mann, der sich ganz seiner Partei und seiner Arbeit verschrieben hatte, lachte über ihre Einwände und beruhigte sie immer wieder. Doch Hilde sah den eklatanten Widerspruch zwischen seinem Anspruch und der

Realität immer deutlicher und fand sich bald nicht mehr zurecht. Eines Tages sprach sie mit ihrem Mann über ihre Schwierigkeiten und bat um die Scheidung, in die er einwilligte. Nach zwei Monaten waren sie schon geschieden, und sie verließ ihren Mann mit zwei Koffern voller Kleider, mit Schmuck und Parfüm.

Sie zog zu einer ehemaligen Kollegin aus dem Krankenhaus und dachte über ihr zukünftiges Leben nach. Was sie genau machen wollte, war ihr noch nicht klar, doch sie wollte nach Berlin in den Westsektor — und das so schnell wie möglich.

»Eines Abends klingelte es bei mir an der Tür. Ich öffnete, und mein Mann stand da. Ich war ungemein verdutzt, denn wir hatten uns seit unserer Scheidung nicht mehr gesehen, und das war immerhin schon vier Wochen her. Ich bat ihn also herein, und er fragte mich, welche Pläne ich denn jetzt hätte. Ich erzählte ihm erst einmal gar nichts, nur so ein allgemeines Blabla, ich wüßte noch nicht und erst einmal abwarten und so. Doch er kannte mich und ahnte, was ich vorhaben könnte. Er sagte: ›Du willst in den Westen, das ist mir doch klar‹. Da hab ich mir gedacht, ja, warum erzählst du ihm das nicht? Ich habe ihm dann von meinen Plänen berichtet, in den Westen von Berlin zu gehen. Helmut stand auf, ging auf und ab und sagte nichts. Ich wurde allmählich wütend und schrie ihn an, er solle jetzt gefälligst was sagen oder gehen. Schließlich hätte er mich ja hierher gelotst und jetzt solle er mir raushelfen. Und wenn er mir nicht helfen wolle — festhalten könne er mich nicht. Da wurde er auf seine ruhige Art wütend und meinte, ich hätte wohl überhaupt nichts begriffen, so einfach könnte ich nicht in den Westen. Ich begriff. Verdammt noch mal, ich begriff. Bei mir oder bei uns sind die Sowjets ein- und ausgegangen, ich wußte über ihre Pläne Bescheid, und ich wußte sehr viel über den Aufbau der Verwaltungen in der Ostzone. Meinem Mann brauchte ich nicht zu erklären oder versprechen, daß ich nichts sagen würde — aber die Russen, würden die mir glauben? Ich sah plötzlich sehr schwarze Wolken aufziehen, verdammt schwarze Wolken. Dann fiel mir meine Cousine ein, die mit einem Juden verheiratet gewesen war, sich dann aber mit seinem Einverständnis von ihm hatte scheiden lassen und jetzt wieder mit ihm in Berlin wohnte. Diese Cousine arbeitete irgendwo auf der Verwaltung. Vielleicht konnte sie mir helfen, eine Bleibe zu finden. Helmut willigte ein, weil der Mann meiner Cousine in den Antifa-Gruppen arbeitete und somit politisch unbelastet war.

Also fuhr ich mit meinem Mann im Wagen nach Berlin und suchte meine Cousine. Wir fanden sie dann auch schnell. Sie arbeitete — welches Glück! — auf dem Wohnungsamt.«

Diese Cousine war das große Los für Hilde, denn es war zu diesem Zeitpunkt fast unmöglich, in Berlin eine Wohnung zu finden. Das Gespenst vom »Kopftausch« ging um. Den Berlinern war es grundsätzlich untersagt, eigenmächtig von einem Sektor in den anderen umzuziehen. Zuwiderhandlungen wurden mit dem Entzug der Lebensmittelkarten bestraft. Im März 1947 wurde dann der Zuzug aus dem britischen in den amerikanischen Sektor etwas vereinfacht, dennoch konnte von Freizügigkeit nicht die Rede sein. Ohne den »Kopftausch« war es unmöglich, eine Zuzugsgenehmigung zu bekommen. In der Praxis bedeutete das: Wollte man z.B. aus dem sowjetischen Sektor in den amerikanischen, britischen oder französischen Sektor ziehen, mußte ein »Kopf« gefunden werden, der seinerseits aus einem der westlichen Sektoren in den sowjetischen ziehen wollte. Das Gleiche galt für die umgekehrte Richtung. Als Hilde nach Berlin kam, sprach sie sofort mit ihrer Cousine über ihr Problem, aber Charlotte dämpfte sofort ihre Hoffnung, legal an eine Wohnung in einem der Westsektoren heranzukommen.

»Ich war natürlich wahnsinnig enttäuscht, als Charly mir

alle Hoffnung nahm, offiziell und ordentlich nach Berlin zu ziehen. Wir saßen ganz schön deppert herum und tranken mitgebrachten russischen Wodka. Ich sah mich schon auf dem Lande in der Ostzone versauern. Meinem Ex-Mann fiel auch nichts mehr ein oder vielleicht wollte dem auch nichts einfallen. Aber Charly wäre nicht Charly gewesen, wenn sie nicht doch noch einen Einfall gehabt hätte. Sich und ihrem Mann hatte sie gerade durch ihren Ideenreichtum das Leben gerettet. Sie sagte, das einzige, was mir helfen könne, sei 'ne Heirat mit einem aus dem Westsektor. Dann hätte ich dort Anspruch auf eine gemeinsame Wohnung. Ich entrüstete mich höchstens fünf Minuten, dann hatte ich mich schon an den Gedanken gewöhnt. Mein Helmut fand die Idee direkt brillant. Na klar, er hatte mich vom Hals, und vor allem hatte ich dann auch einen anderen Namen. Wir stießen an — auf meine Heirat. Die Scheiße war nur, ich wußte ja nicht, wen ich nun heiraten sollte. Kommt Zeit, kommt Rat. ›Ick mach det schon‹, beruhigte mich meine Cousine, ›jetzt bleibste erst mal hier‹. Ich fuhr dann aber doch noch mal mit meinem Mann, um meine Sachen zu holen, packte zwei Koffer mit meinen schönsten Kleidern, einem Pelzmantel, Schuhen, Unterwäsche und einem Parfum — echtes französisches Parfum von Guerlain. Man stelle sich das vor: französisches Parfum, 1948!

Ja, und so bin ich zu meiner Cousine und deren Mann gekommen, habe allerdings meiner Cousine versprechen müssen, ihrem Mann von unseren Unternehmungen nichts zu erzählen, weil, der war ein jüdischer Ostpreuße und arbeitete in den Antifa-Gruppen. Seit einem Jahr baute er im Westsektor, in Reinickendorf, eine Verwaltung mit auf. Der hätte nie und nimmer eine so gewagte und nicht legale Aktion gebilligt. Jetzt galt es nur noch die Frage zu klären: Wie komm' ich an einen Mann ran, schnell und unkompliziert? Charly meinte, ich solle eine Anzeige aufgeben, an Bäumen und Litfaßsäulen und so.

Hab ich auch gemacht und gewartet, es passierte aber nichts. Da kam uns wieder mal der Zufall zu Hilfe. Bei meiner Cousine im Haus wohnte eine Familie, die nach Lübeck zu irgendwelchen Verwandten ziehen wollte, weil da die Versorgungslage etwas besser war und die Verwandten einen Bauernhof hatten. Nur der älteste Sohn wollte in Berlin bleiben. Weil die Wohnung aber zwei Zimmer hatte, konnte der nicht allein leben, sonst hätten sie ihm sofort jemanden da hineingesetzt. Meine Cousine wußte das, hat ihm seine Situation in den schwärzesten Tönen gemalt und hat ihn dann eines Abends zu uns eingeladen. Meine Chance! Ich hab mich sehr gut angezogen und geschminkt und saß erwartungsvoll auf dem Sofa. Als der reinkam, dachte ich, ich müßte sofort umfallen — so blöd sah der aus, na ja, komisch eben. Ich hab mir dann gesagt, dem machste nichts vor und erzählst ihm, was du von ihm willst. Entweder er geht drauf ein, oder er geht nach Hause. Also hab ich ihm erzählt, daß ich heiraten müsse wegen einer Wohnung und er brauche doch auch eine Frau, sonst setze man ihm jemanden in die Wohnung. Wir könnten uns die ganze Sache ersparen und heiraten. Da kratzt der sich so an der Nase, steht auf und gibt mir die Hand. ‹In Ordnung, und wann?‹ fragt der mich. ‹Also wollen Sie mich heiraten?‹ frage ich ihn, dann doch erstaunt. ›Tja, warum denn nicht?‹ An diesem Abend haben wir uns das erste Mal gesehen, zum ersten Mal geküßt und waren nach zwei Stunden verlobt. Am anderen Tag haben wir gleich das Aufgebot bestellt und — ich glaub nach nur zwei Wochen — geheiratet. Mein Cousin hat da wohl ein wenig nachgeholfen.«

Hilde hatte was sie wollte: einen neuen Namen und eine neue Wohnung. Legal und im Westen. Da sie in den ersten Wochen schwarz in Berlin gelebt, d.h. keinen Anspruch auf Lebensmittelkarten gehabt hatte, mußte sie sich auf dem Schwarzmarkt eindecken und hatte in dieser Zeit fast ihr gesamtes Barvermögen dort gelassen. Im März 1947 gab es erste Anzeichen für eine unterschiedliche Alliiertenpolitik. Vor dem amerikanischen Kongreß verkündete Präsident Trumann die neue Außenpolitik der USA. Sie wendete sich gegen den zunehmenden Druck der Sowjetunion und das Vordringen des Kommunismus in Ost- und Südeuropa, sowie in Asien. Künftig, sagte Truman, werde jedes Bemühen, den Kommunismus auszudehnen, als direkte Bedrohung Amerikas angesehen. Ursprünglich sollte diese »Truman-Doktrin« nur den Vormarsch der Russen abwehren und vor allem den Widerstand gegen sie stärken, aber letztendlich war sie der Auftakt zum Kalten Krieg. Und die Sowjetunion reagierte. Auf der Außenministerkonferenz im April 1947 in Moskau legte der sowjetische Außenminister Molotow ein deutschlandpolitisches Konzept vor. Nach seinen Vorstellungen sollte das um seine Ostgebiete verkleinerte Deutschland unter der Kontrolle der Alliierten einen internationalen Status bekommen, um später dann nach gesamtdeutschen Wahlen eine gesamtdeutsche Regierung zu bekommen. Dies wurde von den Westmächten eindeutig abgelehnt. Von dieser — besonders für Berlin — bedrohlichen Entwicklung erfuhren die Berliner aus ihren Zeitungen und blieben einstweilen sehr gelassen.

Die Notlage Berlins beherrscht das Denken und Leben seiner Bewohner. Durch den strengen Winter mußten viele Baustellen geschlossen werden, und viele Firmen verließen die Stadt. Die offiziellen Lebensmittelrationen wurden auf 600 bis 750 Kalorien täglich gekürzt. Die Schwarzmarkt- und Schiebergeschäfte breiteten sich aus. Zigaretten setzten sich als Zahlungsmittel durch. Eine amerikanische Zigarette war zwanzig Reichsmark wert.

Der durchschnittliche Wochenlohn betrug rund 35 Reichsmark, eine Summe, die gerade reichte für die Miete und den Bezug der minimalen Nahrungsmittel, die es auf Karten gab.

Für eine Bahnkarte oder für andere Gegenstände (wie Seife) blieb nichts übrig. Die Reichsmark war so gut wie wertlos, und bald lohnte es sich nicht mehr zu arbeiten. Viele zogen die Konsequenz und gingen keiner regulären Arbeit mehr nach. Andere Berliner ließen sich gar nicht mehr registrieren und verzichteten auf die paar wertlosen Mark Unterstützung. Im gesamten Bundesgebiet wurden damals nur 500 000 Arbeitslose gezählt, aber 700 000 offene Stellen. Man hätte allenfalls die Hälfte der offenen Stellen besetzen können, denn die beim Arbeitsamt gemeldeten Personen waren meistens krank. Oder sie arbeiteten als Kleinsthändler auf dem Schwarzmarkt, wie Hildes neuer Mann Siegfried, der als Fachhändler für Rasierklingen galt. Siegfried war von Beruf Schweißer, und nachdem er den Markt für Rasierklingen entdeckt hatte, wollte er auf keinen Fall arbeiten gehen, da die paar Mark Lohn von vornherein nicht reichten. Er bekam eine Bescheinigung von Hildes altem Hausarzt, daß er arbeitsuntauglich war, und begann einen blühenden Handel. Wer einigermaßen auf dem Damm war, machte auf dem Schwarzmarkt an einem Tag mehr Umsatz als ein Fabrikarbeiter in der ganzen Woche.

»Also Siegfried und ich hatten uns dahingehend geeinigt, daß jeder für sich sein Leben leben sollte, und ich bemühte mich um eine Arbeit. Da meine Gelbsucht aber noch nicht ausgeheilt war, durfte ich nicht arbeiten gehen und half Siegfried bei seinen Geschäften auf dem Schwarzmarkt. Sein Bruder war nicht mit seinen Eltern nach Lübeck, sondern ins Ruhrgebiet gezogen. Dort hatte er eine Frau kennengelernt, die in einer Solinger Messerfabrik arbeitete, wo auch Rasierklingen hergestellt wurden. Die steckte sie meinem Schwager zu, der einen Teil davon nach Berlin kommen ließ. Nachbarn von uns hatten sehr schnell ein Telefon, und einmal im Monat kam der Anruf aus Solingen, die Blättchen seien unterwegs. Zwei Tage später ging ich zum Bahnhof und wartete immer auf einen bestimmten Mann, der die letzte Strecke mit einem Kohlenzug oder so etwas kam. Mit dem ging ich immer in eine Kneipe, in der kräftig gehandelt wurde. Doch das einzige, was wir hier machten, war die Absprache darüber, wann die Waren getauscht wurden und wo. Denn es war ja ungeheuer gefährlich, in diesen Lokalen zu handeln. Nachdem wir das abgemacht hatten, gingen wir auseinander, und ich habe Siegfried dann alles erzählt. Wie die Ware nach Berlin gekommen ist, das weiß ich allerdings nicht. Auf jeden Fall kam die Ware an, und ich habe sofort sortiert — alles im Dunkeln und ganz heimlich. Keiner durfte etwas wissen. Vor allem Charly nicht — meine Cousine und deren Mann. Irgendwann hat sie mich dann überrascht, kam einfach so reingeschneit, sah überall die Rasierklingen und fragte mich dann aus, woher ich das alles hatte. Na, ich hab dann alles gebeichtet und sie immer: ›Oh Gott, oh Gott, und das von meiner Cousine, wenn das dein Vater wüßte!‹ Wir haben dann zusammen die Päckchen gepackt und dann in einen Mantel und eine Hose von Siegfried gesteckt. Der ist dann los und hat die Rasierklingen gegen Zigaretten, Nägel und Seife getauscht. Es war nämlich ein Gebot, daß man sich nur auf eine Sache spezialisierte, und wir hatten eben diese Dinger. Die Nägel hat er dann bei Bauern verhökert gegen Nahrungsmittel. Einmal kam er mit einem Viertelschwein nach Hause aus einer Schwarzschlachtung. Ja, die Zigaretten und die Seifen gingen dann nach Solingen. Ich hab mich die ganze Zeit gefragt, wie die Ware nach drüben gekommen ist und wieder nach Berlin, aber da hat Siggi nie darüber gesprochen. Als ich mit dem Mann zusammen war, hatt' ich auf jeden Fall immer genug zu essen.«

Neben dem Schwarzen Markt gab es noch den sogenannten Grauen Markt, in Unternehmerkreisen »Kompensation« genannt. Die Masse der Bevölkerung hatte nichts mehr, was sie hätte tauschen können, nur Handwerker konnten sich durch

Schwarzarbeit bei den Bauern etwas dazuverdienen oder hatten eine gute Quelle in Westdeutschland. Doch wer über viel Bargeld verfügte — allein in den letzten Kriegswochen waren von den Nazis für mehrere Milliarden Reichsmark gedruckt worden — konnte sich jeden Luxus leisten.

In der Straße, wo Hildes Wohnung lag, wohnten zum großen Teil wieder die Leute, die auch schon vor dem Krieg dort gelebt hatten. Besonders schmerzlich war es für Charlotte und ihren Mann, als bald wieder zwei Häuser weiter eine Familie einzog, wo der Ehemann und Vater ein Nazi-Funktionär gewesen war. Nach der Kapitulation, als in Deutschland die Entnazifizierungsgesetze verkündet wurden, mußte jeder 2. Deutsche einen Fragebogen ausfüllen. Davon wurden die Lebensmittelkarten-Zuteilungen abhängig gemacht. Bis 1950 wurden über 10 Millionen Fragebögen geprüft. Die Auswertung ergab: 1667 Hauptschuldige, 23 060 Belastete, 50 425 Minderbelastete, 1 005 854 Mitläufer und 1 213 873 Entlastete. Fünf Millionen Jugendliche wurden amnestiert. Hildes und Charlottes Nachbar war als Mitläufer eingestuft und auch inhaftiert worden. Anfang 1947 war er jedoch schon wieder frei, und zum Erstaunen aller ging es der Familie sehr gut.

»Also, Charlotte sagte immer: ›Das war nicht nur ein Mitläufer, sondern ein richtiger überzeugter Nazi. Der hat alle angezeigt, bei denen am Führergeburtstag nicht die Fahnen heraushingen. Mich hat er immer wieder gequält mit Beschimpfungen über meinen Mann und so‹. Sie und ihr Mann waren entsetzt und fassungslos, als sie diesen Mann so schnell wiedertrafen. Charlotte hat dann noch einmal versucht, gegen diese Familie etwas zu unternehmen, doch es wollte sie niemand so richtig anhören. Vergessen. Aber wie sollte Charlotte vergessen? Die beiden taten mir so leid, sie hatten so viel mitgemacht und dann setzt man denen wieder Nazis in die Nachbarschaft. Aber, was das Schlimmste und Überraschendste war, denen ging es bald unheimlich gut — genau wie vor dem Krieg. Alles lief mit Schuhen aus Pappe oder Kork herum, und die hatten schon wieder richtige Lederschuhe an. Ich hab mich nur immer gewundert und Siggi gefragt, wo der denn die Klamotten wohl getauscht hat. Siggi meinte, daß der das nur auf dem Schwarzmarkt gekauft haben kann — für viel Geld. Aber weder er noch seine Frau gingen arbeiten. Die mußten also von irgendwo noch Geld haben und zwar viel. Und weil wir doch alle in der Straße eine dolle Wut auf die hatten, haben wir die einfach überwacht. Also, Siggi hat ein paar Kollegen aus der Branche angeheuert, und die sind hinter dem Ollen her. Ja, und auf dem Schwarzmarkt im Tiergarten haben sie ihn entdeckt. Aber der hat nur so rumgeguckt, und dann ist er in eine Kneipe rein, und dort hat er seine Geschäfte gemacht. Die Kollegen haben dann gesehen, wieviel Geld der in seiner Tasche hatte. Wir haben hin und her überlegt, was man da machen könnte, und haben ihn dann schließlich unter Druck gesetzt. Wir konnten ihm ja nichts nachweisen, aber daß er das Geld aus dunklen Kanälen hatte, war ja wohl klar. Hin und Her — er hat uns dann allen insgesamt 1000 RM gegeben, und wir haben die Klappe gehalten. Der ist dann aber bald abgehauen. Aber ich hab zu Charly gesagt: ›Alles wieder wie früher‹.«

Hilde hatte sich bereits an ein Leben mit Siegfried gewöhnt. Er war lieb und sehr aufmerksam zu ihr. Aber Liebe? Liebe war es wohl nicht, was die beiden zusammenhielt, eher Achtung dem anderen gegenüber und das Wissen um ihre kleinen Geheimnisse. Einer von beiden würde eines Tages einen anderen Menschen treffen, den er lieben konnte. Siegfried machte den Anfang. Er lernte eine junge Frau kennen, mit der er auch bald zusammenzog. Hilde behielt ihre Wohnung, doch sie hatte kein Geld und schon gar keine Nahrungsmittel mehr. Sie ging zum Arbeitsamt.

»Als ich da hinkam, sagte die mir gleich, daß es schwer sei

für mich, eine Arbeit zu finden in meinem erlernten Beruf. Ich hab der Frau dann gesagt: ›Ich mache alles, putzen, servieren, in Fabriken arbeiten — alles, ich brauche nur Arbeit‹. Da fragt die mich, ob ich denn auch auf den Bau gehen würde. Natürlich wollte ich das, Hauptsache Arbeit. Die Frau blätterte und sagte dann, ich solle wieder runtergehen, über den Hof und dann vier Treppen. Da war die Firma Zander, und da sollte ich mich melden. Ja, ich ging da hin, sehr gut angezogen, dunkelrotes Samtkleid und Pelzmantel. Dazu Make-up — für die damaligen Zeiten war ich wirklich elegant. Ich dachte immer, Firma Zander, irgendwie kennst du den Namen. Ich klingelte, ein junger Mann öffnete und fragte: ›Gnädige Frau, was kann ich für Sie tun?‹ Er bot mir einen Platz an, ich setze mich also, er bietet mir Kaffee an und sagt dann: ›Harte Zeiten, nicht? Wie war noch mal Ihr Name?‹ Ich sage ihm den und er dann: ›Ich kenne Ihren Vater, der war doch . . .‹ ›Ja, ja, der war mal — aber alles vor dem Krieg, und ich brauche jetzt Arbeit. Das Arbeitsamt schickt mich. Ich brauche Arbeit, und zwar von Ihnen‹. Der Mann wurde ganz unruhig und meinte dann, daß das wohl ein Versehen wäre, er brauche keine Frauen fürs Büro, und er könne da leider nichts für mich tun. Als ich dem sagte, daß ich auf den Bau wolle, fiel der fast in Ohnmacht und schüttelte immer nur den Kopf. Dann hab ich ihm meine Situation erklärt, und ich bekam den Job. Am anderen Tag konnte ich anfangen. Berliner Straße, hinter dem Rathaus Schöneberg.

Ich war richtig erleichtert, endlich für mich alleine sorgen zu können, denn so lieb wie Siggi auch war — ich hatte immer ein Gefühl der Abhängigkeit. Charlotte fragte mich dann, ob es auf dem Arbeitsamt geklappt hatte und ich rief: ›Lore, Lore, Lore‹. Charly traute mir die Arbeit absolut nicht zu und sagte mir meinen Untergang voraus. Ließ sich aber nicht davon abhalten, mir am anderen Morgen eine Schürze mit auf den Weg zu geben. Ich bin extra etwas früher gegangen, damit ich noch Zeit hatte, mich einzugewöhnen. Neben dieser Baustelle war so ein alter Schuppen, und in dem residierte Herr Paulsen. Herr Paulsen war der Oberaufseher, der, der das Sagen hatte. Ich meldete mich bei ihm und sagte ihm gleich, daß ich von nichts eine Ahnung hätte. Anscheinend war der das aber gewöhnt, und so wunderte er sich kein bißchen. Er gab mir eine Hacke in die Hand und zeigte mir meinen Arbeitsplatz. 400 Steine mußten pro Tag abgekloppt werden, um den Grundlohn zu bekommen, und für jeden weiteren Stein bekam man 1 Pfennig. Dann zeigte er mir noch einmal, wie das geht, und schwupp! stand ich auf einem Monte Klamott und war eine Trümmerfrau. Bald hämmerte und kloppte es um mich herum, und ich hatte keine Zeit, auch nur einmal aufzusehen. An dem Tag habe ich mir mehr Blutblasen geschlagen als Steine, und am Abend hatte ich das Gefühl, die 400 Steine schaffst du nie. Aber wie alles im Leben, auch daran hatte ich mich sehr schnell gewöhnt, und nach einer Woche schaffte ich immerhin meine 400 Steine täglich. Allmählich bekam ich auch einen Blick für die anderen Kollegen und Kolleginnen, die genauso verbissen rumhämmerten wie ich. Irgendwann haben wir uns auch mal zusammen hingesetzt und miteinander geredet, und da wurde ich gleich in die einzelnen Gruppenstrukturen eingeweiht: ›Also, die beiden Männer und die drei Frauen, der eine von denen ist 'n Doktor, Ingenieur, und der andere auch — aber wat genau, weeß ick nich. Und die drei Weiber sind allet Frauen, die mal schwer Geld hatten. Sind schwer eingebildet . . .‹ Diese Kurzbeschreibung kam von einer etwas dicken, kleinen Frau, die mir auch weiterhin alle Leute hier vorstellte. ›Und die dahinten, na mit der ist ja überhaupt nischt los — politisch mein' ich‹. Es stellte sich heraus, daß diese junge Frau eine Gewerkschaftlerin gewesen war. Auf dieser Baustelle traf sich — wie auf anderen wahrscheinlich auch — die feine Gesellschaft Berlins. Und alle kloppten und kloppten. Wir hatten mittags eine halbe Stunde Pause, und nach genau einer halben Stunde kam Herr Paulsen aus seinem Büro und klatschte in die Hände. Alles lief zur Hacke. Am Anfang hatte ich keine Lust, mich mit irgendjemandem da anzufreunden. Mir gefiel, ehrlich gesagt, der Ton nicht. Er war ordinär und manchmal richtig gemein, und da wir im Akkord arbeiteten, hatten wir auch kaum Zeit miteinander zu sprechen. Nach Feierabend war ich froh, nach Hause zu kommen, denn ich mußte ja wieder los, für mein weniges Geld nach Nahrungsmitteln anzustehen. Meistens war es so, daß schon alles ausverkauft war, wenn ich endlich dran war. Dann schob ich mit so einem labbrigen Brot nach Hause. Also, da hab ich schon den Siggi vermißt. Obwohl ich auf dem Bau immer schneller wurde, konnte ich bald die Miete für die Wohnung nicht mehr allein bezahlen. Die 38 Reichsmark waren doch sehr viel, und daher entschloß ich mich, eine Frau aufzunehmen. Auf dem Bau hatte ich nicht den richtigen Kontakt gefunden. Irgendwie waren die Leute nicht so mein Fall — entweder waren sie unheimlich arrogant oder ordinär. Dazwischen gab es nichts. Ich fragte unseren Herrn Paulsen, der zwar doof, aber immer lieb war, ob er nicht eine junge Frau wüßte, mit der ich zusammen wohnen könnte. ›Klar‹, sagte der, ›da vorne, die Anna, das ist ein ganz armes Schwein, fragen Sie die doch mal‹. Also Anna. Ich sah mir die Anna erst einmal von weitem an und hab sie regelrecht beobachtet. Wie sie redete, sich bewegte und wie sie arbeitete. Sie war auch nicht integriert in die einzelnen Gruppen und machte einen sehr verhungerten Eindruck. Ich ließ mir Zeit mit meiner Entscheidung, denn ich hatte ja keine Lust, mir jemanden ins Haus zu holen, der nach zwei Wochen wieder auszieht. Dann kam mir jedoch ein schlimmer Zufall zu Hilfe: Eines Morgens kippte die Anna nämlich um, hatte ganz schreckliche Zuckungen und fiel dann in Ohnmacht. Wir liefen alle hin, und eine der Frauen sagte nur lakonisch: ›Ach det kommt vom nix Fressen‹ und ging wieder an ihre Arbeit. Da war für mich klar, Anna zieht zu mir, und ich hab sie aufgehoben und ihr vorsichtig etwas von meinem Muckefuck zu trinken gegeben. Dann hab ich sie gefragt, wann sie das letzte Mal etwas zu essen bekommen hatte und erfuhr, daß sie zusammen mit ihrer Mutter und den beiden jüngeren Stiefgeschwistern zusammenwohnte und ihr Geld und das Essen mit ihnen teilte. Da ich wußte, wieviel man für unser verdientes Geld bekam, war mir klar, daß sie einfach so verhungert sein mußte. Ich fragte, ob sie nicht zu mir ziehen wollte. Zuerst zögerte sie und meinte, dann wäre doch ihre Mutter allein und die beiden Kinder. Doch ich konnte sie dann sehr schnell überzeugen, und am nächsten Samstag holte ich sie ab.

Anna wohnte in einem Keller, den ihr das Wohnungsamt vermittelt hatte. Als ich da schon reinkam, schlug mir ein wahnsinniger Gestank entgegen, undefinierbare Gerüche. In dem Keller wohnten 14 Personen, und sie alle benutzten eine Toilette, die einfach hinten in einer Ecke stand. Allerdings mit fließendem Wasser. Doch kaum war einer auf dem Klo gewesen, kam Annas Mutter mit einem Desinfektionsmittel und schrubbte das Klo. Sie war eine kleine und sehr zarte Frau, die einen verzweifelten Eindruck machte. ›Wie soll ich hier je verhindern, daß meine Kinder nicht an der Ruhr oder so etwas erkranken, in dem Dreck hier?‹ Sie war, glaube ich, ganz froh, daß Anna etwas Besseres gefunden hatte, und packte die wenigen Sachen von Anna in einen kleinen Pappkoffer. Als wir auf der Straße standen, dachte ich nur, wie gut ich es bislang doch getroffen hatte.«

Die beiden Frauen teilten sich die kleine Wohnung und die Hausarbeit, was für beide enorme Vorteile hatte. Während die eine stundenlang für Brot oder etwas Fleisch anstand, wusch oder kochte die andere zu Hause. Sie fuhren am Wochenende zum Wannsee und vergaßen ein wenig ihre kleinen Alltagssorgen. Anna konnte auch gut nähen und stricken, und diese Fähigkeiten wurden immer wichtiger, da die Kleidung immer notdürftiger wurde und Hilde, als ehemals elegante Berlinerin, das Gefühl hatte, nur noch in Lumpen herumzulaufen.

Berlin war vor dem Krieg die Modestadt Deutschlands gewesen, und seine Bewohnerinnen galten immer als sehr schick. Aber schon vor Kriegsausbruch konnte der Bedarf an Bekleidung nicht mehr in dem gewohnten Maße gedeckt werden. Viele Stoffe wurden für Uniformen der Armeen und der zahlreichen NS-Gruppen verwendet. Über die Reichskleiderkarte und andere Zusatzkleiderkarten waren Textilien rationiert worden. Im Krieg hatte dann die Produktion für Wehrmacht, Luftwache und Marine absoluten Vorrang. Resultat: die Vorräte an Bekleidung und anderen Textilien waren ziemlich dahingeschmolzen. Und im Sommer 1947 konnte von einer nennenswerten Textilproduktion noch nicht gesprochen werden — durch die Zerstörungen des Krieges aber auch durch die Demontage und den Weggang vieler Firmen. Auch hier versuchten die USA zu helfen. Bereits 1946 entschied sich das amerikanische Außenministerium, Textilrohstoffe — vor allem Baumwolle — nach Deutschland zu schicken. Am Anfang dieser Aktion wurden zunächst Betriebe beliefert, später bekamen auch Privatleute — allerdings nur im amerikanischen Sektor — Kleidung zugewiesen. Das hieß für Männer: ein Anzug, eine Hose, eine Krawatte, Hosenträger, Handschuhe, zwei Unterhosen, drei Hemden, drei Taschentücher. Für Frauen: ein Hut, ein Wintermantel, ein Regenmantel, ein Wollkleid, ein Kunstseidenkleid, ein Unterrock, ein Überziehschlüpfer, ein Nachthemd, ein Korsett, ein Kittel oder Schürze, Büstenhalter, Winterhandschuhe, Strümpfe und Schlüpfer. Daß es so etwas überhaupt gab, ahnten allerdings die wenigsten Berliner, und arbeitende Frauen wie Hilde hatten kaum Gelegenheit, mal einen Stoff für einen Rock zu ergattrn. Denn das hieß, stundenlang durch die Stadt laufen, um endlich einen Stoffladen zu finden, der dann doch nichts mehr hatte. Es blieb nur noch die Devise: Aus alt mach neu. Das fiel Hilde besonders schwer. Sie hatte von ihrer Mutter vieles gelernt — wie man mit Hausangestellten umging, wie große Abendgesellschaften geplant wurden und welches Kleid man für welche Gelegenheit anzog —, aber wie man mit Nadel und Faden umging, das hatte nicht auf dem Programm gestanden. Wieder teilten die Frauen ihre Habe. Hilde nahm ihre alten Kleider hervor, und Anna machte das Beste daraus.

»Also, meine Garderobe war damals eine einzige Katastrophe, ich hatte einfach nichts mehr. Von schön oder elegant will ich nicht reden, aber ich hatte ja selbst zum Enttrümmern nichts mehr, nichts. Nun hatte ich das Riesenglück, daß eine Tante von mir in den USA verheiratet war, und von der bekam ich im Sommer das erste CARE-Paket und zwar mit Wolle. In diesem Paket waren zehn Stränge Wolle, Stricknadeln und Seife, und sogar noch ein wenig Stoff. Alles gut und schön — nur ich konnte nicht stricken. Aber Anna, die ja von klein auf so etwas machen mußte, die konnte stricken und versuchte, es mir beizubringen, was nicht einfach war. Ich nahm mein Strickzeug sogar mit auf den Bau, und in der Pause saß ich da und lernte. Meinen ersten selbstgestrickten Schal, den hab ich heute noch. Wie son altes Öhmchen saß ich da und strickte ganz angestrengt jede freie Minute.

Und dann suchten wir immer in Zeitungen nach Möglichkeiten, aus Nichts noch etwas zu machen. Da haben wir Kleider aufgetrennt und etwas dazwischen gestrickt, oder bei alten Kleidern haben wir geguckt, was noch gut war und die guten Teile aneinandergestrickt. Es waren schreckliche Modelle. Nicht nur, daß das verschiedene Farben waren, es waren auch unterschiedliche Materialien. Und wenn wir besonders schick sein wollten, haben wir uns — heute lacht man ja drüber — die Beine braun gefärbt und mit einem Kohlenstift einen schwarzen Strich gemalt. Und ich mußte mir noch die Beine rasieren, weil das ja sonst nicht aussah. Mit einer Rasierklinge, die ich noch von Siggi hatte.

Wir liefen damals wirklich schlimm rum und fanden uns trotzdem noch einigermaßen angezogen. Aber ich — ich war immer sehr elegant gewesen, und vor einem guten halben Jahr hatte noch einer ›Gnädige Frau‹ zu mir gesagt. Ich mein, auf den Trümmerbergen war das ja egal, wie man aussah, aber wenn man mal weggehen wollte, hab ich trotz allem immer versucht, einigermaßen gut auszusehen. Irgendwann — ich glaube, es war Juni — waren Anna und ich auf einer Modenschau, für die ich Karten geschenkt bekommen hatte. Auf dieser Modenschau wurden Berliner Modelle vorgeführt, und wir haben nur so gestaunt. So schöne Stoffe und Farben, und die Mannequins so schön. Also wir haben den Mund nicht mehr zubekommen, es war einfach für uns eine Sensation, und wir kamen uns doppelt häßlich vor. Anna und ich hatten nämlich Kleider aus Taschentüchern, Bettwäsche und Wolle an. Unsere Hände waren rauh und voller Schwielen und an Make-up war überhaupt nicht mehr zu denken. Während einer Pause liefen wir wie aufgescheuchte Hühner herum und konnten uns nicht beruhigen. Da fiel zuerst mein Blick in einen Spiegel, und ich kriegte den ersten Anfall: Ich sah aus wie mindestens Vierzig und wie eine Bäuerin! Wie war das nur möglich, daß man innerhalb eines Jahres so altern konnte? Ich hab fast geheult. Anna riß mich zum Glück vom Spiegel weg und sagte immer: ›Das machen wir alles nach, wirste schon sehen‹. Aber wovon, wovon? Sie ließ sich aber nicht aus ihrer guten Laune bringen und zog mich weiter. Da kam der nächste Schock: In einer Gruppe von Männern stand eine Frau, die so unwirklich aussah, daß wir sie mit offenen Mündern anstarrten. Allein schon die Frisur — die meisten Frauen damals trugen ihre Haare lang, entweder über die Schultern fallend oder aufgesteckt, je nach Alter, denn es gab doch nirgendwo einen gescheiten Friseur — dann das wahnsinnige Kleid — hellblau mit schmalen Schultern, Wespentaille und einem sehr weiten, wadenlangen Glockenrock . . . Das war der »New Look«. Ich war begeistert, genau wie Anna. Wir fragten uns allerdings, wo die diese Massen von Stoff her hatte, denn wir trugen unsere Kleider ja nicht deshalb fast kniekurz, weil wir das so toll fanden, sondern weil es einfach keinen Stoff gab. Na ja, ich hab mir geschworen, irgendwann kaufste dir auch so ein Kleid. Aber als ich endlich wieder Geld hatte, trug man die Kleider schon wieder anders.«

Nicht nur der »New Look« eines Christian Dior war eine Sensation, sondern auch der Plan des amerikanischen Außenministers George C. Marshall. Anfang Juni 1947 forderte er die sofortige Durchführung eines wirtschaftlichen Hilfsprogramms, das den vom Krieg zerstörten Ländern Europas den Wiederaufbau erleichtern sollte, mit dem erklärten Ziel, später für sich allein zu sorgen. Natürlich bezweckte der Marshall-Plan eine Stärkung des amerikanischen Einflusses in Europa und nicht zuletzt ein Umdenken bei den Sozialisierungs- und Bodenreformplänen. Diese Wende kam in letzter Minute, denn der Elendswinter 1946/47 hatte die Bevölkerung für die Forderung nach grundlegenden gesellschaftlichen Reformen mobilisiert. Einige Länder hatten schon über die Aufteilung aller Güter über 100 Hektar abgestimmt. In Hessen hatte es einen Volksentscheid über die Sozialisierung der Schlüsselindustrien und die staatliche Kontrolle über Großbanken und Versicherungskonzerne gegeben, der mit über 70% angenommen worden war. Und in allen Industriezentren war es zu ausgedehnten Massendemonstrationen und Streiks gekommen, die auch die Enteignung der Grubenbesitzer und die Verstaatlichung der

Grundstoffindustrie zum Ziel hatten. Allerdings verhinderten die Besatzungsmächte die Durchführung solcher Gesetze.

Im Juni atmeten die deutschen Unternehmer auf, weil der Marshallplan deutlich machte, daß die Westmächte ihren gemeinsamen Herrschaftsbereich in Deutschland zu einem Wirtschaftsgebiet zusammenfassen wollten — getrennt von der sowjetischen Zone und deren sozialistischen Experimenten. Es kam zu starken Spannungen zwischen den Westmächten und der Sowjetunion, was sich besonders in Berlin zeigte. Als im Juli 1947 Ernst Reuter durch die Stadtverordnetenversammlung zum Oberbürgermeister gewählt wurde und zunächst von den Sowjets nicht bestätigt wurde, entließen die westlichen Besatzungsmächte ihrerseits alle kommunistischen Bürgermeister, Beigeordneten, Dezernenten und Staatssekretäre — so auch Carlottes Mann:

»Also, im Juni hatten die in der Stadtverordnetenversammlung Ernst Reuter von der SPD zu unserem Oberbürgermeister gewählt, und die Russen haben das aber nicht akzeptiert. Stattdessen mußte die Luise Schröder ran, was ich auch ganz toll fand. Endlich mal 'ne Frau — obwohl das ja wohl nur Makulatur war. Aber immerhin. Und so nach und nach haben die Westalliierten alle aus den Behörden geschmissen, die in ihren Augen Kommunisten waren. Ich sag das so, weil nämlich Charlys Mann eines Tages nach Hause kam und erzählte, er hätte eine Aufforderung bekommen, innerhalb kurzer Zeit seine Arbeit zu verlassen. Auf gut Deutsch, den hatten sie rausgeschmissen, weil er angeblich Kommunist war. Wir hatten alle eine Stinkwut, weil Albert als Jude doch im KZ war und, soviel ich weiß, keiner Partei angehörte. Der war quasi von heute auf Morgen arbeitslos. Das war für uns zumindest der Beginn des Kalten Krieges.«

Diese Entwicklung verstärkte sich, als die Forderung der Sowjetunion nach einer gemeinsamen Politik der Siegermächte für das ganze besetzte Deutschland von den Westmächten überhaupt nicht zur Kenntnis genommen wurde. Die USA waren entschlossen, einen westdeutschen Teilstaat zu gründen, und die anderen Westmächte stimmten dem nach einigem Zögern auf der Außenministerkonferenz in London zu. Die Berliner Firmen reagierten sofort und verließen überwiegend die Stadt. Wechsel von Arbeitsstelle zu Arbeitsstelle wurden für die Erwerbstätigen immer häufiger.

Hilde hatte sich mit ihrer Arbeit als Trümmerfrau abgefunden und arbeitete sehr schnell und sehr viel.

Mitte August mußte auch sie zu einer anderen Firma wechseln, weil ihr Arbeitgeber Berlin verließ. Auf der neuen Baustelle arbeiteten neben ehemaligen Kolleginnen auch einige Männer:

»Ich war natürlich völlig überrascht, als ich hörte, daß unsere Firma nach Westdeutschland geht, und viele von uns haben damals auch Berlin verlassen. Aber ich war eine Berlinerin und wollte es auch bleiben. Also blieb ich hier und suchte mir 'ne neue Stelle. In Charlottenburg habe ich auch sehr schnell etwas gefunden, und da durften wir Frauen — neben den Männern natürlich — zum ersten Mal auch richtig mauern. Das war ein echter Aufstieg. Wir brauchten nicht mehr Steine zu klopfen, sondern durften jetzt beschädigtes Mauerwerk reparieren. Da war ein Maurerpolier, der uns alles zeigte — wie man Mörtel anrührt, wieviel man von dem Zeug nehmen muß und wie man die Steine aufeinandersetzt. Nach einigen Tagen haben wir Frauen schon alles alleine gemacht, und der Polier kam dann nur noch zum Kontrollieren. Es hat unheimlich viel Spaß gemacht, obwohl es natürlich wieder alles sehr neu war. Der Mörtel hat unheimlich die Hände ruiniert, und wir hatten ja noch keine richtigen Handschuhe. Aber nach einer Zeit war einem sowieso alles egal, und wir haben unsere Arbeit gerne gemacht.

Dann wurde es aber unheimlich heiß, und der Staub und die Hitze haben mir ganz schön zu schaffen gemacht. Unsere Devise hieß immer: Bloß nicht schlappmachen, keine Schwäche zeigen, und so haben wir immer weitergemacht. Ich weiß noch, einmal waren über 30 Grad Hitze, und zwei von uns kamen in Strickbadeanzügen und an den Füßen die dicken Schuhe. Die sahen natürlich nicht gerade sexy aus, aber wir hatten da keinen Blick für. Nur unser Polier, der kriegte einen Wutanfall, was das denn solle, wir wären hier nicht im Strandbad, sofort die Badeanzüge aus usw. Die beiden sind echt nach Hause gegangen und haben wieder Rock und Pullover angezogen. Wenn wir mal außerhalb der Pause uns hinsetzten, kam der Polier sofort angerannt und trieb uns an die Arbeit. Aber alles in allem waren wir ein gut eingespieltes Team und haben uns gut verstanden. Das änderte sich jedoch, als eines Morgens etwa sechs Männer bei uns anfingen — sofort war die Atmosphäre total anders. Wenn eine von uns den Mörtel rühren wollte, kam sofort einer von denen und sagte, laß mal, das kann ich besser. Oder als ich mal eine Wand hochziehen wollte, kam der andere und schickte mich woanders hin — ich hab die bald zum Teufel gewünscht. Ja, und dann gab es die ersten Eifersüchteleien zwischen den Frauen — also 'n schönes Arbeiten war das bald nicht mehr. Doch einer war dabei, den fand ich von Anfang an toll, weil ich merkte, daß der etwas anderes war. Hans hieß der, und er hatte auch solche blauen Augen wie der Albers, war nur jünger. Wir haben uns nur immer heimlich angesehen, und wenn die anderen guckten, haben wir weggesehen. Ich hab immer gedacht, wann der dich wohl endlich anquatscht? Wenn ich gewartet hätte, säße ich wohl immer noch da. Ich hab den irgendwann angesprochen und gefragt, ob er mit mir nicht raus nach Wannsee will, und da ist er auch mitgegangen. Am Samstag haben wir uns nachmittags getroffen und sind mit Fahrrädern runter zur Havel gefahren, haben im Sand gelegen und fühlten uns wie im Süden. Es war ein sehr schöner Tag, einfach, weil er so normal war. Ohne Politik, Arbeit und Hunger. Am Abend war ich aufs Heftigste verliebt und er auch, und wir sind zu mir nach Hause gegangen. Die Anna hat dann ganz blöde geguckt, als der am nächsten Morgen mit am Tisch saß, aber sie fand den auch ganz toll. Charly sagte nur ganz süffisant: ›Det soll dir mal eene nachmachen — een Jahr und drei Männer, det is Inflation‹.«

Die Freizeitvergnügungen der Berliner beschränkten sich in diesem Sommer auf Kahnpartien oder Schwimmen in einem der Berliner Seen, auf gelegentliches Tanzen, seltenes Kino und noch selteneres Theater. Die Versorgungslage war immer noch katastrophal, und die erwarteten Brennstofflieferungen für den Winter blieben aus. Die Produktivität der Berliner war immer noch sehr gering und ging in der zweiten Hälfte des Jahres 1947 noch mehr zurück, denn die Einwohner mußten — im Gegensatz zu den Bewohnern Kölns und anderer Städte — mit ihren knappen Rationen auskommen. An den Stadtgrenzen wurde scharf kontrolliert, und es wurden fast ausnahmslos alle privat besorgten Lebensmittel beschlagnahmt. Um überhaupt etwas zu essen zu bekommen, entschloß sich Hilde, ihren geschiedenen Mann um Hilfe zu bitten. Sie hatte seit Tagen außer Brot nichts gegessen und das Gefühl, daß sie nichts mehr zu verlieren habe. Trotzdem hatte sie schreckliche Angst und nahm deshalb Hans mit. An einem Samstag bestiegen sie einen Zug und fuhren los:

»Es war ja nicht weit von Berlin, und so waren wir auch schnell da und stiegen aus dem Zug — allein. Als ich so auf dem Bahnsteig stand, dachte ich noch —, hier hat sich auch nichts verändert. Die Straßen zum Teil noch aufgebrochen, viele Häuser zerstört und die Menschen genauso armselig wie wir. Hans fragte mich, ob ich ernsthaft glauben würde, hier etwas zu essen zu bekommen, wo die anscheinend genauso wenig hatten wie wir. Ich bekam auch Bedenken, aber der Hunger trieb mich weiter in die Stadt. Wir kamen am Rathaus vorbei, wo mein Mann arbeitete, und dann kamen wir zu seinem Haus. Da stand sie nun, diese alte und etwas verwilderte Villa, wie ein kleiner Fels in der Brandung, stolz und ein wenig abweisend. Vor dem Haus blieben wir erst mal stehen und überlegten, was wir jetzt machen sollten. Wir entschieden uns dafür, daß Hans zuerst hineingehen sollte, denn mich kannten ja die Leute.

Ich blieb in einer Ecke auf der anderen Straßenseite stehen und beobachtete das Haus. Die Minuten vergingen in einem ganz langsamen Tempo, und ich glaubte schon, Hans kommt nicht mehr. Da ging die Tür auf, und Hans kam heraus und ging gleich weiter, ohne mich zu beachten. Ich ging hinter ihm her, und als wir eine Straße weiter waren, blieb er stehen. Mein Mann hatte ihm gesagt, wir sollten im Café Kremer auf ihn warten, er würde später nachkommen. Wir also das Café gesucht und hineingegangen. Der Name »Café« war zwar stark übertrieben — es gab weder Kaffee noch Kuchen, sondern nur Tee und Bier —, aber es machte einen gemütlichen Eindruck. Wir bestellten uns einen Tee, und ich hatte Zeit, mich umzusehen. Alles, was hier stand, waren etwa zehn Holztische, die zum Teil sehr lädiert aussahen und auch sehr unterschiedlich in der Form waren. Da gab es lange, rechteckige, runde, kleine und große Tische, an denen dichtgedrängt Menschen saßen. Hohlwangig, abgearbeitet, zerlumpt und doch — von ihnen ging noch eine Kraft aus, die ich in Berlin an den Menschen vermißte. Sie hielten die heißen Tassen in ihren Händen, als ob sie sich daran wärmen wollten, obwohl es draußen doch nicht kalt war. Vielleicht aber in ihren Herzen? Worüber unterhielten sie sich? Nur Wortfetzen drangen an mein Ohr. Fußball? Unmöglich — Frauen! Zwischendurch drehten sie ihre Zigaretten, die sie während ihres Gesprächs nie aus dem Mund nahmen. Es waren ausschließlich Männer hier, bis auf zwei alte Frauen, die stumm nebeneinander in einer Ecke saßen und ins Nirgendwo guckten. Hans und ich wurden zum Glück von den Gästen des Cafés nicht sonderlich beachtet, was eigentlich ja sehr ungewöhnlich war.

Na ja, es dauerte eine ganze Weile, bis dann Hermann endlich kam. Wuchtig schlug er die Tür auf, sah sich kurz um und kam dann zu uns an den Tisch. Er sah besser aus, als ich ihn in Erinnerung hatte, und ich machte ihm ein Kompliment, was er — ganz Gentleman — sofort erwiderte. Ich mußte lachen und sagte ihm, daß wir genau wegen meines guten Aussehens hier seien, und ich bat ihn, uns zu helfen. Ich erzählte, daß ich als Bauhilfsarbeiterin arbeitete, zwar Geld verdiente, aber dafür nichts kaufen könne. Er hörte mir ruhig zu, und nach einer ganzen Weile nickte er und stand auf. Wir sollten noch eine halbe Stunde bleiben und dann, einen Ort weiter, ins Gasthaus ›Zur Tenne‹ gehen und auf ihn warten. Dann ging er hinaus. Hans und ich haben genau gemacht, was Hermann uns gesagt hatte, und sind erst nach einer halben Stunde aufgestanden. Als der Hermann so vor mir stand, da hab ich ihn fast wieder geliebt, doch für sentimentale Gefühle hatte ich keine Zeit, denn auch mein Magen meldete sich wieder zu Wort, und wir gingen los. Wir mußten eine gute halbe Stunde laufen, und dann waren wir in einem Dorf mit einer Kneipe — eben dieser ›Tenne‹. Wir sind hineingegangen und haben uns in eine Ecke gedrückt. Der Wirt war sehr nett und fragte, wo wir denn herkämen, ob wir auch in den Westen wollten usw. Ich weiß heute gar nicht mehr, was wir dem alles erzählt haben, aber er ließ uns in Ruhe da sitzen, ohne daß wir etwas bestellen mußten. Nach einer Weile kam eine junge Frau herein, die sofort auf uns lossteuerte, uns freundschaftlich begrüßte und jedem von uns einen Kuß auf die Backe gab. Dann setzte sie sich und fragte uns, wie es uns geht. Dann ging sie bald wieder. Ich wußte gar nicht, wie mir geschah und wurde langsam wütend auf meinen Mann, weil der einfach nicht kam. Nach einer Stunde meinte Hans, daß wir jetzt gehen müßten, weil wir doch noch nach Berlin wollten. Enttäuscht standen wir beide auf und wollten gerade gehen, als ich mit meinem Fuß an etwas stieß. Es war ein Beutel, den die junge Frau dahingestellt hatte, ohne daß wir es bemerkten. Wir liefen schnell aus der Kneipe raus, die Dorfstraße runter, bis wir auf einen Feldweg kamen. Da machten wir dann den Beutel auf und sahen all die Köstlichkeiten: Käse, Butter, Speck, eine Mettwurst und ein Stück Seife. Wir haben erst einmal etwas gegessen und sind dann zum Bahnhof gelaufen. Im Zug war alles überfüllt, und wir standen auf dem Gang und wußten nicht genau, ob wir versuchen sollten, durch die Kontrollen vor Berlin zu huschen oder die Sachen lieber unter den Kleidern zu verstecken. Wir entschlossen uns, die Sachen zu verstecken. Vor Berlin sind wir dann doch raus und haben uns in die Stadt reingeschlichen, sind aber trotzdem erwischt worden. Außer meiner Seife und der Mettwurst haben sie alles gefunden. Komisch, ich war nicht einmal enttäuscht.«

Je mehr sich das Jahr neigte, umso weniger hatte Hilde zum Leben. Hamsterfahrten wurden immer schwieriger, für das verdiente Geld gab es nichts, und zum Tauschen war auch nicht mehr viel da. Sie überlegte, ob sie und Anna nicht nebenbei noch stricken könnten, um dann die Sachen zu verkaufen, denn auch Anna bekam von Hildes Schwester CARE-Pakete mit Wolle. Davon wollten sie für die Amerikaner oder Franzosen kleine Puppen stricken und vielleicht sogar Handschuhe. So sehr sich Hilde aber bemühte, es klappte einfach nicht, und sie überließ es Anna, die Puppenproduktion in Gang zu bringen. Anna verkaufte auch einige ihrer Puppen oder tauschte sie gegen Lebensmittel.

Draußen auf der Baustelle arbeitete Hilde jetzt in einer Gruppe von zwei Männern und vier Frauen, und es machte ihr trotz der Reibereien doch auch Spaß. Vor allem, weil sie noch Hans hatte, mit dem sie ihre ganze Freizeit verbrachte. Doch obwohl die Bautruppe anfangs gleichberechtigt arbeitete, änderte sich das Verhalten der Männer gegenüber den Frauen:

»Mit Hans lief die Zusammenarbeit ganz toll, und wir Frauen haben ihn auch nie als Vorarbeiter oder so etwas gesehen, aber als dann der zweite Mann zu uns kam, fing der so ganz allmählich an, uns herumzukommandieren. Plötzlich hieß es: ›Hilde mach mal hier, komm mal hierhin‹ und ›Laß mich das mal machen‹. Zum Schluß wurden wir Frauen in unsere Hilfspositionen zurückgedrängt, ohne daß wir das registrierten. Doch eines Tages, es war schon Herbst, da kam dieser Mensch — den Namen hab ich vergessen — klatschte in die Hände und sagte: ›Nun mal los, meine Damen, keine Müdigkeit vorschützen‹. Da haben wir begriffen, was der mit uns gemacht hat, und keine von uns ist aufgestanden und hat weitergearbeitet. Kurze Zeit später kam dann Hans und sagte, wir sollten jetzt wieder arbeiten gehen, sonst bekämen wir noch Ärger. Wir haben ihm versucht klarzumachen, daß wir Frauen keine Lust hätten, uns von Männern, die mal gerade eine Woche hier arbeiteten, rumkommandieren zu lassen. Er hat es nicht begriffen, denn er hat diesen Ton als völlig normal angesehen. Er hat auch nicht begriffen, daß wir es schließlich waren, die seit '45 Berlin enttrümmerten, und nicht die Männer. Damals waren wir gut genug, und heute sollten wir uns von so einem Schnösel befehlen lassen? Aber die Situation war nicht nur bei uns so. Viele Bauarbeiterinnen haben erzählt, als die ersten Männer wiederkamen, haben sie gleich wieder versucht, alles an sich zu reißen und die Frauen herumzukommandieren. Und nur weil ich mich mit Hans nicht anlegen wollte, bin ich von der Baustelle weg und hab' woanders angefangen. Meine Arbeit war die alte: Lore schieben und Steine klopfen. Aber zumindest waren hier die Frauen unter sich, nur ab und zu kamen die

Kinder aus der Schule vorbei und holten sich ne Stulle ab. Ich muß sagen, in reinen Frauenbetrieben wurde — das ist meine Erfahrung — schneller und besser gearbeitet. Männer störten nur.

Anna hatte in der Zwischenzeit aufgehört als Bauarbeiterin, weil sie immer mehr von ihren kleinen Puppen verkaufte und bald mehr verdiente als auf den Baustellen. Nebenbei versorgte sie noch den Haushalt und kümmerte sich um die Beschaffung von Lebensmitteln. Eines Abends, als ich nach Hause kam, saß sie in der Küche und heulte und heulte. Erst nach einigen Minuten konnte ich sie beruhigen, und sie erzählte mir, daß ihre jüngere Schwester Gerda, 13 Jahre, auf der Polizei saß, weil sie überfallen worden war — von einem Engländer. Ich fragte, warum sie denn da noch sitzen würde und nicht zu Hause war. Ja, weil außer diesem einen Satz nichts aus ihr herauszubekommen wäre, und ob ich nicht mal mit ihr reden könnte? Eigentlich hatte ich ja keine Lust dazu, aber ich hab mich überreden lassen und bin zur Polizei hin. Da saß sie wie ein Häufchen Elend auf einem Stuhl, trotzig und doch voller Angst. Ich fragte sie, was denn jetzt eigentlich passiert wäre. Keine Antwort. Ich fragte nochmal, mit der Drohung, daß man sie einsperren würde, wenn sie nicht erzählen würde. Na ja, ihre Mama lag schon seit sechs Wochen im Krankenhaus, und sie sollte von der Nachbarin das Beil holen, was die sich ausgeliehen hatte. Und da hatte sie eine Freundin getroffen, und dann waren sie noch in den Park gegangen. Na ja. Ich glaubte ihr kein Wort und habe ihr das auch gesagt. Sie nickte heftig mit dem Kopf und sagte: ›Das stimmt‹. ›Gerda‹, sagte ich, ›man hat dich nachts um drei im Park gefunden, was hast du da gemacht?‹ Als ich sie so ansah, habe ich gedacht: Wir haben 1947, das Mädchen ist dreizehn Jahre alt, die Mutter ist seit sechs Wochen im Krankenhaus, die ältere Stiefschwester kümmert sich nicht um sie, und da ist noch der kleinere Bruder — also muß es einen triftigen Grund geben, warum die jetzt lügt. Ich hab Gerda in meinen Arm genommen und ihr gesagt, daß auch Erwachsene große Dummheiten anstellen, doch dafür müßte man immer einstehen, und wenn sie das tun würde, brauchte sie keine Angst mehr zu haben. Ja, und dann hat sie mir alles erzählt: Ihre Mutter war also schon seit sechs Wochen im Krankenhaus, und sie hatte für sich und ihren Bruder weder Geld noch was zu essen. Keinem Menschen ist das aufgefallen, es haben weder die Nachbarn gefragt noch die im Krankenhaus und schon gar nicht die große Schwester, meine Freundin Anna. Da hat Gerda den Entschluß gefaßt, einer alten Frau die Handtasche zu klauen. Also ist sie mit einem Beil in der Tasche am hellichten Tag losgezogen, um zu klauen. Gegen Nachmittag wird sie von einem englischen Soldaten angesprochen, dem erzählt sie alles, und der kauft ihr erst mal was zu essen und zu trinken. Redet mit ihr und geht mit ihr im Park spazieren. Gerda wußte immer noch nicht, was gespielt wird, als sie mit dem Soldaten um zwei Uhr nachts auf der Parkbank sitzt. Doch dann wird der Soldat zudringlich, und Gerda bekommt schreckliche Angst, und sie holt ihr Beil aus der Tasche und schlägt auf den Soldaten ein. Der wehrt sich natürlich, die kleine Gerda schreit um Hilfe, und zum Glück war da ein männlicher Schutzengel, der ihr Schreien hört. Er ruft ihr zu, daß er helfen wird, und der Soldat läuft weg.

Nachdem sie mir alles erzählt hatte, wurde ich unheimlich traurig und wütend und dachte: Was ist das bloß für eine Welt, wo Kinder so etwas machen müssen, nur um zu überleben? Ich hatte eine Stinkwut — besonders auf Anna, die zu Hause süße kleine Puppen bastelte für süße kleine Soldatenkinder.

Die Gerda hat dann noch alles der Polizei zu Protokoll gegeben, und ich hab sie dann mit nach Hause genommen und ihren Bruder gleich auch. Anna saß inzwischen schon wieder ganz friedlich an ihrem Tisch und strickte, da bin ich rein und hab ihr eine runtergehauen und hab gesagt: ›Jetzt haste wieder einen Grund zum Heulen‹. Die heulte aber nicht, sondern war wütend, daß ich die Kinder mitgebracht habe, wo doch schon so wenig Platz war und so weiter und so weiter. Wenn heute die Leute immer erzählen, da wär ein großer Zusammenhalt gewesen, kann ich nur lachen. Jeder war sich selbst der Nächste, und auf Kinder wurde kein bißchen Rücksicht genommen. An diesem Abend ging meine Freundschaft mit Anna in die Brüche, weil diese menschliche Kälte wollte ich nicht um mich haben. Der Winter, so sah es jedenfalls aus, wurde noch kalt genug. Und ich? Ich habe weitergemacht wie bisher: Tagsüber auf dem Bau, ansonsten gehungert und gefroren, gearbeitet, gehungert und gefroren. Das einzig Schöne war Hans. Mit dem habe ich abends im Bett ganz eng gekuschelt, und wir beide haben uns gewärmt, mit Liebe und mit unseren Körpern. Anna ist dann kurz vor Weihnachten weggezogen und Hans dann für immer zu mir.

Ich war in der Adventszeit oft himmelhoch-jauchzend und zu Tode betrübt. Wenn ich so drüber nachdachte, was wir erreicht hatten, konnte man ja nur das kalte Grauen bekommen. Die Trümmer waren immer noch nicht weg, der Strom war immer noch knapp, ab acht Uhr abends gab es kein Licht, und die Lebensmittel wurden immer knapper. Aber dann dachte ich doch immer: Ich bin jung und ich habe jemanden, den ich lieben kann.

Oder ich dachte, wie wir früher immer Weihnachten gefeiert hatten. Da wurde bei uns gebacken, und überall hingen Tannenzweige, und am Weihnachtsabend gab es eine große Gesellschaft mit Abendkleidern und einem tollen Essen. Doch Weihnachten 1947 hatten wir nichts dergleichen, und ich hatte mir fest vorgenommen, daß ich etwas besorge auf dem Schwarzmarkt. Das einzige, was ich noch hatte und was wertvoll war — Erbstücke von meiner Großmutter — waren alte Gläser und eine Pillendose. Die packte ich ein und ging in den Tiergarten zum Schwarzmarkt. Aber ich hatte einfach keinen Mut, meine Sachen anzubieten, und ich wollte gerade gehen, da kam ein gutgekleidetes Ehepaar vorbei, wahrscheinlich Amerikaner. Ich nahm allen Mut zusammen und hab sie angesprochen und meine Schätze gezeigt. Der Mann zog mich in einen Wagen, und wir fuhren los. Unterwegs fragte er mich, was ich dafür haben wollte, und ich zuckte nur mit den Schultern. Zu Hause haben sie mich abgesetzt und sind dann weggefahren. Oh, ich traute mich gar nicht in meine Wohnung, aber ich habs dann Hans und Charly gebeichtet, die meine Doofheit beschimpften. Die sähe ich nie wieder, und dann noch so schöne Erbstücke ... Doch ein oder zwei Stunden später klopfte es an unsere Tür, und ein Soldat kam mit einem großen Sack herein, den er grinsend auf den Tisch stellte. Dann grüßte er kurz und verschwand. Wir rissen den Sack auf, und da waren die schönsten Kostbarkeiten, die man sich damals denken konnte: richtiger Bohnenkaffee, Butter, Käse, Schinken, Dosen mit Bohnen und Fleisch, zwei Flaschen Wein und eine Flasche Cognac und, als Krönung, zehn Briketts. Ja, und dann wurde unser Weihnachten unheimlich schön, und als ich dann so an unserem Tisch saß, habe ich gedacht: Das ist Glück — Kaffee, Zigaretten, liebe Menschen, eine Arbeit und Frieden.«

Lotte Bernhard

Berlin und Köln 1948 - 1950

Am Morgen des 1. Januar 1948 brachte ein Oberarzt seiner Patientin Lotte Bernhard eine Tasse Bohnenkaffee an ihr Bett und wünschte ihr alles Gute für das kommende Jahr. Diese Wünsche waren auch notwendig, denn die letzten Jahre waren alles andere als erfreulich gewesen für Lotte und ihre Familie.

Nach Kriegsende blieb die 32jährige Kölnerin mit ihren beiden Kindern bei einer Tante im Westerwald und kehrte erst 1947 nach Köln zurück. Sie wollte zu Hause sein, wenn ihr Mann aus der Kriegsgefangenschaft kam. Zu Hause, das war Köln, ihr Köln, eine zerbombte und für die zurückkehrenden Menschen unwirkliche Stadt. Doch für Menschen, die wie Lotte lange Zeit von ihrer Stadt getrennt waren, bedeuteten die ersten kölschen Worte alles.

Lotte kam im Frühjahr 1947 nach Köln und ging sofort in die Südstadt, in ihre Straße. Sie fand nichts — außer Trümmern. Sie stand vor ihrem Haus, ein Kind an der Hand und eines im Kinderwagen, mit zwei Koffern und einem Rucksack und besah sich ihr Haus und ihre Reichtümer, mit denen sie jetzt ein neues Leben anfangen sollte. Es war so gut wie nichts. Als ihr ältester Sohn sie fragte, ob sie jetzt in dem Haus ohne Fenster wohnen müßten, fing sie an zu heulen. Ohne einen Ton, einfach so. Wie lange sie vor diesem Haus gestanden hat, kann sie heute nicht mehr sagen, aber irgendwann kam eine ehemalige Nachbarin von ihr und nahm sie mit in einen Keller. Hier konnte sie zumindest erst einmal schlafen und verschnaufen. Am nächsten Morgen machte sich Lotte sofort auf den Weg zur Behörde und fragte nach einer Wohnung für sich und ihre Kinder.

»Ich war bald jeden Tag da und bin denen natürlich schrecklich auf die Nerven gegangen. Aber was sollte ich machen, die Situation im Keller war für uns alle unerträglich. Ich habe auch immer meine Kinder mitgenommen, damit die Beamten kapierten, wie groß unsere Not ist. Der Mann kannte mich schon, und jedesmal blätterte er eifrig seine Kartei durch, machte sie wieder zu, schüttelte den Kopf und sagte dann: ›Alles kaputt, da können Sie nicht rein‹. Ich bin jedesmal wie erschlagen nach Hause und hab gedacht: Ich bring mich um. Und wenn ich nicht die Kinder gehabt hätte, wer weiß? Doch dann hab ich aus den Zeitungen oder von Freunden von der ›Aktion Winterfestmachung‹ gehört, und da wollte ich mitmachen.«

Die »Aktion Winterfestmachung« wurde von der englischen Militärregierung angeordnet, und es entstanden während dieser Aktion innerhalb eines halben Jahres rund 30 000 Wohnungen. Jede nicht auf Wohnraum gerichtete Bautätigkeit wurde verboten. Eine Wohnung winterfest zu machen, hieß in dieser Zeit: sie nach außen abschließen, sie mit Dach, Fenstern und auch Türen zu versehen. Für diese Aktionen wurde das Material vom Oberpräsidium der Provinz bereitgestellt und von der Besatzung herangeschafft, während die Arbeiten selbst unter städtischer Regie durchgeführt wurden.

Die größte Bauleistung wurde von der Selbsthilfe der Bürger vollbracht, die 44 000 Wohnungen laut Statistik herstellten.

»Mit dieser Information bin ich wieder hin und hab dem klipp und klar gesagt, daß ich mir eine Wohnung selbst herrichten wollte, und er soll mir so eine besorgen. Ob ich das denn überhaupt könne, mauern und tapezieren? Ich zuckte mit den Schultern und sagte, daß man alles lernen könne und er sich mal kümmern solle. Jetzt war das damals schon so wie heute: Wenn etwas neu oder anders ist, müssen sich Beamte erst einmal erkundigen. Und das tat der auch. Ich blieb sitzen, und, ich schwöre, ich würd' heute noch dasitzen. Ich wartete, und nach kurzer Zeit kam der wieder und meinte, ich könnte ja in Selbsthilfe und auch nur, wenn der Vermieter zustimmen würde usw. usw. Ich fragte wo und rannte los.

Noch am gleichen Tag bin ich zu dem Hausbesitzer hin, und der sah mich nicht ganz so dusselig an, sondern gab mir den Mietvertrag. Er wollte auch noch Miete haben, aber das hab ich ihm in zäher Arbeit ausgeredet, und dann hatte ich die Adresse und konnte loslegen. Ich fuhr mit meinen Kindern und meiner Schwägerin sofort zu meiner neuen Heimat und war auch ganz begeistert, denn von außen sah das Haus ganz passabel aus. Unsere Wohnung hatte zwar keine Fenster und keine Türen — aber sie gehörte uns. Allerdings war außer mir keiner begeistert, im Gegenteil. Meine Schwägerin schaute mich sehr skeptisch an, als ich ihr von meinen Maurer- und Malerplänen erzählte, und mein Junge wollte wieder in den Keller zurück. Am nächsten Tag hab ich zunächst den ganzen Müll rausgetragen auf einen Berg, wo dann auch andere Frauen waren. Beim zweiten Mal kamen wir dann ins Gespräch, und siehe da: Das waren auch alles Frauen, die ihre Wohnungen allein renovierten. Ja, und nach und nach haben wir uns Ratschläge gegeben und später sogar zusammengearbeitet. Da hatte die eine keinen Hammer, dafür aber Nägel, und umgekehrt. So nach und nach ergab sich eine Arbeitsteilung. Während die einen Müll wegschippten, suchten die anderen auf den Trümmerbergen Kölns nach Baumaterialien oder lösten sich ab in der Warteschlange auf Lebensmittel. Doch was heute immer so als große Harmonie dargestellt wird, stimmt natürlich nicht ganz. Bei uns war es so, daß ja in vielen Wohnungen zwar gearbeitet wurde, aber die Leute nachts noch woanders schliefen, und da wurde natürlich geklaut wie verrückt. Aber wir haben dann doch schnell Wachen aufgestellt, die unseren kläglichen Besitz schützen sollten. Da war mal eines Tages eine richtige Schlägerei, weil sich Frauen um ein Ofenrohr prügelten. Na ja, auf jeden Fall hatte ich nach sechs Wochen meine Wohnung einigermaßen fertig. Wohlgemerkt, keine Tapeten an den Wänden und nix. Ich hatte aber eine Wohnungstür, und die Fenster waren dicht. Sobald wir Strom hatten, zog ich mit den Kindern rein und hatte jetzt nur noch das Problem, daß ich keinen Ofen hatte. Aber dann hab ich mir in der Küche unter Anleitung meines Bruders einen Steinofen gebaut, dessen Rohr durch die ganze Küche zum Fenster rausging. Als wir dann zum ersten Mal eine Suppe kochten, war ich stolz wie Oskar, und ich fragte mich, warum ich eigentlich nicht als Trümmerfrau arbeiten konnte. Da war ich sicher, daß die mich nehmen würden. Mit meiner Erfahrung . . .«

Diese Erfahrung reichte aus, um im Juli 1947 eine Stelle als Bauhilfsarbeiterin zu bekommen. Als dann ihr Mann Rudi gesund aus der Kriegsgefangenschaft kam, fand Lotte Köln und das Leben wieder einigermaßen schön:

»Als mein Rudi endlich wieder da war, hatte ich das Gefühl, mein Leben fängt jetzt wieder an. Wir verstanden uns auch sofort wieder, denn wir hatten uns immer sehr oft geschrieben, und ich habe den Kindern immer sehr viel von ihrem Vater erzählt. Eine Fremdheit, wie sie bei vielen meiner Bekannten auftrat, die gab es bei uns nicht. Rudi war auch unheimlich stolz auf mich, daß ich so viel geschafft hatte, und er gab mächtig mit mir an. Vielleicht lag es aber auch daran, daß Rudi schon immer viel für Frauen übrig hatte, die selbstbewußt durchs Leben liefen. Im Herbst hatte er auch eine Arbeit, und wir beide gingen nun schaffen, während meine Schwägerin auf die Pänz aufpaßte. Allerdings wurde unsere Situation zum Winter hin immer schwieriger. Wir hatten kaum Geld, und für die Lebensmittelmarken gab es doch nichts. Ich habe in dieser Zeit regelrecht gehungert, damit das Wenige die Kinder bekamen. Vielleicht war das ein Grund, daß ich krank wurde und dann später auch ins Krankenhaus mußte.

Seit Wochen ging es mir schon schlecht, und eines Tages konnte ich nicht mehr richtig atmen, geschweige denn aufstehen. Wir waren so verzweifelt, denn mal eben einen Arzt rufen, war doch nicht drin. Rudi nahm die Kinder und ließ mich bei einer Nachbarin, die auf mich aufpaßte. Nach Stunden kam er wieder. Er packte mich in alle Decken, die wir hatten, und trug mich auf einen Handkarren. Auf diesem Handkarren fuhr er mich ins Krankenhaus, und da mußte ich liegenbleiben bis zum Frühjahr 1948.«

Während ihrer Zeit im Krankenhaus hatte Lotte viel Zeit, Zeitungen zu lesen oder auch ab und zu Radio zu hören, und so war sie über die politische Entwicklung gut im Bilde. Am 9. Februar 1948 trat die amerikanisch-englische »Verordnung über die Verwaltung des Vereinigten Wirtschaftsgebietes« (Bizone) in Kraft, an deren Spitze ein Wirtschaftsrat stand. Vorsitzender war der ehemalige Kölner Oberbürgermeister Dr. Hermann Pünder. Während Pünder sich der Verwaltung der Bizone widmete, hatte sein Nachfolger in Köln, Dr. Ernst Schwering, ganz andere Probleme, denn es fehlte an allem, und die Versorgung der Bevölkerung konnte nur mit strenger Zwangsbewirtschaftung gewährleistet werden.

Alle Gegenstände des täglichen Bedarfs — auch Lebensmittel — gab es nur auf Bezugsscheine bzw. Karten. Diese Lebensmittelkarten gab es für vier Wochen, und damit konnte jeder die ihm zustehenden Lebensmittel für einen festgesetzten Preis zahlen. Falls es überhaupt etwas gab, und — wie Lotte nach ihrer Entlassung aus dem Krankenhaus feststellen mußte — es gab kaum etwas. Im Nachhinein war ihre Zeit im Krankenhaus für sie wie ein Urlaub, denn sie brauchte sich weder um ihre Ernährung noch um die ihrer Kinder zu kümmern.

»Also ich muß schon sagen, ich war entsetzt, als ich aus dem Krankenhaus kam — es war noch weniger da als vorher. Zum Glück hatte ich wieder Arbeit, was auch nicht normal war, denn Frauen wurden schon zu dieser Zeit langsam aus ihren Berufen gedrängt. Zum Glück hatte ich auch noch 300 Reichsmark gespart, und die wollte ich für meine Kinder auf den Kopp hauen, vielleicht auch aus einem schlechten Gewissen, weil ich so lange nicht da war. Aber wo sollte ich in Köln 300 Mark auf den Kopp hauen? Natürlich auf der Hohe Straße und Umgebung! Ja, da hab ich doch gestaunt. Weder in den Schaufenstern noch in den Regalen lag was. Ich bin gerast von Pontius zu Pilatus — aber nix. Was es gab, waren Lampenschirme und so blöde Holzteller. Sonst nix. Meine Kinder konnten doch nichts anfangen mit so einem Quatsch. Was hab ich gemacht? Ich hab aus Wollresten und Knöpfen Puppen gemacht, und von dem Geld, was ich nicht ausgeben konnte, bin ich zum Schwarzmarkt und hab ein Brot für 200 Mark gekauft. Am Abend saß ich so mit Rudi zusammen und hab gedacht: Mein Gott, wie lange hält der das noch aus, nur noch Haut und Knochen. Wir sprachen darüber, daß von einer Währungsreform gemunkelt wurde. Keiner wußte damals, was das so richtig sein konnte. Aber über eines waren wir uns einig: Es konnte nur noch besser werden.«

Die allgemeine Spannung löste sich, als der ehemalige Oberbürgermeister, Dr. Pünder, am 18. Juni über Rundfunk bekanntgab, am Sonntag, dem 20. Juni, sei der Tag der Währungsreform. Ausdrücklich erwähnte er, daß die Währungsreform durch Militärgesetze verordnet sei, aber deutsche Sachverständige hätten an dieser Reform mitgearbeitet. Tatsächlich war diese Währungsreform das Werk der Amerikaner.

Zwar hatten sich 1946 die vier Siegermächte auf die Einführung einer neuen Währung in ganz Deutschland geeinigt, aber dann kam es zu einem Streit über den Druckort und über die Mengen des gedruckten Geldes. Die Auseinandersetzung fand hauptsächlich zwischen Amerikanern und Sowjets statt, und die Verhandlungen zogen sich bis in den Herbst 1947. Dann berichtete der amerikanische Geheimdienst, daß die Sowjetunion bereits eine neue deutsche Währung drucke und eine eigene, vom Westen unabhängige Reform plane. Daraufhin ließ der amerikanische Militärgouverneur General Clay in Amerika schnell — und streng geheim — soviel Geldscheine drucken, daß jederzeit in allen drei Westzonen eine Währungsreform durchgeführt werden konnte. Insgesamt wurden 915 Tonnen in Frankfurt eingelagert.

Unabhängig davon gingen im Alliierten Kontrollrat die Verhandlungen über eine gemeinsame Währungsreform in allen vier Besatzungszonen weiter. Doch es kam zu keiner Einigung. Am 20.3.1948 war es dann soweit: Die sowjetische Delegation verließ den Alliierten Kontrollrat. Damit hatten die Amerikaner den gewünschten Vorwand, um in den drei Westzonen eine separate Währungsreform durchzuführen.

Schnell wurden in den USA Riesenmengen von deutschen Banknoten gedruckt und nach Bremen gebracht. Während sich in einer Kassler Kaserne deutsche Währungsfachleute — die von den Amerikanern sorgfältig überprüft wurden — trafen, um Gesetze und Bestimmungen dieser Währungsreform zu entwickeln, wurde das Geld in allen Westzonen verteilt. Nach nur 49 Tagen stand dann das Datum fest: Am 20. Juni 1948 sollte jeder Deutsche in den Westzonen 40 Reichsmark in 40 Deutsche Mark umtauschen dürfen.

»Am 18.6. — das war ein Freitag — so kurz vor Feierabend kam plötzlich meine Schwägerin um die Ecke gerannt, und ich dachte als erstes, mit den Kindern ist etwas passiert. Ich war sofort voller Angst und lief auf Christa zu. Doch die hatte nichts Wichtigeres mitzuteilen, als daß der olle Pünder 'ne Ansprache im Radio gehalten hätte. Ich war beruhigt und fragte sie, was daran denn nun so wichtig wäre, daß sie hier angerast kommt. Na ja, ab Sonntag gäb es neues Geld, und wir sollten alles umtauschen. Also für mich war das keine Sensation in dem Sinne. Ich hab nur gedacht, ob ich nun Reichsmark bezahle oder anders, ist Jacke wie Hose. Wichtig ist doch, was wir dafür kriegen. Und zu diesem Zeitpunkt hatte ich doch keine Ahnung, was am Montag in den Geschäften lag. Ich hab ganz ruhig meine Arbeit beendet und bin dann mit Christa nach Hause. Rudi wußte auch nichts Näheres, doch er erhoffte sich schon einiges von der Währungsreform. Am nächsten Tag konnten wir alles in der Zeitung lesen und wußten nun, daß jeder Deutsche 40 RM in 40 Deutsche Mark eintauschen konnte. Und wo man hingehen mußte. Wie jeden Abend haben wir uns mit unseren Nachbarn unten im Hof getroffen, und das einzige Gesprächsthema war die Währungsreform. Unter uns gab es einige, die noch nicht einmal die 40 Reichsmark hatten, um dafür das neue Geld einzutauschen. Am schlimmsten traf es wohl Frau Brüggemann, eine 80jährige Witwe, denn die hatte überhaupt kein Geld. Was sollte denn mit solchen Menschen passieren, die überhaupt nichts hatten? Ein anderer Nachbar kannte einen, der wiederum noch einen kannte, der in Schiebergeschäften Bescheid wußte, und den sollte man doch mal um Rat fragen. Ich hatte ja meine Bedenken, denn mit solchen Halunken macht man doch keine Geschäfte, doch ich war die einzige, die die Idee blöd fand. Frau Brüggemann ging also nach oben und suchte in ihrer Wohnung nach irgendwas, was sie an dem Abend noch tauschen konnte. Es war nicht viel, und sie ging mit unserem Nachbarn ziemlich bekümmert weg. Nach zwei Stunden ungefähr war sie wieder da: mit 40 Reichsmark in der Tasche und glücklich. Auf dem Schwarzmarkt hatte ihr so ein Schieber die 40 Reichsmark gegen eine Gebühr geliehen, die sie nach Erhalt des Gelds bezahlten sollte. Wie hoch diese Gebühr sein sollte, hatte sie nicht gefragt, die war nur froh, etwas Geld zu haben. Aber sie hatte noch eine Merkwürdigkeit beobachtet:

Zwei Straßen weiter gab es drei Geschäfte — Haushaltswaren, Lebensmittel und ein Schuster. Und davor standen Lastwagen. Da wir noch kein Fernsehen hatten, waren wir für jede Ablenkung dankbar, und einige von uns schlichen los, um zu spionieren. Ich auch. Also, vor dem Lebensmittelladen konnten wir beobachten, daß da Kartons und Kisten hineingeschleppt wurden, und ich schwöre, wir sind nicht drauf gekommen, was die da wohl reintrugen.

Am anderen Morgen gingen wir in aller Herrgottsfrühe los. Jeder mit 40 Reichsmark in der Hand und einem euphorischen Gefühl, weil wir glaubten, an einem historischen Ereignis beteiligt zu sein. Rudi hatte sich sogar einen Anzug angezogen und ich mein einziges Kleid. Wir gingen zu einer provisorischen Umtauschstelle, wo auch ein Nachbar mit aushalf. Dort trafen wir Hinz und Kunz, genau wie wir bestens gelaunt. Trotz größtem Gedränge war die Stimmung wie zu Karneval, richtig ausgelassen, und das Warten fiel niemandem schwer. Die Kinder tobten auf den Fluren herum, und wir saßen in Grüppchen oder standen Schlange. Endlich waren wir an der Reihe, und stolz legten wir unser Geld auf den Tisch, und in Nullkommanix hatten wir unsere ersten Deutschen Mark. Ich war so verrückt und hab dran gerochen, und als ich Rudi sagte, daß ich auch anders riechen würden, lachte er mich aus und erklärte mich für währungsverrückt. Auf dem Nachhauseweg trafen wir auch Frau Brüggemann, die nicht ganz so glücklich war, denn von ihren 40 Mark mußte sie gleich 25 abgeben an diesen Schieber und in einer Frist von einer Woche die restlichen 15 Mark. Gott, tat die mir leid. Aber in dieser Zeit, genau wie heute, war sich jeder selbst der Nächste, auch wenn die Alten das heute nicht wahrhaben wollen.

Am nächsten Tag liefen uns sowieso die Augen über, das kann man sich doch gar nicht vorstellen. Ich bin ja noch ganz locker zur Arbeit gefahren und zwar so früh, daß noch kein Geschäft offen war. Auf der Arbeit haben wir uns gegenseitig unser Geld gezeigt. Ich hatte 10 Deutsche Mark mitgenommen und wollte am Nachmittag mal sehen, was ich dafür kaufen konnte. So um 10 Uhr haben wir immer Pause gemacht und uns meistens auf den Steinen ausgeruht, aber heute liefen wir am Neumarkt die Straßen ein wenig rauf, einfach nur so, und da hab ich doch gedacht, ich werd verrückt: Die Schaufenster, alles war voller Waren. In einem Haushaltsgeschäft zum Beispiel, wo es seit Wochen weder Einmachringe noch Lampen noch sonst was gab, lagen Radios, und in einem Lebensmittelgeschäft lagen Würste, Obst und Käse. Ich wollte es nicht glauben — alles war voll. Wir standen davor und haben Bauklötze gestaunt, und dann hab ich eingekauft: Ein Pfund Bohnenkaffee für vier Deutsche Mark und ein halbes Pfund Butter für 3,50. Nach Feierabend bin ich zu meiner Schwägerin gefahren, und wir beide haben echten Bohnenkaffee und eine Scheibe Stuten mit Butter dazu gegessen. Und wenn ich es mir heute so richtig gutgehen lassen möchte, trinke ich Bohnenkaffee und esse eine Scheibe Stuten mit Butter. Verrückt, aber verständlich. Christa hatte mir erzählt, daß sie richtige Lederschuhe gesehen hatte für 65 DM und Kleider für 45 Mark. Es war wirklich nicht zu fassen, denn am Samstag gab es noch nichts, absolut nichts, und jetzt alles. Wie war so etwas nur möglich?

Als die Kinder im Bett waren, haben Rudi und ich uns darüber unterhalten, was wir alles gesehen hatten. Rudi war mit einem Kollegen sogar in einer Kneipe, wo auf der Speisekarte Hähnchen und Fisch angeboten wurden. Zwar zu horrenden Preisen, aber es gab genug Menschen, die sich das wieder leisten konnten. Uns war es an diesem Abend schon klar, daß diese Losung, wir alle würden bei Null wieder anfangen, und jeder hätte die gleichen Chancen, nicht stimmen konnte. Und diese Vermutung wurde dann auch später durch Ereignisse in unserer unmittelbaren Nachbarschaft bestätigt.

Wir sind dann früh ins Bett, und als ich schon dalag, kam Rudi herein und fragte mich, ob ich mich an sein Versprechen erinnern würde, das er mir am Samstagabend gegeben hätte? Ja, ich erinnerte mich. Rudi hatte mir versprochen, vom ersten Geld ein Paar Strümpfe für mich zu kaufen. Und genau die packte er jetzt aus.«

In den nächsten Tagen erfuhren die Deutschen immer mehr Einzelheiten über die Währungsreform, und langsam relativierte sich das Bild vom Gleichheitsprinzip. Viele Menschen verloren praktisch über Nacht ihr Vermögen, weil die Guthaben auf den Sparkassen 1:10 getauscht wurden, aber auch die Schulden und Hypotheken wurden auf ein Zehntel zusammengestrichen. Diese Begünstigung der Haus- und Grundbesitzer gegenüber den Sparern, Mietern und Pächtern sollte durch den Lastenausgleich und durch eine Vermögensabgabe von 50 Prozent sowie durch Abgabe der Hypotheken- und der Kreditgewinne behoben werden. Nur wurden die zu leistenden Abgaben auf 30 Jahre verteilt und brauchten nicht aus dem Vermögen bezahlt zu werden. Sie ließen sich also bequem aus dem laufenden Einkommen entrichten. Die Reform vollzog sich also nach dem Grundsatz: Je mehr einer besaß, desto mehr Rücksicht wurde auf ihn genommen. Denn schon bald stieg Haus- und Grundbesitz im Wert. Die Masse der Deutschen, um ihre Ersparnisse geprellt und mit einem durchschnittlichen Wochenlohn von 48 DM, konnte von dem plötzlich reichhaltigen Angebot an bislang zurückgehaltenen Waren kaum Gebrauch machen, zumal die Preise rapide in die Höhe schnellten. Einen Tag nach der Währungsreform kostete ein Pfund

Bohnenkaffee durchschnittlich 3,50 DM. Innerhalb weniger Tage stieg der Preis auf 14 DM.

»Es war natürlich toll, daß es wieder alles gab, nur merkten wir sehr bald, daß wir uns das Wenigste davon leisten konnten. Denn der gute Kaffee kostete am Mittwoch nach der Währungsreform schon 12 Mark in Köln. Gemüse, zum Beispiel Gurken, kosteten 60 Pfennig, es wurde bald alles wieder zu teuer. Wobei wir noch nicht einmal meckern konnten, da wir ja beide Arbeit hatten. Ich verdiente immerhin 36 Mark und Rudi 45 Mark die Woche, aber wir hatten auch zwei Kinder. Viel schlimmer erging es doch den Leuten, die sich mühsam etwas erspart hatten und jetzt nichts hatten. Der Schwiegervater meines Bruders zum Beispiel. Der kam 1946 aus Mecklenburg nach Köln mit einer kranken Frau und zwei erwachsenen Kindern und hatte doch nichts von zu Hause mitbringen können. Bevor die geflüchtet sind, haben die noch viel verkauft und blöderweise alles für Reichsmark. Die standen also hier und hatten außer ihren Kleidern nur noch einen Tisch und eine schöne alte Uhr, von der sich Opa Nolte, so hieß der, nicht trennen konnte. Dafür hatte er in einem Koffer 16 000 Reichsmark, die er für den Verkauf seiner Pferde und seines Hofes bekommen hatte. Die hat er dann auf Drängen meines Bruders sofort zur Bank gebracht und wollte sie dazu benutzen, hier wieder eine kleine Pferdezucht aufzubauen. Wir haben immer über ihn gelacht und über seine verrückte Idee, aber er hatte doch immerhin seinen Traum. Und diesen Traum hatte man ihm über Nacht genommen, da war keine Zukunft mehr. Am Dienstag, als ich meine Kinder von Christa abholte, hab ich ihn zum letzten Mal gesehen. Er saß auf einem Stuhl in der Küche, kerzengrade und seinen Koffer auf dem Schoß. Ich sagte: ›Na, Opa Nolte, wie geht es denn so?‹ und hab ihm einen Kuß gegeben. Da hat der meine Hand genommen und gesagt: ›Das wars, Lottchen, das wars‹.

Ich wußte genau, was er damit meinte, aber ich wußte doch auch nicht, wie ich ihm helfen sollte. Ich fragte: ›Opa Nolte, was meinste denn damit? Jetzt geht es doch richtig los, mit allem‹. Doch er schüttelte den Kopf, ganz traurig, und weinte. Mein Gott, was habe ich in diesem Moment alles für diesen lieben Mann empfunden! Und seine kranke Frau keifte im Hintergrund immer rum und machte ihm Vorwürfe. Warum er nicht ein Grundstück gekauft hatte, statt auf Gäule zu setzen und so. Doch er reagierte überhaupt nicht mehr. Wenn ich jemals ein Bild malen müßte, in dem Hoffnungslosigkeit, Trauer und unendliche Einsamkeit dargestellt werden müßten — ich würde immer diesen Mann malen.

Ich hab mich dann davongeschlichen und mich aber ganz lieb von ihm verabschiedet. Mit so einem blöden Spruch wie ›Wird schon wieder werden‹. Am anderen Abend war er tot. Er hat sich einfach aus dem Fenster geschmissen. Meine Schwägerin erzählte mir, daß er in sein Zimmer gegangen wäre, und dann hat seine Frau geschrien. Als sie alle reinliefen, stand das Fenster offen, und die Mutter lag schreiend im Bett. Davon hab ich noch oft geträumt.

Aber das war beileibe kein Einzelfall, man hat es überall lesen können, nur heute will es ja keiner mehr wahrhaben. Zumindest diejenigen, die vor dem Krieg Geld hatten und nach der Währungsreform auch wieder. Die erzählen das Ammenmärchen ja heute immer noch. Und als ich diese schreckliche Geschichte auf der Baustelle erzählte, konnte jeder von so einem Schicksal erzählen, und wie wir so erzählten, wurden wir immer froher, daß es uns nicht traf, denn wir hatten zumindest Arbeit. Und ich hab mir geschworen, daß das auch so bleibt. Denn daß ich nur Hausfrau und Mutter werden wollte, konnte ich mir überhaupt nicht vorstellen. Nur, wielange ich auf Baustellen arbeiten konnte, war ja auch nicht so klar, denn ewig würde das doch nicht so weitergehen, irgendwann würde diese

Stadt wieder aufgebaut sein. Ich betete für mich, daß es noch lange in Köln Trümmer geben sollte.

Im Sommer '48 hatten wir beide noch Arbeit, und ab und an konnten wir uns auch eine Sonderration leisten. Ich weiß noch, am ersten Wochenende nach der Währungsreform sind Rudi, die Kinder und ich mit der Straßenbahn zum Dom gefahren und haben uns Schaufenster angeguckt und unseren Kindern gezeigt, was es alles gibt. Die hatten ja keine Ahnung, was man mit Geld alles kaufen konnte. Mein Sohn, der war damals sieben Jahre alt, stand vor einem Schaufenster und besah sich eine Dampfmaschine, die richtig Dampf ausspuckte. Und da sah er mich an und fragte: ›Mama, kann man die richtig kaufen?‹ Ich antwortete mit ›Ja‹ und er ›Dann kauf' mir die‹. Ich hab ihm versprochen, daß er die irgendwann einmal bekommt, und als er zwölf Jahre alt war, habe ich ihm die Dampfmaschine gekauft. Das einzige, was wir an dem Tag kaufen konnten, war für jedes Kind ein Lutscher und für uns ein Glas Kölsch in einer Kneipe. Wir saßen da und tranken unser Bier, die Kinder lutschten, und wir alle waren richtig glücklich. Unser Ältester erinnert sich heute noch an diesen Ausflug, so sehr hat ihn der beeindruckt.«

Bald wurde ein Stadtbummel für Lotte und ihre Familie ein ganz seltener Luxus, und die Tasse Bohnenkaffee wurde nur an besonderen Feiertagen serviert, denn die Preise stiegen mit einer unglaublichen Schnelligkeit. So bezahlte Lotte im Juli für einen Kopf Salat 45 Pfennig und im August bereits 60 Pfennig. Auf der anderen Seite erhöhten sich die Löhne bis zum Ende des Jahres 1948 um 4,5%, doch die Lebenshaltungskosten lagen in der zweiten Jahreshälfte bereits um 18,3 Prozent über dem Stand des ersten Halbjahres, und sie stiegen weiter.

Die Gewerkschaften, so wurde immer wieder angemerkt, hielten sich mit höheren Lohnforderungen zurück, um für eine Wiederbelebung der deutschen Wirtschaft zu sorgen. Trotzdem wurden die Arbeiter und Arbeiterinnen immer unzufriedener, weil sie immer weniger für ihr Geld bekamen und auch enttäuscht waren, daß Gewerkschaften und die SPD bei der Ausarbeitung einer Verfassung nur sehr halbherzig ihre antikapitalistischen Forderungen vertraten. Rudi wurde neben seiner Tätigkeit auf dem Bau gewerkschaftlich sehr aktiv und setzte sich besonders für Verbesserungen einzelner Arbeitsabläufe, für bessere Schutzvorkehrungen und soziale Gerechtigkeit ein. Lotte sagte immer: »Mein Gerechtigkeitsapostel«, war aber doch ganz zufrieden, denn auch sie wurde immer bewußter und hellhöriger. Ganz besonders beschäftigte sie die Doppelbelastung der Frauen und deren Benachteiligung am Arbeitsplatz.

»Mit der Zeit hab ich mich natürlich auch für gewerkschaftliche Positionen interessiert, und ich fand nicht alles in Ordnung. Wenn ich nur daran dachte, wie beschissen sich gerade die Gewerkschaften verhielten, als es darum ging, bessere Lohnforderungen einzubringen oder für eine Einheitsgewerkschaft zu plädieren. Aber ich fand eine Gewerkschaft ungeheuer wichtig und erzählte immer auf der Arbeit von den Vorzügen eines Betriebsrats und einer Vertretung der Frauen. Ich arbeitete mittlerweile bei einer Baufirma, die Häuser renovierte — also Maurerarbeiten und auch Malerarbeiten. Alles Arbeiten, die ich kannte, und doch wurde ich schlechter bezahlt — zu einem Drittel übrigens — als die Männer. Ungerecht fand ich das zwar immer, aber zuerst habe ich gedacht, daß die männlichen Kollegen vielleicht Facharbeiter wären und eben einen anderen Tarif hätten. Da habe ich mir natürlich selber einen vorgemacht, weil mein Rudi als ungelernter Bauarbeiter ja auch mehr bekam als ich. Und eines Tages in der Straßenbahn kam die Erleuchtung oder besser gesagt die Erkenntnis: Jetzt mußt du dich wehren! Ich stand da in der Bahn, hielt mich an einem Bügel fest und mußte plötzlich lächeln, weil ich ja nun alles genau wußte. Mein Nachbar sah mich interessiert an und faßte sich an die Stirn. Ich stieg aus. Am Neumarkt baute unsere Firma gerade ein Haus auf, und von den rund 30 Arbeitern dort waren mittlerweile nur noch 4 Frauen. Ich habe dann erstmal gar nichts gesagt und mich umgezogen. Alte Trainingshose, alten Pullover und unser Trümmertuch. Dann habe ich mich beim Bauführer gemeldet, der uns für die wöchentliche Arbeit einteilte. Herr Nierens, das wußte ich, war Polier und seit langen Jahren bei dieser Firma beschäftigt. Scheinheilig fragte ich ihn, ob er denn mit mir als Bauhilfsarbeiterin zufrieden sei und ob ich meine Arbeit gut schaffen würde. Der sah mich ganz erstaunt an und meinte nur, daß ich ja sonst wohl nicht bei ihnen arbeiten würde. Mehr wollte ich nicht hören und ging in die erste Etage, wo wir — vier Männer und ich — neue Wände ziehen sollten. Den ganzen Tag hab ich mir aufgeschrieben, was ich und auch die Männer arbeiteten, und am Nachmittag habe ich meine Kolleginnen gefragt, was sie den Tag über gemacht hatten. Es war bei ihnen wie bei mir, sie hatten genauso geschafft wie die Männer. Am Abend habe ich dann Rudi von meinen Beobachtungen erzählt und gesagt, daß das die größte Ungerechtigkeit wäre und ich dagegen angehen wollte. Tja, und da kannte ich meinen Rudi nun überhaupt nicht mehr wieder. Der sagte doch, daß wir froh sein sollten, überhaupt Arbeit zu haben, und selbst wenn wir das gleiche tun, so wäre es doch etwas anderes. Schließlich wären die Männer ja Familienväter, und sie würden auch schneller arbeiten. Ich fragte: ›Woher weißt du denn das?‹ Ja, das wüßte er auf jeden Fall von ihm selbst, denn wenn er eine Mauer hochziehen würde, ginge es schneller und besser. Damit war ich nun überhaupt nicht einverstanden, und ich wurde immer entschlossener, dagegen etwas zu unternehmen. Am nächsten Tag habe ich mit meinen Kolleginnen darüber gesprochen und sie gefragt, ob sie gemeinsam mit mir zur Geschäftsleitung gehen würden, um dort nach einer Angleichung der Gehälter zu fragen. Doch da kamen die Gegenargumente: Wenn sie jetzt gekündigt würden, gäb' es keine neue Arbeit mehr und obendrein noch Ärger mit ihren Männern. Aber ich sollte ruhig gehen, und das habe ich auch gemacht. Allerdings habe ich noch eine Woche in meinem Notizbuch alles genau aufgeschrieben, was der und der alles arbeitete. Ich habe mir dann einen Termin bei unserem Chef geben lassen und bin mit meinem Notizbuch in der Tasche und im Kleid zu dem hin. Der war zuerst auch ganz freundlich und bat mich sehr höflich, doch Platz zu nehmen und mir meine Sorgen von der Seele zu reden. Ich hab dann angefangen, daß ich sehr gerne auf dem Bau arbeiten würde und besonders bei ihm, daß ich aber festgestellt hätte, daß wir Frauen viel schlechter bezahlt würden als unsere männlichen Kollegen. Ich legte ihm mein Notizbuch vor, und er blätterte es ganz angestrengt durch, schlug es zu und gab es wortlos zurück. Dann verschränkte er die Arme und sagte: ›Na und?‹ Ich war sprachlos, denn ich hatte doch etwas anderes erwartet. Zwar keine Zustimmung oder die Bereitschaft, sofort etwas zu ändern, sondern erst einmal Erklärungen. Stattdessen dieses blöde ›Na und?‹. Dann stand dieser arrogante Pimpf auf, holte sich eine Zigarettendose vom Schreibtisch, machte sie auf und bot mir eine Zigarette an. Ich nahm eine, und er gab mir dann Feuer. Wir rauchten schweigend und dann er: ›Liebe gnädige Frau, wären Sie vor einem Jahr zu mir gekommen und hätten damals nach mehr Lohn gefragt, hätte ich es mir überlegen können, weil es einfach keine Arbeitskräfte gab. Aber heute? Heute brauche ich nur auf die Straße zu gehen und finde für eine Frau sofort vier Männer, die für mich arbeiten würden. Und ich muß Ihnen sagen, daß die vielen arbeitslosen Männer nach den schweren Kriegsjahren und der Gefangenschaft doch wohl mehr Anspruch haben auf einen Arbeitsplatz als Sie, und ich überlege mir schon die ganze Zeit, ob es nicht verantwortungsvoller wäre, Männer wieder einzustellen. Denn bei Ihnen weiß ich doch, daß Sie einen gutverdienenden Mann zu Hause haben‹. Schluß. Ich steckte mein Notizbuch ein und stand auf. Der wollte uns entlassen, doch das wollte ich mir schon überhaupt nicht gefallen lassen. Meinen Kolleginnen habe ich erst einmal nichts erzählt, sondern mich erst einmal mit Rudi beraten, der natürlich stinksauer war. Aber nur, weil ich so forsch gewesen bin. Trotzdem haben wir uns erkundigt und mußten feststellen, daß der uns sehr wohl entlassen konnte, sobald dieses Haus am Neumarkt fertig war. Die Verträge liefen immer nur für eine bestimmte Baustelle, und ich wußte auch, daß es dann ganz schwer werden würde, wieder Arbeit zu finden, denn die Arbeitslosigkeit stieg so schnell wie die Preise — vor allem bei den Frauen. Ich war enttäuscht und wütend, weil ich hier zum ersten Mal deutlich erlebte, wie wir Frauen doch immer wieder nach Bedarf benutzt wurden. Erst wurden wir in der Rüstungsindustrie eingesetzt, dann kam das Pflichtjahr, und nach dem Krieg durften wir wieder arbeiten. Sobald Männer wieder da waren, wurden wir ins Abseits gedrängt, wie Sachen wurden wir hin- und hergeschoben, und die meisten Frauen ließen es auch geduldig mit sich machen. Ich ja übrigens auch. Aber diesmal wollte ich nicht nachgeben und sprach mit meinen Kolleginnen und später auch mit meinen Kollegen über mein Gespräch mit dem Inhaber unserer Klitsche. Erstaunlicherweise waren die Männer voll auf unserer Seite, nicht zuletzt auch dadurch, weil wir schon so lange zusammen arbeiteten. Wir beschlossen, daß ein männlicher Kollege und ich noch einmal zu diesem Menschen gehen würden, allerdings ohne die Forderung nach gleicher Bezahlung. Das Gespräch lief dann zwischen den beiden Männern ab und als Ergebnis kam raus, daß er nicht vorhatte, grundsätzlich die Kolleginnen und mich zu entlassen, sondern daß er es von der weiteren Auftragslage abhängig machen wolle. Als wir draußen auf der Straße standen, klopfte mir mein Kollege auf die Schultern und meinte, das wäre doch ein Erfolg. Ein Erfolg mit einem schalen Geschmack — für mich jedenfalls. Doch ich hatte immerhin noch Arbeit.«

Bald danach kam noch mehr Arbeit, denn im August sollte das 700. Jubiläum der Grundsteinlegung des Kölner Doms gefeiert werden. Eingeladen waren nicht nur alle Kölner, sondern vor allem ausländische Gäste, und damit auch alles schön und termingerecht fertig wurde, arbeiteten die Baukolonnen bis spät in die Nacht hinein, um die letzten Trümmer zu beseitigen. Rudi wurde sogar für Arbeiten im Dom selbst eingesetzt, was für einen Kölner eine ehrenvolle Aufgabe war. Lotte arbeitete täglich nach Feierabend rund drei Stunden, um die Zugangswege von den Trümmern zu befreien. Dadurch bekam sie noch zusätzliches Geld, und auch sie freute sich auf dieses erste große Fest nach dem Krieg. Die ganze Stadt war im Domfieber und an allen Plätzen wurde aufgeräumt und geputzt. Die Postverwaltung gab Sonderbriefmarken heraus, und der Erlös ging an den Zentral-Dombauverein, dessen Gelder durch die Währungsreform entwertet worden waren und der deshalb einen Kredit von über 650 000 Mark aufnehmen mußte. Die Stadt gab eine Festschrift heraus mit dem Titel »Köln und sein Dom«.

In den Messehallen wurde eine internationale Ausstellung »Christlicher Kunst der Gegenwart« unter Beteiligung vieler französischer, österreichischer, schweizerischer und schwedischer Künstler vorbereitet, und die Städtischen Bühnen führten die »Domfestspiele 1948« auf.

»Rudi arbeitete seit längerer Zeit schon in unserem Dom, der bis zum August so einigermaßen fertiggestellt werden mußte, damit die Feier auch planmäßig über die Runden gehen konnte. Nach meinem Theater auf der Arbeit war ich dann ganz froh, als ich noch nebenher vor dem Dom gegen Bezahlung Trümmer wegräumen konnte. Mit uns arbeitete auch eine Ordensschwester von den Karmeliterinnen, die unheimlich witzig und richtig komisch war. Sie war es auch, die mir meine Abneigung gegen alles Kirchliche nahm, und ich dachte, es gibt also doch noch Menschen unter diesen ganzen Heiligen. Die Schwester konnte zum Beispiel alle Karnevalslieder, und mitten im August schmetterten wir Kölsche Jeckenmusik. Es war schon eine tolle Stimmung vor dem Domjubiläum, die am 8. August ihren ersten Höhepunkt hatte. Denn da läuteten alle Glocken der katholischen und evangelischen Kirchen das Domjubiläum ein. Wir standen auf dem Domplatz und hörten diesem Gebimmel zu, und jeder, wirklich jeder, war ergriffen und bewegt. Diese Glocken verhießen doch wohl auch Frieden und Freiheit, ein Gefühl, das zwar schon da war, aber hier konnten alle Kölner es noch einmal hören.

Der 13. August 1948 war für Rudi und für mich sowieso ein ganz besonderer Tag, weil da nämlich die Grundsteinlegung zweier Siedlungen stattfand. Die eine linksrheinisch und die andere rechtsrheinisch — die Bruder-Klaus-Siedlung, wo wir später wohnen wollten, das Bauland hatten übrigens die Kirchengemeinden in Erbpacht zur Verfügung gestellt. Das war schon ein tolles Gefühl, bei einer Grundsteinlegung dabeizusein und zu denken: Hier wirst du irgendwann wohnen können, und alles wird neu und schön sein. Am Abend haben wir dann mit unserer Familie unsere eigene kleine Feier gehabt, mit Kartoffelsalat und Kölsch. Das war zwar nicht ganz so feierlich, dafür aber umso lustiger. Ich hab getanzt und gegessen und getrunken wie schon lange nicht mehr und war in einem tollen Rausch. Diese ganzen Tage waren eigentlich ein einziges Fest, denn überall waren Konzerte und Theateraufführungen, und auf den Straßen und Plätzen war es voll von Menschen, die so gerührt und fröhlich waren wie wir. Am Samstagnachmittag zum Beispiel war ich noch auf den Straßen, um mit einigen Frauen Blumen zu stellen, und da läutete zum ersten Mal wieder die Petersglocke vom Dom, und die Männer nahmen ihre Hüte ab und hörten schweigend zu. Und keine der Frauen, die vor Rührung weinen mußten, schämte sich ihrer Tränen. Der Dom, das war eben unser Symbol für Köln. Diese Stadt, die wir alle so liebten.

Am Sonntag war ja der eigentliche Geburtstag, und praktisch unser ganzes Haus zog zum Heumarkt. Hier standen wir alle dichtgedrängt und lauschten schon wieder dem Läuten aller Kirchen und Kapellen Kölns. Dann begann die Prozession mit den Schreinen der Kölner Heiligen, die über den Alter Markt bis zum Dom getragen wurden. Unser alter Kardinal Frings trug den Dreikönigenschrein, der auch evakuiert gewesen war, wieder in den Dom zurück. Als Frings den Schrein an uns vorbeitrug, sangen ein paar junge Männer ›Der iss auch zoo Foß no Kölle jejon‹. Frings drehte sich zwar nicht um, aber er mußte doch lachen. Es war einfach schön und sehr ergreifend. Rudi und ich nahmen dann noch an dem feierlichen Pontifikalamt teil, das ein Abgesandter des Papstes abhielt. Ich saß mit Rudi ganz hinten, und er starrte immer nach oben und flüsterte mir dann zu, daß diese Mauern da oben, von ihm eigenhändig gebaut wurden. Wenn ich heute mal wieder in den Dom gehe, muß ich immer nach oben sehen und Rudis Mauern betrachten, und dann denke ich immer an diese schöne Feier in unserem Dom.

Am Nachmittag fand dann im Stadion eine Kundgebung mit über 100 000 Menschen statt. Da wurden Ansprachen gehalten, es wurde gesungen und auf den Rängen getanzt, denn die Kölner machen selbst aus einem kirchlichen Fest noch eine Karnevalsveranstaltung. Und ich weiß von vielen Kölnern, die dabei waren, daß es immer hieß: ›Noch e Domfess — un Kölle es widder do‹!«

Überhaupt schien das Domjubiläum eine Signalwirkung für

die Stadt zu haben. Am 8. September nahm das Kölner Hänneschen in der Universität seinen Spielbetrieb wieder auf. Am 26. Oktober eröffnete das Rautenstrauch-Joest-Museum wieder seine Räume mit einer Ausstellung unter dem Titel »Exotische Kunst«. Und am 20. August wurde die Deutzer Brücke vom Kardinal Micara aus Rom geweiht, und ihre Freigabe für den Verkehr erfolgte am 16. Oktober. Für Lottes Familie gab es allerdings viel einschneidendere Ereignisse: Rudi wurde Abteilungsleiter einer großen Baufirma und in den Innendienst befördert, was der Familie fast 100 Mark mehr Lohn im Monat einbrachte. Doch die Freude hielt nicht lange an, denn zwei Monate später war die Firma pleite und Rudi stand auf der Straße. Jetzt lebte die Familie nur noch von Lottes Gehalt und dem wenigen Geld, das Rudi als Unterstützung bekam. Und im August merkte Lotte, daß sie schwanger war.

»Während des Domjubiläums waren wir alle wie beseelt, und vor allem Rudi und ich hatten das Gefühl, daß wir auf der Treppe zum Erfolg waren und uns nichts mehr umhauen konnte. Ich habe ja weiter am Neumarkt gearbeitet, und die Arbeit hat mir, obwohl sie wirklich sehr schwer war, doch auch Spaß gemacht. Zum ersten Mal in meinem Leben war ich ja richtig erwerbstätig. Ich hatte zwar eine Lehre als Verkäuferin in einer Drogerie gemacht und auch ein Jahr noch gearbeitet, aber als ich dann Rudi geheiratet habe, war es damals doch selbstverständlich, daß verheiratete Frauen nicht mehr arbeiten gehen. Und ich fand das damals auch völlig in Ordnung, vor allem als dann mein Sohn geboren wurde. Wenn der Krieg nicht dazwischen gekommen wäre, würde ich ja immer noch zu Hause sitzen und mich als Mutter und Hausfrau langweilen. Aber 1948 war ja alles anders. Zuerst gab es ja überhaupt keine Alternative. Frauen mußten ja arbeiten, um überleben zu können, und außerdem wäre mir doch zu Hause die Decke auf den Kopf gefallen. Horst ging bereits zur Schule, und Karin ging in einen kirchlichen Kindergarten und kam mittags erst nach Hause. Es war also in dieser Hinsicht alles zum Besten bestellt, mal abgesehen von unserer finanziellen Situation, die alles andere als rosig war. Zwar verdienten wir ja beide, aber die Mieten stiegen, und die Lebensmittel, Kleidung usw. wurden auch immer teurer. Eines Nachmittags kam Rudi zu mir auf die Baustelle und begrüßte mich sehr überschwänglich. Ich fragte ihn, warum er denn hierher gekommen sei, und er druckste fürchterlich rum und meinte dann, er wolle mich mal bei meiner Arbeit beobachten, ob ich auch alles richtig mache. Ja, das konnte ich nun leiden, mir bei der Arbeit zusehen und dann dumme Kommentare abgeben. Ich wurde sauer und habe Rudi rausgeschmissen. Als Feierabend war, bin ich dann runtergegangen, und da stand er da, Hände in der Hosentasche und pfeifend. Er grinste richtig unverschämt. Ich sagte: ›Also, was ist denn jetzt, du hast doch was‹. Rudi nickte und meinte: ›Ja, na klar hab ich was — eine tolle Überraschung. Ich bin befördert worden, zum Abteilungsleiter, was sagste nun?‹ ›Wieviel Geld ist das mehr?‹ Das war für mich die wichtigste Frage, denn Geld war damals noch viel wichtiger als heute.«

Das Geld reichte aus, und Lotte hörte auf, als Trümmerfrau zu arbeiten. Sie versorgte die Kinder und später arbeitete sie als Urlaubsvertretung oder auch in der Weihnachtszeit in einer kleinen Druckerei als Packerin.

Dora Rauh

Berlin 1948

Die ersten Monate des Jahres 1948 erschienen Dora nicht schlimmer als die vielen Monate und Jahre zuvor. Dora war mit einem Juden verheiratet gewesen, der im Konzentrationslager umgebracht worden war. Sie überlebte Hetze, Verfolgung und Krieg im Keller einer befreundeten Familie, die 1945 bei einem der letzten Bombenangriffe ums Leben kam. Im Mai 1945 stolperte Dora aus ihrem Keller, völlig verstört und sehr krank. Man brachte sie in ein Krankenhaus und dann an die Nordsee. Dort war sie allerdings überhaupt nicht willkommen. Zuviele Flüchtlinge waren schon da. Ende 1946 kehrte Dora heimlich nach Berlin zurück. Die erste Zeit wühlte sie in Abfällen, die die Soldaten wegschütteten, oder sie klaute Kartoffeln. Immer mit der Angst, entdeckt zu werden. Eines Tages wurde sie dann erwischt, als sie wie eine streunende Katze über die Straße huschte, klein und sehr grau. Es waren amerikanische Soldaten, groß und wohlgenährt, die auf Patrouillefahrt unterwegs waren. Als sie Dora sahen, stoppten sie und nahmen die verhungernde Frau mit. Unterwegs versuchten sie, aus Dora etwas herauszubekommen, doch sie war starr vor Angst. Erst als sie auf einem Stuhl in einem amerikanischen Büro saß, verlor sich ihre Angst. Der Offizier, der ihr eine heiße Tasse Kaffee — Bohnenkaffee — brachte, konnte ein wenig Deutsch und fragte sie nach ihrem Namen, wo sie wohnte und woher sie kam. Dora erzählte ihm, daß ihr Mann im KZ umgekommen sei und sie sich lange Zeit versteckt halten mußte. Drei Jahre hatte sie in einem Keller gelebt, ohne die Sonne zu sehen. Dann die Bombenangriffe, ihre Krankheit und die Zeit des Suchens in Berlin. Der Offizier versprach zu helfen, sie durfte sich in seinem Büro aufwärmen und bekam einen Teller Suppe, ein Stück Fleisch, Gemüse und Kartoffeln. Während sie ihre erste warme Mahlzeit seit Monaten aß, bekam sie immer mehr Angst, denn ihre Angst vor Uniformen saß sehr tief. Hier in diesem Büro waren zwar alle sehr freundlich zu ihr, aber das waren die Leute von der SA und der SS zuerst auch gewesen.

Fast wäre Dora aufgesprungen und weggelaufen, doch da kam schon der amerikanische Offizier, gab ihr Lebensmittelkarten, eine Adresse in Halensee und ein kleines Schreiben für die Zimmerwirtin.

Zu Fuß lief sie zum Halensee und klingelte an einer kleinen Villa, die noch recht gut erhalten schien. Eine alte Dame öffnete ihr und zeigte dann das Zimmer. Winzig, ein Bett, ein Tisch, zwei Stühle und ein Schrank, aber es war ihr Zimmer.

Jetzt hatte sie nur noch ein Problem: Arbeit. In ihrem alten Beruf als Stenotypistin konnte sie vorläufig nicht mehr arbeiten. Aber vielleicht als Trümmerfrau . . . Überall standen Schilder, auf denen Bauhilfsarbeiterinnen gesucht wurden. Dora meldete sich bei einer Firma Levi und bekam sofort für den nächsten Tag Arbeit.

»An meinen ersten Tag als Trümmerfrau kann ich mich noch sehr gut erinnern. Ich war schon ganz früh wach und lauschte immer noch auf Geräusche wie Autos und Türenschlagen. Diese Geräusche von ankommenden Autos in der Morgendämmerung verhießen nie etwas Gutes. Wie oft kam die Gestapo, um meinen Mann mitzunehmen oder um mich zu verhören. Da hatten Nachbarn meinen Mann angezeigt, als er einmal keinen Judenstern am Mantel trug — weil ich vergessen hatte, den Stern von der Jacke auf den Mantel zu nähen. Ich saß dann immer stunden-, tagelang und wartete, und wenn er dann kam, fiel er immer in sein Bett und weinte. Oder wie oft haben sie mich morgens abgeholt zu Verhören. Stundenlang haben sie auf mich eingehämmert, mich scheiden zu lassen. Es war grauenhaft. Aber an diesem Morgen blieb alles ganz ruhig, und ich sagte mir immer wieder: Dora es ist Frieden, es ist Frieden, und wenn ein Auto kommt, ist das auch egal. Und dann mußte ich lachen, als ich daran dachte, daß ich gleich enttrümmern gehen würde, denn enttrümmert hatte ich schon einmal. Während des Krieges gab es unter der Tarnbezeichnung MI eine Aktion, wo die Arbeitsämter arische Ehefrauen aus jüdischen Mischehen dienstverpflichteten, um den Schutt von den Straßen zu räumen.

Jetzt ging ich also wieder zum Enttrümmern, und wieder nicht ganz freiwillig. Im Dunkeln ging ich los mit einer Tasse Muckefuck und einer Stulle im Magen und in einem Anzug von Herrn Stärke, dem verstorbenen Mann meiner Zimmerwirtin. Um die Beine hatte ich mir Zeitungspapier gewickelt, und darüber trug ich eine lange Unterhose, denn an der fehlenden Kleidung wollte ich als Trümmerfrau nicht scheitern. Wie immer bin ich zu früh losgerannt, denn als ich an meiner zukünftigen Arbeitsstelle ankam, war noch keiner da. Ich stand und bekam schon wieder Angst. Hoffentlich war das überhaupt richtig hier, und wie waren die Kollegen? Während ich dastand und wartete, ärgerte ich mich über meine Angst, die mich in Anfällen immer wieder überfiel. Endlich kamen die ersten Kolleginnen, und ich fühlte mich in meiner Angst bestätigt. ›Kiek ma — da steht 'n flotter Vater› und ›Komm mir bloß nich an die Wäsche‹ schrien und lachten die Frauen. Das war zuviel. ›Da vergreif' ich mich doch schon lieber an 'ner Ratte‹, schrie ich zurück und war unheimlich stolz auf mich. Denn ich hatte mir vorgenommen, mit der Rolle der Dulderin, der Schweigerin, war jetzt Schluß. Eine Frau kam auf mich zu, und wir hätten uns fast geprügelt, wenn nicht der Meister dazwischengegangen wäre. Er teilte uns und unsere Arbeit ein, und wir zogen los. In meiner Gruppe waren wir vierzehn Frauen und zwei alte Männer, und wir hatten den Auftrag, Ruinen und Häuser, die nicht mehr aufgebaut werden sollten, leerzuräumen und nach brauchbarem Material zu suchen. Jede hatte Pickel, Schaufel und Eimer. Es war für mich schon eine schlimme Quälerei, obwohl ich ja eine solche Arbeit schon einmal mitgemacht hatte.

Die Kolleginnen waren an diesem ersten Tag sehr reserviert und fast abweisend. Nicht eine redete ein Wort mit mir, und sie tuschelten und lachten hinter meinem Rücken. Ich war froh, als endlich Mittagspause war und ich mein Brot essen konnte. In einer Ecke, weit von den anderen Frauen entfernt, hockte ich mich hin, und plötzlich setzte sich einer der beiden Kollegen zu mir, reichte mir seine Thermoskanne, und wir beiden schlürften den heißen Muckefuck. ›Mein Bruder‹, erzählte er, ›hat ’ne Laubenpiepe, und deshalb haben wir etwas mehr zu essen‹. Paul, so hieß mein neuer Kollege, war schon über 60 Jahre und früher Maurer gewesen, er wollte sich am Aufbau eines neuen Deutschland aktiv beteiligen. Ich dachte sofort, daß er ja auch beim Kaputtschlagen mitgeholfen hatte, aber ich hielt meinen Mund, denn was sollte es bringen? Wir lasen beide noch ein wenig Zeitung und machten dann weiter.

Als ich am Abend nach Hause kam, bin ich so, wie ich war, ins Bett und hab wie eine Tote geschlafen. Am anderen Tag konnte ich kaum aufstehen, so einen Muskelkater hatte ich. Aber ich wollte unter keinen Umständen schon am zweiten Tag schlappmachen und hab mich regelrecht zur Baustelle geschleppt. Wie in Trance bin ich die Treppen rauf und runter, hab Steine sortiert und Eimer geschleppt. Doch plötzlich kippte ich einfach um — plong! — weg war ich. Zum Glück war

Paul in der Nähe, und der gab mir sofort etwas zu trinken und ein Stück Brot. Langsam ging es mir etwas besser, und ich konnte mich schon hinsetzen. Paul war ganz fürsorglich und fragte mich, ob das denn die richtige Arbeit sei. Aber für wen war das schon die richtige Arbeit? Ich mußte nur einmal was Richtiges essen, dann würde es schon klappen. Paul versprach mir, von seinem Bruder etwas Gemüse zu besorgen, und ich wollte gerade aufstehen, als eine Frau von ungefähr Mitte vierzig stehenblieb und mich anschrie, ich solle gefälligst wieder arbeiten gehen. Ich kannte diese Stimme, die kreischende hohe Stimme, und als ich sie ansah, erkannte ich sie: Es war die Frau eines Nazi-Bonzen, ihr Mann war bei der SS gewesen und auch für den Tod meines Mannes indirekt verantwortlich. Ich war wie vor den Kopf geschlagen. Es war eine so schreckliche und deprimierende Situation, und ich mußte reagieren. Ganz langsam stand ich auf und schrie dann mit der ganzen Kraft meiner Stimme: ›Du altes Nazi-Schwein — ich hasse dich!‹ Die Frau wurde ganz bleich und sagte erst einmal nichts. Dafür aber Paul. Jetzt solle ich aber nicht ungerecht sein, und wie ich so etwas Schlimmes behaupten könne usw. Ich war so müde, so entsetzlich müde, und so sagte ich nur zu Paul: ›Laß mal gut sein, Paul. Die weiß genau, was ich meine‹.«

Dora ging an ihre Arbeit zurück und sortierte weiter Steine. Vor Jahren, als sie unter dem Gelächter der Passanten die Trümmerstücke beseitigen mußte, hatte sie diese Frau gekannt. Frau M. war damals hochangesehen und wurde von allen respektvoll gegrüßt. Ihr Mann war Beamter in der Reichssicherheitskammer und auch für Doras Mann zuständig gewesen. Die anderen Frauen mußten das wissen, dafür wollte Dora sorgen. Doch erst einmal mußte sie diesen Tag überstehen und am Abend in Ruhe überlegen. Nach der Arbeit ging sie, so schnell sie konnte, ihre Lebensmittel einkaufen. Einkaufen — welch ein Wort für stundenlanges Anstehen nach dem wenig

Eßbaren! Als sie endlich an der Reihe war, bekam sie nur noch ein Brot, und sie mußte sich überlegen, wie sie sonst an etwas Eßbares herankommen sollte. Geld oder Tauschartikel hatte sie nicht, also blieb nur eine Hamsterfahrt.

»Ich hatte zu diesem Zeitpunkt niemanden mehr. Unsere Freunde waren entweder im KZ umgekommen oder emigriert, ich war buchstäblich allein. Aber, verdammt noch mal, ich hatte Hunger, nagenden Hunger! Am Samstag bin ich um fünf Uhr in der Früh los und zur Bahn. Dort warteten Hunderte von Menschen, die alle dasgleiche vorhatten wie ich. Irgendwie bin ich aber auf einen Waggon gekommen und dann bis in den Spreewald gefahren. Wie gesagt, ich hatte nix, außer dem Judenstern und die Benachrichtigung vom Tode meines Mannes. Und Hunger. Ich habe dann bei Bauern geklingelt und geklopft. Die meisten machten gar nicht erst auf, oder sie schlugen die Tür einfach wieder zu. Nach ein paar Stunden hab ich dann meinen Fuß zwischen die Tür geklemmt und den Stern hingehalten. Da ließ mich eine Bäuerin herein. Die fragte mich, wo ich den Judenstern geklaut hätte und ob ich mich nicht schämen würde. Ich holte die Todesmeldung meines Mannes und meinen Personalausweis heraus und legte alles auf den Tisch. Die Frau las sich alles durch und strich mir über die Wange und fragte, ob ich denn noch keine Entschädigung erhalten hätte? Von einer Entschädigung hatte ich bis dahin nichts gehört. Später wollte ich nichts mehr annehmen. Wie dem auch sei, die Bäuerin hatte auf jeden Fall viel Mitleid mit mir und gab mir einiges mit an Obst, Gemüse, Schinken und Kartoffeln. Als ich mich bedanken wollte, winkte sie ab und sagte, das wäre ihre Wiedergutmachung, und ich sollte ihr verzeihen. Das war übrigens der einzige deutsche Bürger, der mir gegenüber eine Schuld eingestanden hat. Sie gab mir dann noch Tips, wo ich am besten über die Stadtgrenze kommen könnte, und ich kam tatsächlich gut in Berlin an, ohne irgendetwas abgegeben zu haben. Am Abend haben Frau Stärke und ich richtig gut gegessen, und ein paar Scheiben Schinken und etwas Kohl haben mich dann stark gemacht. Manchmal ist es doch ganz einfach.

Am anderen Montag konnte ich dann auch relativ gestärkt und ausgeglichen zur Arbeit gehen, und die Angst, dieser Nazi-Frau zu begegnen, wurde relativ klein. Es schien mir, daß sie mich nicht erkannte und mich sehr genau beobachtete aus sicherer Entfernung. Nach ein paar Tagen normalisierte sich die Situation auf der Arbeit, und ich konnte meine Kraft auf die Arbeit stürzen, die mir doch sehr schwerfiel. In den Pausen saß ich immer ganz allein in einer Ecke und versuchte krampfhaft wachzubleiben. Eines Tages kam der Meister mit einer unbekannten jungen Frau auf die Baustelle, die im Gegensatz zu uns fast elegant gekleidet war. Er stellte sie uns kurz vor und ließ sie dann allein dort stehen. Und kaum war er weg, entlud sich schon wieder der Haß auf diese Frau. Es ging los mit Beschimpfungen wie ›Für ein Stück Schokolade sich verkaufen, pfui Teufel‹ oder ›Jetzt wo du ’n Gretchen bist, willste bei uns arbeiten, aber nicht mit uns‹ usw. Die Frau machte nur eine abfällige Bewegung und fragte mich dann nach meinem Namen. Sie hieß Greta, war mit Amis gegangen und hatte dabei nicht schlecht gelebt. Seit einem halben Jahr hatte sie jedoch eine Geschlechtskrankheit und konnte nicht mehr ›arbeiten‹. Bisher konnte sie von ihren Vorräten leben, doch nun mußte sie auf andere Art für sich sorgen, und damals hieß es eben nur ›Lore, Lore, Lore‹. Ich habe die natürlich auch angestarrt, so wie die aussah — schönes Kleid, einen Mantel und richtige Stiefel. Unser lieber alter Paul kam denn und fragte nach ihrem Namen, um sie den anderen vorzustellen, doch die schrien sofort, daß sie mit so einer nix zu tun haben wollten, denn ›eine deutsche Frau geht nicht mit Negern ins Bett‹. Als ich den Begriff ›deutsche Frau‹ hörte, bin ich explodiert. Wie eine

Furie bin ich zu den Weibern hin und habe meine erste und letzte Rede gehalten. Sie war sehr lang meine Rede, und ich weiß nicht mehr genau, was ich alles herausschrie, aber eines ist mir noch in Erinnerung: daß ich von den deutschen Frauen, die immer so gut und sauber waren, die Schnauze voll hatte, denn diese deutschen Frauen hatten tatenlos zugesehen, wie unschuldige Menschen in die Konzentrationslager kamen, sie haben den Krieg mit angezettelt usw. Ich endete damit, daß ich sagte, sie sollten jetzt gefälligst für immer ihre Schnauze halten. Als ich fertig war — Funkstille. Bis eine Frau mich zitternd vor Wut fragte, was mir einfiele. Da habe ich ihr meine Geschichte erzählt und habe auf diese Nazi-Frau gezeigt und habe ihr laut und deutlich ins Gesicht gesagt, daß ich genau wüßte, wer ihr Mann war und was er während des Faschismus gemacht hatte und wie sie immer am lautesten ›Sieg Heil‹ geschrien hätte. Es war wirklich so, in dem Augenblick habe ich sie direkt für den Tod meines Mannes verantwortlich gemacht und es auch so gesagt. Die schwieg und fing an zu heulen, wie verrückt. Und die anderen? Die fingen an zu schimpfen, so nach dem Motto, wenn sie das gewußt hätten, würden sie doch niemals mit so einer Frau reden und so weiter. Mensch, ich hab denen gesagt: ›Ihr seid doch genauso schlimm. Ihr habt dazu geschwiegen, obwohl ihr alles wußtet‹.

Dann hab ich mein ›Fräulein‹ genommen und habe ihr gesagt, wie und wo hier gearbeitet wird. Die anderen haben uns ab da in Ruhe gelassen und diese ›Nazi-Frau‹ ist nie wiedergekommen.«

Dankbar mit einer Frau in ihrem Alter wieder reden zu können, ließ sich Dora am Abend in ein Restaurant führen, von denen es schon einige in Berlin gab. Hier gab es zwar nicht viel zu essen oder zu trinken, aber es war jeden Abend voll in diesen Berliner Eckkneipen, und hier traf man auch immer jemanden, mit dem man reden konnte. Greta hatte noch einige

Dollar-Noten, mit denen sie ein warmes Essen ergattern konnten, verlorene Eier mit Speck und Kartoffeln. Dora aß sich so richtig satt und konnte für ihre Zimmerwirtin noch ein paar Kartoffeln einpacken. Greta fragte sofort, ob sie sich nicht zusammen eine Wohnung suchen und gemeinsam versuchen sollten, zu überleben. Doch Dora wollte unabhängig sein. Das Gefühl, niemanden zu fragen, auf niemanden Rücksicht nehmen zu müssen, das war ihr wichtig. Zum anderen brauchte sie abends die Stunden für sich, um darüber nachzudenken, wie sie weiterleben wollte. Ihr war noch nicht klar, ob sie die nächsten Jahre damit verbringen wollte, nur Geld zu verdienen, oder ob sie aktiv mitarbeiten wollte, daß es nie wieder zu dieser Schreckensherrschaft kommen konnte. Dafür brauchte sie Zeit, viel Zeit, die sie mit Zeitung lesen oder in den wiedereröffneten Bibliotheken verbrachte. Sie studierte Vergangenes, las Gegenwärtiges, dachte über die Zukunft nach, und oft schlief sie über ihren Büchern und Zeitungen ein.

Als Ende 1947 die Viermächteverhandlungen ergebnislos abgebrochen wurden und in den Westzonen eine Währungsreform durchgeführt werden sollte, mußte mit einer Verschlechterung des Ost-West-Konflikts gerechnet werden. Denn im Potsdamer Abkommen hieß es: ». . . Während der Besatzungszeit ist Deutschland als wirtschaftliche Einheit zu betrachten . . .« Dora verfolgte sehr aufmerksam und ängstlich die Entwicklungen, die — wenn sie weiter eskalieren sollten — zu einem Krieg führen konnten, wenn nicht die Amerikaner Berlin fallenließen. Diese beiden Möglichkeiten erschienen Dora absurd, aber trotzdem immer gegenwärtig, und sie machten ihr Angst. Angst, die wohl viele Berliner damals teilten, aber der Aufbau- und Durchhaltewillen ließ die Angst nicht nach außen dringen. Für Dora war damals klar, daß ihre Ängste kaum jemanden in ihrer Umgebung bedrückten. Frau Stärke kümmerte sich hauptsächlich darum, ihr Haus zu renovieren oder auf Hamsterfahrt zu gehen, und ihre Kolleginnen auf dem Bau hatten neben ihrer Arbeit noch ihren Haushalt und ihre Kinder. Dora aber konnte sich damit nicht abfinden, daß die Menschen vor lauter Aufbauarbeit ihre Umgebung vergaßen.

»Es war schon verrückt. Ich sah sie doch alle Zeitungen lesen in den U-Bahnen, auf der Arbeit und so. Und ich dachte immer: Mensch, die lesen doch genau das gleiche wie du, und doch interpretieren sie das alles anders. Klar hatten die auch Schiß, vor allem, als dann die Arbeit im Alliierten Kontrollrat eingestellt wurde. Aber für die waren eben die Russen schuld, und ich sah das schon etwas anders. Nur, man durfte das nicht so sagen, sonst wäre man womöglich als Kommunist eingestuft worden, und das war ich ja nun wirklich nicht. Es war für mich wirklich eine schreckliche Zeit, weil ich niemanden hatte, mit dem ich reden konnte. Oft hab ich mit mir selbst geredet, fühlte mich dann immer von mir selbst ertappt und hab immer gedacht: Jetzt isses soweit, jetzt biste bekloppt. Während der harten Wintermonate mußte die Arbeit auf dem Bau eingestellt werden, weil alles zugefroren war und es unmöglich wurde, auch nur einen Stein abzuklopfen. Aber wir hatten doch nichts und hatten keine Ahnung, wo wir sonst unser Geld verdienen sollten. Wir sind dann zu dem Geschäftsführer hingegangen und haben ihn gefragt, ob wir nicht in den Häusern aufräumen könnten oder sowas. Der war auch ganz in Ordnung, und wir konnten dann in den Häusern bei Minus zwanzig Grad den Schutt wegräumen und brauchbares Material sortieren. Es war unheimlich kalt, und ich hatte unter meine Hosen noch alte Lappen und Zeitungen gewickelt, so hielt ich mich tagsüber warm. Nachts wurde es noch schlimmer. Wir hatten nur Kohlen, um etwas zu kochen, denn die Elektrik funktionierte hinten und vorne nicht. Na ja, auf jeden Fall, wenn ich abends nach Hause kam, mußte ich erst mal Säcke vor die Türen und Fenster hängen. Dann wurde in der Küche vor die Tür ein Schrank geschoben, damit es nicht durch die Fugen friert. Die Betten hatten wir in eine Ecke gestellt und darunter den Nachttopf. Wenn wir einmal in der Küche waren, dann bis zum anderen Morgen. Während Frau Stärke kochte, standen wir ganz dicht am Herd und wärmten unsere Finger und unser Gesicht. Nach dem Essen war es meine Aufgabe, die Betten zu bauen. Auf die Matratzen wurden alte Kleider oder so etwas gelegt, dann kam 'ne Schicht Zeitungen, dann wieder Garderobe. Wenn wir ins Bett gingen, zogen wir uns dann noch einen Mantel drüber und Zeitungen. Das Federbett teilten wir uns, und so überlebten wir den strengen Winter.

Eines Morgens kamen wir dann wieder mal zur Baustelle, und da stand der Meister schon mit einem Gesicht, das nur Unglück vermuten ließ. Richtig, er mußte uns leider sagen, daß es hier nichts mehr zu arbeiten gab, und wir sollten nach Hause gehn. Eine Frau schrie entsetzt auf, daß das nicht ginge, sie wäre auf das Geld angewiesen, und sie könne nirgends hin. Wir anderen standen stumm und waren einfach fassungslos, obwohl es ja schon lange klar war, daß es irgendwann dazu kommen mußte.

Der Meister war natürlich verständnisvoll und meinte, es ginge draußen nun wirklich nicht mehr, das müßten wir doch einsehen. Ja, aber vielleicht wieder irgendwo drinnen? Es schien nach Aussage des Meisters zwar ganz aussichtslos, aber wir sind noch einmal zu unserem Chef hin und haben gefragt. Nach langem Hin und Her bekamen wir dann Arbeit in einem Lager, wo wir Regale bauen und Ordnung schaffen sollten. Ja, das haben wir dann auch knapp fünf Wochen gemacht und sind so über die Runden gekommen.

Mittlerweile war es so kalt in Berlin, daß alles zugefroren war und wir Eis hacken mußten, um überhaupt Wasser zu bekommen. Dann hatten wir auch nicht genug zum Heizen, also mußten wir wieder Kohlen klauen gehen. Zum Glück ging dieser Kelch an mir vorüber, weil das hat alles Frau Stärke für mich erledigt. Die war mittlerweile so raffiniert geworden, daß ich mich nur wundern mußte. Sie übrigens auch. Die meinte eines Tages mal zu mir: ›Dora, wenn das mein Mann oder meine Eltern sehen würden, die würden mich glatt enterben. Ich bin 'ne richtige Diebin geworden, und was das Tollste ist — ich schäme mich nicht mal dafür!‹ Schlug ihr Kreuzzeichen, schnappte sich ihren Eimer und weg war sie.«

Im März wurde es wieder etwas wärmer, doch die Schwierigkeiten, das tägliche Leben zu organisieren, wurden für die Berliner nicht geringer. Die einfachsten Dinge waren nur durch Bezugsscheine zu haben, und man mußte genau die Zeitungen lesen oder Radio hören, um mitzubekommen, wo es was gab. So waren beispielsweise im Frühjahr Einmachringe in Wilmersdorf zu ergattern, und in Lichtenberg gab es Waschpulver. Für die Frauen auf dem Bau wurde es immer schwieriger, neben ihrer Arbeit diese Dinge zu organisieren.

»Im März wurde es ja dann endlich wieder wärmer, und wir durften unsere geliebte Lore wieder schieben, hatten etwas mehr Geld und bessere Lebensmittelrationen. Aber die Frage war doch, wie das alles zu organisieren war. Für mich war es ja nicht so schwierig, weil ich ja alleinstehend war, aber die vielen Mütter bei uns auf dem Bau, die hatten es verdammt schwer, neben ihrer Arbeit auch noch die Rationen zu ergattern. Während der Pausen schliefen diese übermüdeten Frauen oft ein und mußten mit viel Anstrengung geweckt werden, wenn sie wieder arbeiten mußten. Dann schleppten sie sich wieder an ihren Platz und klopften Steine wie auf einer Galeere.

Nachmittags kamen dann die Kinder aus der Schule und wollten ein Brot oder nur ein wenig Aufmerksamkeit und Zuneigung, was diese Frauen kaum leisten konnten. So blieben die Kinder sich selbst überlassen und spielten auf den Trümmern ihre Spiele. Wenn ich den Kindern — aber auch den Müttern so zusah, hatte ich immer großes Mitleid. Aber ich konnte nicht helfen, ich mußte selbst arbeiten. So schrecklich einfach war das damals. Die Not machte stumpf und dumpf gegen jeden und fast alles. Unfälle, die damals ja oft gerade den übermüdeten Frauen passierten, registrierte ich, aber — wenn ich ehrlich bin — mehr auch nicht. Menschliche Unmenschen, denke ich heute, das waren wir damals beinahe alle. Nur für Politik konnte ich mich noch interessieren und verfolgte sehr intensiv und regelmäßig in den Zeitungen den Gang der Dinge.«

Die Lage in Berlin spitzte sich im Frühjahr 1948 dramatisch zu. Pkw durften Berlin nicht verlassen, ein Signal, das Schlimmes vermuten ließ. Die Berliner bekamen Angst und stellten sich die Frage: Werden die Amerikaner Berlin verlassen? Vor Radioempfängern bildeten sich Menschentrauben. General Clay sagte: »Falls die Russen die Züge sperren, werden wir unsere Truppen durch die Luft versorgen.« Dann bliebe den Sowjets nichts anderes übrig, als die Westsektoren auch zu übernehmen. Das klang in den Ohren der Berliner nicht gerade beruhigend, denn das Beispiel der sowjetisch besatzten Zone wirkte nicht gerade ermutigend.

Am 19.3.1948 gab es zwei Demonstrationen. Eine auf dem Platz der Republik, wo fünfzigtausend Demonstranten »Freiheit, Friede und Demokratie« riefen und wo Franz Neumann, der Vorsitzende der Berliner SPD, in die Menge schrie: »Wir wollen keine zweite Diktatur! Wir fordern unsere Verschleppten zurück!« Fäuste richteten sich gen Osten. Dort riefen fünfzigtausend Demonstranten am Gendarmenmarkt: »Einheit, Einheit, Einheit!« Und auch dort wurden Fäuste gereckt, diesmal gen Westen. Am anderen Tag konnten die Berliner in ihren Zeitungen lesen, wie gigantisch ihre Demonstration und wie kläglich die auf der anderen Seite gewesen war.

»Ich bin auch zu Demonstrationen gegangen, zusammen mit meinen Arbeitskolleginnen. Nicht aus Überzeugung, sondern weil ich mal sehen wollte, wie da gesprochen wurde. Ich muß sagen, es hat mir doch sehr imponiert, diese Menge, die dasgleiche schrie und die dem von der SPD wie gebannt an den Lippen hing. Plötzlich dachte ich auch: diese Scheiß-Russen! An dem Tag hat es unheimlich geregnet, und wir sind alle klitschnaß zu unserer Baustelle gelaufen, haben Holz gesammelt und ein kleines Feuerchen gemacht. Während unsere Kleider langsam trockneten, haben wir über diese Demonstration gesprochen, die für die meisten die erste nach dem Krieg war. Und genau da hab ich mein Schulddenken wieder über Bord geworfen, denn die Russen konnten unmöglich alleine schuld sein. Auch die Amis sahen doch nur ihre Vorteile und dachten weniger an uns arme Deutsche. Nee, so einfach wollte ich mir das denn doch nicht machen, aber gesagt hab ich nix, ich hatte echt Schiß, eins vor die Mütze zu kriegen. Nach einiger Zeit sind wir dann nach Hause gegangen, und ich merkte, wie mir jemand folgt. Erst hab ich überlegt, was ich machen soll, und dann bin ich einfach stehengeblieben und hab mich umgedreht. Es war so ein Mann um die sechzig Jahre, der da vor mir stand und mir die Hand gab. Ich fragte ihn, wer er denn wäre und was er von mir wollte. ›Ich bin doch Hans, Hans Rauhe‹. Natürlich — aber wie der aussah, völlig abgemagert und krank. Ich faßte ihn an seinem Ärmel und lud ihn ein, mit mir nach Hause zu kommen und eine Tasse Kaffee zu trinken. Erst wollte er nicht, ging dann aber doch mit. Auf dem Weg nach Hause, sah er sich immer um und hatte augenscheinlich Angst. Kurz bevor wir in unsere Straße einbogen, blieb er stehen und bat mich, ihm meine Adresse zu geben, er würde später nachkommen. Das hab ich auch gemacht und bin allein weitergegangen. Zu Frau Stärke hab ich nur gesagt, daß heute noch ein alter Bekannter von meinem Mann kommen würde, den ich lange nicht gesehen hätte. Und das hatte ich tatsächlich. Hans hatte uns damals sehr viel geholfen, mir und meinem Mann. Später hat er mir dann Unterschlupf geboten, als mein Mann schon im KZ war, mich mit Lebensmitteln versorgt, und so 1944 hab ich ihn dann aus den Augen verloren. Im Krieg war er nicht, weil er ein Holzbein hatte. Ich freute mich ehrlich, ihn zu sehen, mit ihm zu reden und ihm vielleicht auch helfen zu können.

Nach einer Stunde kam er dann auch, und ich hab ihn gleich gefragt, warum er solche Angst hatte. Hans erzählte mir dann eine unglaubliche Geschichte, daß schon einige seiner Freunde verschleppt worden seien und er seit Tagen befürchte, daß er der nächste sei. So richtig konnte ich es nicht glauben, daß ausgerechnet er, wo er doch immer für die ... Doch, es war schon so, 1948 war alles und nichts möglich. Es war einfach verrückt. Ich fragte ihn, was ich tun solle, ob ich ihm helfen könne, denn endlich sah ich meine Chance der Wiedergutmachung. Doch auch diesmal sollte sie nicht kommen. Hans bat mich nur, einige Unterlagen aufzuheben und sie niemandem zu geben, bis er sich wieder melde. Ich nahm die Mappe an mich und versprach, sie niemandem zu zeigen. Er nickte nur und stand auf, gab mir seine Hand, und weg war er. Ich habe nie wieder etwas von ihm gehört. Die Papiere hab ich noch und weiß immer noch nicht, was drinsteht. Und ehrlich gesagt, ich will es auch nicht wissen. Ich hab noch lange über Hans nachgedacht und war drauf und dran, nach ihm zu suchen. Aber, verdammt noch mal, ich hatte einfach Schiß. So einfach war das.«

Ende März munkelte man hinter vorgehaltener Hand von Stacheldrahtverhauen und Truppenzusammenziehungen an der Zonengrenze. Nach dem Westen zu fahren, wurde fast aussichtslos, weil die sowjetische Regierung eine scharfe Überwachung des Güterverkehrs von und nach Berlin angeordnet hatte. Aus den Zeitungen konnten die Berliner dann erfahren, wie es an den Zonengrenzen aussah. Die Schlagzeilen lauteten: »Englische Dienstzüge aufgehalten! Reisende eines französischen Dienstzuges nicht durchgelassen!«

In der Stadt selbst wurden alle Fahrzeuge, die die Sektorengrenze überfahren wollten, gestoppt. Die Stadt fieberte vor Angst. Noch nie lag ein Krieg so greifbar in der Luft: Endlich sprach General Clay das erlösende Wort vom Handeln.

Im »Berliner Sender«, der Stimme der Sowjetunion, erfuhren die Berliner »die Erweiterung des Interzonenverkehrs und die außerordentliche Belastung des Schienenmaterials hat Reparaturen notwendig gemacht, aufgrund derer einige der Grenzübergänge vorübergehend nicht benutzt werden könnten.«

»Also, in der Zeit März/April 1948 hatten wir alle wahnsinnige Angst, daß es wieder zum Krieg kommt. Überall redeten wir von nichts anderem als vom drohenden Krieg. Und Frau Stärke meinte immer nur: ›Wir müssen horten, wir müssen horten‹. Ja gut, aber was? Wir hatten doch kaum genug, um uns einigermaßen sattzukriegen. Also, von Horten war bald keine Rede mehr. Auf der Arbeit meldeten sich immer mehr krank oder kamen einfach nicht mehr. Eine Frau, die ich kannte, faßte die Stimmung kurz und knapp zusammen, als sie meinte: ›Det bißken Leben leb ick heute‹. Ich dachte zwar nicht an einen neuen Krieg, aber Angst hatte ich auch, denn die Zeitungen waren täglich voll von neuen Hiobsbotschaften. Doch ich dachte immer, die Amis müssen doch endlich auf den Tisch hauen, und dann haben sie es auch gemacht. Clay, so stand in der Zeitung (West natürlich), hat die Vollmacht, wenn nötig, schießen zu lassen. Klärchen, eine Kollegin, sagte immer: ›Wenn es Krieg gibt, bring ich mich um‹. Zwei Kriege hatte sie schon erlebt, und auf einen dritten hatte sie keine Lust mehr. Als wenn irgendjemand Lust auf Krieg hätte. Aber ich war ganz sicher, daß es nicht zum Krieg kommt, und siehe da, nach einigen Tagen war der ganze Spuk vorbei. Die Sperre wurde aufgehoben, und es trafen wieder Wagen aus den Westzonen ein. Frau Stärke hatte eine Kusine im Ruhrgebiet, die sie in einem Brief geradezu anflehte, dieses verdammte Berlin zu verlassen und in den Westen zu kommen. Aber wat so 'ne richtige Berlinerin ist — und Frau Stärke war eine — die läßt ihr Berlin nicht im Stich. Jetzt erst recht nicht, meinte sie, und ich war da ganz ihrer Meinung. Wäre ja noch schöner, wegen so'm Theater unser Berlin zu verlassen. Doch einige Tage später gab es den nächsten Ärger. Diesmal ließen die Russen keine Pakete durch ohne eine Genehmigung, und wie und wo man die bekam, wußte keiner. Es war eine verrückte und auch angstmachende Zeit. Denn auf der Baustelle und in den Straßen hörte man immer von mehr Menschen, die einfach verschwanden, einfach so. Kamen von ihrer Arbeit einfach nicht nach Hause. Und da war mir klar: Hans war auch weg.

Die Angst und auch das Mißtrauen gegen jeden nahmen zu, und außer ›Guten Tag‹ und ›Guten Weg‹ wurde nicht geredet. Auf der Arbeit wurde das Klima auch immer schlimmer. Zu der politischen Unsicherheit kam die körperliche Erschöpfung. Acht oder neun Stunden harte körperliche Arbeit und nichts zu fressen. Irgendwann konnte man nicht mehr. Die Versorgung langte hinten und vorne nicht — das Essen reichte weder zum Leben noch zum Sterben. Viele Frauen kippten einfach um. Ganz still, und weg waren se.

Ich erinnere mich zum Beispiel an eine Kollegin so um die Fünfzig. Die hatte einen todkranken Mann zu Hause, ihren Vater und vier Kinder. Nach einigen Wochen war die so erschöpft, daß sie die Eimer kaum noch tragen konnte. Immer wieder setzte sie sich hin, aber sie wollte durchhalten, hielt verdammt lange durch. Bis sie eines Tages einfach umkippte. Einfach so. Ganz leise fiel sie um. So wie sie gelebt hatte, so starb sie auch. Ohne Wehklagen und ohne Laut. Wir standen alle um sie herum und haben geheult. Um diese Frau, aber auch um uns. Paule sagte dann, eine müßte die Familie verständigen, damit sie herkommen und die Leichen abholen. Keine von uns wollte diesen schweren Weg übernehmen, aber er mußte doch gegangen werden. Also bin ich mit einer anderen Frau zur Familie hin, die im Wedding lebte. Lebte — was für ein Wort für dieses Vegetieren in einem Loch, ohne Fenster und ohne Licht. Wir stiegen die Treppen runter und kamen in einen Kellerverschlag, wo ihr kranker Mann lag. Vor ihm auf dem Tisch stand eine Flasche mit Wasser, und auf einem Teller lagen ein Stück trockenes Brot und eine kleine Medikamentenflasche. Als er uns hörte, rief er nur: ›Klara, bist du es?‹.

Ich ging zu ihm und wollte ganz vorsichtig mit ihm reden, doch der wußte genau, was los war, und schüttelte nur den Kopf, und die Tränen liefen nur so runter. ›Was wird denn jetzt nur aus mir, was soll denn jetzt aus mir werden?‹ Ich wußte es nicht. Niemand. Wir warteten neben diesem weinenden Mann auf die Tochter. Als sie kam und wir ihr vom Tod ihrer Mutter erzählten, zuckte sie die Achseln und ging mit. Auf der Baustelle hatten die Kolleginnen die Tote mit einigen Tüchern zugedeckt und arbeiteten weiter. Wir halfen der Tochter, die Mutter auf einen Karren zu legen, nahmen unsere Schaufeln wieder in die Hand und arbeiteten weiter. Mitleid hin, Mitleid her — wir hatten auch noch Familien oder auch nur den Willen zum Überleben.«

Im Mai meldete Radio Moskau, daß der Notenaustausch zwischen Amerika und der Sowjetunion und die Erörterung und Bereinigung der bestehenden Differenzen erfolgreich seien. Radio Paris fragte: »Sollte die Friedenstaube Moskau eine Friedensbombe sein?« Die Schweden meldeten, daß sie sich im Falle eine Konflikts bemühen werden, außerhalb zu bleiben.

Ende Mai wurden Plakate geklebt: »BERLIN KÄMPFT FÜR DAS VOLKSBEGEHREN. PRO? AKTION DER SED

VOM 23.5. bis 13.6. VOLKSENTSCHEID FÜR DIE EINHEIT DEUTSCHLANDS«. Aber hinter dem Volksentscheid, so vermuteten die Berliner, standen der Volkskongreß, die Ostzonenregierung und die Sowjetunion. Die SPD sagte NEIN zum Volksbegehren, und die meisten Berliner schlossen sich dieser Meinung an.

»Man muß sich das doch auch vorstellen, die Stimmung damals in Berlin. Überall hörte man von verschwundenen Menschen, von Nachbarn und Freunden. 200 000 Menschen — solche Schätzungen gab es — wurden aus der Ostzone nach Rußland verschleppt. Die ehemaligen KZ's Buchenwald und Sachsenhausen waren wieder voll, und ich dachte immer, da ist vielleicht auch unser Hans und wird gequält, und kein Mensch kümmert sich. Ne, also da wollte ich nicht mitmachen. Ich fand — im Gegensatz zu meinen Kolleginnen — auch nicht alles gut, was die Amis machten, doch die Säuberungsaktionen der SED waren noch viel schlimmer. Also wurde ich zum Verfechter der amerikanischen und damit der Politik der Berliner SPD. Durchhalten, Berliner — durchhalten!

Und es war Verlaß auf uns Berliner. Wir hielten durch, trotz der ansteigenden Schwarzmarktpreise und dem immer dünneren Warenangebot. Im Frühjahr 1948 gab es wirklich kaum noch was legal zu kaufen. Alles, was irgendwie nach Lebensmittel aussah, gab es auf Schwarzmärkten, und für Mangelwaren zahlte man Phantasiepreise.

Frau Stärke und ich überlegten uns dann, wie wir unser Geld am besten anlegen konnten bis zur Währungsreform. Denn daß es eine geben würde, war uns allen klar. Nur wann und wie — niemand hatte eine genaue Vorstellung. ›Du mußt Kaffee kaufen, du mußt Schnaps kaufen, besser was Praktisches‹. Überall sprach man nur vom Geldanlegen, selbst die, die nichts hatten, sprachen von nichts anderem mehr, als von einer nützlichen Geldanlage. Nichts verfallen lassen.

Fast stündlich wurde unser Geld weniger wert. Wir entschlossen uns, zu handeln. Frau Stärke kratzte ihr Geld zusammen — immerhin 800 Mark —, und ich gab meine 200 Mark, und dann schob sie los. Als sie wiederkam, hatte sie ein Pfund Kaffee und 'ne Flasche Schnaps, den wir abends feierlich einweihten. ›Denken Sie daran, Dorchen — der Schnaps kostet 9,20 und schmecken tut der wie 20 Pfennige‹.

Wir hatten bald kein Geld mehr, und zu essen bekamen wir auch nicht mehr viel, und die Arbeit fiel mir immer schwerer. Wenn ich morgens losging, dann hatte ich immer das Gefühl, schon einen 8-Stunden-Tag hinter mir zu haben. Zum Glück ging es ja allen so, und wir schlichen mehr oder weniger über die Baustellen. Die Loren wurden nicht mehr so voll gemacht, und die Pausen wurden immer länger. Das merkte natürlich auch unser Chef, und eines Morgens kam der auch angerannt und besah sich aus einer dunklen Ecke unseren Arbeitsrhythmus. Zum Glück sah er auch die ausgemergelten Frauen, die nur noch mechanisch reagierten.

In der Mittagspause bekamen wir alle eine Doppelstulle mit Butter und Schinken und jede eine Tasse Bohnenkaffee. Es kam uns vor wie Weihnachten, und wir hatten unseren Chef so gern wie Kinder den Weihnachtsmann. Und wenn ich heute so um die Weihnachtszeit die ganzen Nikoläuse mir ansehe, dann denke ich immer an meinen lieben Chef von 1948.

Auch wenn solche Erinnerungen die Zeiten ein wenig vergolden, so muß ich doch sagen: Die meiste Zeit hatten wir Hunger, Durst und keinen Strom — wir hatten nichts. Gerade so kurz vor der Währungsreform gab es wirklich nichts mehr, und das einzige, was noch funktionierte, war die Zigarettenwährung. Frau Stärke hatte irgendwelche Drähte zu den Amis, wie und wieso wußte ich natürlich nicht, aber sie hatte sie. Die Soldaten kauften in ihren Kasernen eine Stange »Chesterfield« zu einem Dollar, verkauften diese Stange je nach Tagessatz für

700 oder 800 Mark und nahmen auch — wenn sie erwischt wurden — Gefängnisstrafen in Kauf. Frau Stärke hatte noch etwas Silber, ging damit zum Schwarzmarkt im Tiergarten und tauschte ihr Silber gegen eine Stange Zigaretten. Diese Stange verhökerte sie dann wiederum gegen Butter, Käse und Eier. Die Eier wiederum gegen zwei Zigaretten und einen Viertelliter Milch. Von diesem Geschäft haben wir dann eine gute Woche leben können. Von meinem Lohn konnten wir ja praktisch nichts mehr kaufen, — außer so unnütze Dinge wie Korkenzieher oder Blechdosen. Ich hatte eine Kollegin, die kaufte für 100 Mark Gallentee — so nach dem Motto ›man weiß ja nie‹. Ne andere ergatterte für 200 Mark: sechs Blechmesser, drei Gabeln und 'nen kleinen Lampenschirm. Noch 'ne andere hatte Gardinenstangen gekauft, für die sie keine Verwendung hatte. Egal, was es war, nur nichts verfallen lassen. Und ich? Ich hab mir ein Stück Seife gekauft für 80 Mark. Die war so billig, weil schon ein wenig benutzt. Aber wie gesagt, es galt die Devise: Nur nichts verfallen lassen.

In diesen Tagen löste ein Gerücht das andere ab, und wir waren nur damit beschäftigt, durch Berlin zu hasten, um zu horten. Mein Gott, hab ich damals Briefmarken gekauft! Und dann war irgendwann kein Geschäft mehr geöffnet. In den Schaufenstern klebten Zettel ›Wegen Umbau geschlossen, wegen Ausverkauf vorübergehend zu‹. Dann hörten wir's im Radio: Ab Sonntag gab es 'ne neue Währung. Die hieß Deutsche Mark, und als Nachsatz: ›Die Währungsreform erstreckt sich nicht auf Berlin. Berlin als Viermächtestadt behält vorläufig seine alte Geldrechnung‹. Mir war schon ganz angst, denn auf der Stelle folgten Proteste der Sowjetunion bzw. deren Administration, Proteste der SED und so weiter. Wir haben samstags ja auch gearbeitet, aber die neuesten Nachrichten bekamen wir immer sofort zugetragen. Während wir also Steine klopften, hörten wir dann von netten Zeitgenossen: Marshall

Sokolowski erklärt die Westwährung als illegal, sowjetische Panzer stehen auf dem Kudamm, und Luise Schröder ist von den Sowjets verhaftet worden.

Ich hielt es nicht mehr aus und lief nach Hause. Frau Stärke saß zusammen mit einigen Nachbarn in der guten Stube und hörte Nachrichten. Mal Ost und mal West. Dann hörten wir es endlich ganz offiziell: der Sokolowski hatte tatsächlich die Westwährung als illegal bezeichnet und Berlin als Bestandteil der Ostzone erklärt, daher gelte die Einfuhr der Deutschen Mark als strafbar. Verdammt noch mal. Jetzt war es ernst. Frau Stärke holte ihren Schnaps, und wir soffen unseren letzten Schnaps in Freiheit. Prost. Am anderen Tag meldeten die Ostzeitungen verstärkte Grenzüberwachungen und in Berlin stiegen die Kaffeepreise auf 3000 Mark. Eine Ami-Zigarette kostete 75 Mark. Es war Endzeitstimmung. Aber wir Berliner Trümmerfrauen schoben weiter unsere Loren, immer mit dem Gedanken, daß sowieso alles umsonst sei. Und über uns brummten die Militärmaschinen. Zum Glück ließ dann General Clay wissen, daß die Amerikaner ihre Soldaten auf unbestimmte Zeit per Luft versorgen würden. Warum war ich bloß kein Amy? Denn der Vermutung dieses Generals, daß die Sowjets die Westberliner Bevölkerung nicht verhungern ließen, schenkte ich absolut keinen Glauben. Meine Kolleginnen glaubten diesem Mann auch nicht so recht. ›Die lassen uns fallen wie ’nen nassen Sack, Scheiß-Amis‹.

Jedesmal folgten dann Erzählungen von unseren Brüdern und Schwestern in den Westzonen, die sich jeden Tag Braten reinschoben und zum Kaffee Erdbeerkuchen mit Sahne genehmigten. Mein Gott — Erdbeerkuchen mit Sahne! Viele bedauerten bereits, nicht in Westdeutschland zu sein. Ich manchmal auch, aber nur heimlich, denn meine Zimmerwirtin, die eine waschechte Berlinerin war, war immer noch ganz zuversichtlich und meinte jeden Abend, während wir ’ne Scheibe Brot, mit Petersilie garniert, aßen: ›Et wird schon wieda, Dorchen‹. Woher die ihren Optimismus hernahm, war mir schleierhaft.

Einen Tag später war es dann soweit. Sonderausgabe der ›Täglichen Rundschau‹: ›Befehl des Obersten Chefs der Sowjetischen Militärregierung in Deutschland Nr. 111: Demokratische Währungsreform in der sowjetisch besetzten Zone und auf dem Gebiet von Groß-Berlin. Es sind neue Geldscheine einzuführen. Reichsmark und Rentenmark alten Musters mit aufgeklebten Spezialkupons. Als einziges gesetzliches Zahlungsmittel in der sowjetisch besetzten Zone und Großberlin gelten Reichsmark und Rentenmark nicht mehr!‹

Wir waren alle hin und her gerissen, und auf der Arbeit sprachen wir von nichts anderem mehr. Aber keine wollte ›zu den Roten‹ ihr Geld hinbringen. Nur ich, ich sagte sofort, daß ich auf jeden Fall mein neues Geld am Alexanderplatz abholen wollte. Na, da war vielleicht was los, ein Theater sondergleichen. Das hätten se schon immer gewußt, daß ich eine von drüben wäre usw. Es war ganz merkwürdig, selbst in so schweren Zeiten suchen sich die Menschen immer noch jemanden, den sie beleidigen und verletzen können. Bei dem kleinsten Anlaß fällt dann die sorgfältig polierte Fassade (Wir müssen doch zusammenhalten, Dorchen!) ab und dann kann man das wahre Gesicht sehen.

Als ich diese Gesichter sah, hab ich mir nur gedacht: Genau wie früher, der gleiche Haß — nichts hat sich da verändert. Haß, das wurde mir da ganz klar, setzt sich in den Herzen der Menschen fest und läßt sich auch durch Krieg und Gefangenschaft nicht lösen, sondern verstärkt sich noch und sucht nur neue Opfer. Nur, ich war kein Opfer mehr, mir war das Gekreische der Weiber doch wirklich piepegal!

Ich war nämlich fest entschlossen, mir neues Geld zu holen, und das tat ich auch schnellstens. Frau Stärke holte mich von der Arbeit ab, und wir fuhren Richtung Alexanderplatz. Wir kamen uns richtig wagemutig vor, weil ja feststand, daß diese Währungsreform von den Westalliierten nicht anerkannt wurde und kein Geschäft in den Westsektoren diese neue Ostmark annehmen würde. Frau Stärke meinte dann aber auch, daß wir eben im Ostsektor unser Geld unter die Leute bringen würden, und so zogen wir munter weiter. Jede hatte 70 RM in der Tasche. Am Alexanderplatz herrschte ein toller Betrieb. Ich flüsterte Frau Stärke zu, daß das ja wohl nicht nur Ost-Berliner sein konnten, die hier anstanden. War auch nicht, denn was soll ich sagen, ganz vorne in der Schlange, sah ich eine Kollegin von mir, die angeblich krank war. Ich bin ganz freundlich auf die zu und hab gefragt, was die Krankheit mache und ob es ihr besser gehen würde. Die lief puterrot an und stammelte etwas von ›ich müßte das verstehen, ihr Mann hätte doch auch‹ ... Freundlich verabschiedete ich mich und reihte mich in die Schlange der Wartenden ein. Zufrieden und glücklich, dieser blöden Kuh ein wenig Angst gemacht zu haben (denn die dachte doch jetzt den ganzen Abend darüber nach, was ich wohl am anderen Tag auf der Arbeit erzählen werde).

Nach einigen Stunden hatten wir dann endlich unsere 70 Neuen Mark in der Tasche. Bißchen komisch sah das ja aus, dieses Geld, denn es waren tatsächlich nur überklebte Reichsmarknoten. Frau Stärke und ich mußten richtig lachen, denn das sah schon sehr merkwürdig aus, und wir fragten uns, ob wir überhaupt davon einkaufen konnten.

Am Abend war es so und so schon zu spät, um das neue Geld auszugeben, und so saßen wir um unseren leeren Tisch herum und schwiegen. Alles war wie immer. Wir hatten einen armlangen Hunger, eine Kerze und unsere Ratlosigkeit. Als wir Strom hatten, stellten wir das Radio an und hörten den RIAS, der sich gerade über unser schönes Ostgeld lustig machte. Da stand meine Frau Stärke auf, stemmte ihre Hände in die Hüften und sagte: »Weißte was, wir müssen sehen, daß wir das

Geld unter die Leute bringen und was kriegen. Morgen früh fahr' ich los, und dann wollen wir doch mal sehen, wer hier recht hat.« Sprachs und ging ins Bett. Am anderen Morgen mußte ich wieder arbeiten und gab deshalb mein Geld ab und obendrauf noch meinen und Gottes Segen. Dann schoben wir beide los, ich zur Arbeit und sie zum Einkaufen.

Auf der Arbeit hab ich vom Geld erst mal nichts erzählt und weiter meine Steine sortiert. Doch die anderen haben munter erzählt. So kam nach und nach heraus, daß die meisten in Ostberlin Geld getauscht hatten. Die Aufrufe im RIAS hatten also nichts gebracht. Als es endlich raus war, beschlossen die Frauen, sofort mit der Ostmark einkaufen zu gehen. In der Mittagspause zogen sie los und kamen nach einiger Zeit mit leeren Händen zurück, weil nämlich die Geschäfte geschlossen hatten. Außer Apotheken und Lebensmittelgeschäften hatten alle dicht. Die waren, das muß ich schon sagen, alle ganz schön enttäuscht und auch wütend. Auf wen wußten sie nicht so genau. Eine Frau hat sogar geheult, die saß da mit ihrer dreckigen Schürze, den kohlrabenschwarzen Händen und heulte sich die Seele aus dem Leib. Sie hatte 70 RM umgetauscht und hatte jetzt nur noch 30 RM und die Tapetenmark, für die es nichts gab. Sie tat mir schon richtig leid, denn es sah wirklich so aus, als ob es für dieses Geld nichts geben würde.

Dann kamen natürlich sofort die Vermutungen auf, daß die Russen diese Währungsreform nur gemacht hatten, um uns Deutsche auszubluten, und daß die Amis Berlin jetzt fallenlassen würden usw. Andere — dazu gehörte ich auch — glaubten weder das eine noch das andere. Denn warum sollten die wohl so etwas tun? Die Russen hätten sich doch ins eigene Fleisch geschnitten, wenn wie uns ausgehungert hätten, und die Amis wiederum hatten doch viel zu viel Schiß, daß die Russen ganz Berlin einkassieren könnten. Wie gesagt, das dachte ich damals.

Groß geredet hab ich nicht, ich hab immer nur gedacht: Hoffentlich hat die Stärke was zum Fressen bekommen. Denn Essen war fast das Einzige, was ich wollte.

Wie eine Rakete bin ich nach Feierabend nach Hause gerannt. Doch da lagen weder Schätze noch war Frau Stärke da — nichts. Ich setzte mich also hin und wartete auf Frau Stärke, und wer nicht kam, war meine Zimmerwirtin. Als es schon dunkel war, wurde ich unruhig und bin zu unseren Nachbarn gelaufen und hab dort nachgefragt, doch keiner hatte sie gesehen. Wo mochte das Weib bloß sein? Ich kam auf die unmöglichsten Gedanken. Vielleicht ist sie überfallen worden und ausgeraubt, oder sie ist mit dem Geld in den Westen abgehauen? Aber alles war so unsinnig wie nur irgendetwas. Aber trotzdem, möglich war doch alles.

Ich lief wie ein Tiger auf und ab und wurde fast verrückt vor Hunger und Angst. Endlich hörte ich sie kommen. Sie stand unten vor der Haustür und war mächtig munter und vergnügt. Ich lief auf die Straße und fragte sie besorgt, was denn passiert sei. Da sah sie mich an und schüttete sich vor Lachen aus, und ich wußte zumindest etwas: Diese Frau war betrunken, und das war etwas Ungewöhnliches. Ich nahm ihr die beiden Einkaufstaschen ab und versuchte alles nach oben zu bringen. Endlich waren wir in unserer Wohnung — die Taschen, Frau Stärke und ich. Zunächst packte ich Frau Stärke aufs Bett und dann die Taschen aus: Bohnenkaffee, Eier, Gemüse, Kartoffeln und Schinken. Am meisten hab ich mich über den Bohnenkaffee gefreut. Heute kann man sich das nicht mehr so richtig vorstellen, wie damals Bohnenkaffee in unseren Nasen roch — wie alle schönen Düfte dieser Welt zusammen. Ich hab 'ne Kaffeemühle geholt und Kaffee gemahlen. Nicht einfach so, sondern es war wie ein langeinstudiertes Ritual in der Kirche oder so. Ganz vorsichtig die Bohnen in die Mühle gefüllt und aufgepaßt, daß keine runterfällt. Dann hab ich mich auf einen Stuhl gesetzt, die Mühle zwischen die Beine geklemmt und gedreht. Dieses einmalige Geräusch der schneidenden Messer, der Geruch des Kaffees und die Vorfreude — das ist einfach umwerfend und läßt sich nicht wiederholen.

Als dann der Duft von Kaffee durch die Küche zog, wurde auch Frau Stärke wieder munter. Ich brachte ihr einen dampfenden Kaffeepott und setzte mich zu ihr aufs Bett. Ich hatte sie schon so richtig in mein Herz geschlossen, diese alte Frau, doch an diesem Abend begann ich sie zu lieben. Während wir beide den Kaffee schlürften, sah ich sie über den Rand meiner Tasse an, und sie meinte ganz verschmitzt: ›Dorchen, ich bin richtig betrunken, sozusagen knülle — wat sachste nu?‹ Ich zuckte nur mit den Schultern, und dann erzählte sie mir ihre Einkaufsgeschichte mit der Tapetenmark.

Zuerst war sie in Charlottenburg rumgelaufen, doch da waren die Geschäfte ja alle zu, bis auf eine Apotheke. Doch Medikamente brauchten wir zum Glück nicht. Dann in Wilmersdorf — auch nichts. Kein Geschäft war auf. Gegen Mittag ist sie dann zur Friedrichstraße in den Ostsektor gefahren, und da waren alle Geschäfte auf. Am Alex dann in das größte Kaufhaus. Menschenmassen wälzten sich durch die Gänge zu den Regalen, wo kaum etwas lag. In diesem Kaufhaus traf Frau Stärke eine alte Schulfreundin, die ihr zuflüsterte, daß am Prenzlauer Berg so fliegende Händler, na, sie wisse schon, und ob sie da nicht mit hin? Da isse dann mit hin und hat zunächst Kaffee für 10 Mark gekauft. Klug, wie se war, hat sie gleich zwei Pfund eingepackt. In einem anderen Geschäft gab es dann Mehl, wieder woanders Eier usw.

Nach acht Stunden war sie auf jeden Fall völlig erledigt und ist mit ihrer Freundin in eine Kneipe, um nur einen kleinen Schnaps zur Stärkung zu nehmen. Da man sich viel zu erzählen hatte, wurden es dann einige, und wie sie dann zum Halensee gekommen ist, daran konnte sie sich nicht mehr erinnern.

Brauchte sie ja auch nicht, denn Hauptsache war doch: Wir hatten wieder etwas für die kommenden Wochen. Zum Überleben.

Doch kaum hatten wir den 'Schlag' der ersten Währungsreform verdaut, gab es schon den nächsten: In Berlin gab es auch West-Geld, und wieder mußten wir anstehen wie verrückt. Frau Stärke und ich mußten zu einer Schule in der Nähe vom Kurfürstendamm. Schon von weitem sahen wir die Schlange, und ich sagte zu Frau Stärke, die ja auch nicht mehr die Jüngste war, sie solle ruhig wieder nach Hause gehen, das würde hier doch bestimmt noch Stunden dauern. Doch Frau Stärke blieb, denn bei diesem zweiten wichtigen Ereignis wollte sie unter keinen Umständen fehlen. Wir reihten uns also in die Schlange ein, ließen uns von dem Gerede der Mitwartenden unterhalten, mischten uns auch in die Gespräche ein und warteten auf die Dinge, die da kommen sollten. Unsere Geduld wurde allerdings auf eine sehr harte Probe gestellt. Wir warteten über sechs Stunden, um dann nach Vorlage des Personalausweises und der Lebensmittelkarte unser Westgeld zu erhalten. Wenn man die Wartezeit mitrechnet für die Umstempelung der Ausweise, haben wir alles in allem rund 15 Stunden angestanden. Zumindest hatten wir jetzt unser Geld, und die ›Goldene Zeit‹ des Sattwerdens konnte beginnen. Und dieses Zeitalter fing sehr vielversprechend an. In unserer Straße gab es einen kleinen Krämerladen, der seit fast einem Jahr geschlossen war, und der hatte plötzlich auf und bot von Gemüse über Konserven bis hin zur Sahne alles an. Wir staunten nur Bauklötze. Ich kaufte von meinem Geld ein Stück Käse, Butter und ein Paar Strümpfe. Frau Stärke Milch, Schinken und Zigaretten. Wir fühlten uns mit diesen neuen Sachen, die es bis vor einem Tag kaum und wenn, dann nur zu horrenden Preisen gegeben hatte, unheimlich glücklich. Wir haben richtig der Völlerei gefrönt. Brote mit Käse und Butter, Kaffee mit Sahne und Zigaretten. Frau Stärke holte dann noch einen Schnaps, und unser Glück war vollkommen. Als wir so am Tisch saßen, fragte mich Frau Stärke, wieviel Geld wir noch hätten. Ich hatte noch 38 Deutsche Mark West und 53 Mark Ost, sie selbst hatte 32 Mark West und 60 Mark Ost. Die Frage war nun: Wie legen wir das Geld sinnvoll an? Ich schlug vor, unser Ostgeld in Westgeld umzutauschen, denn für Westgeld kriegten wir wenigstens was. Frau Stärke willigte auch ein, denn durch diese Währungsreform hatte sie fast 3000 Mark verloren, und jetzt wollte sie nicht noch mehr verlieren.

Es war abgemacht, daß wir unser Geld wieder mal zusammenlegten und versuchten, günstig zu tauschen. Die Frage war nur: Wer übernimmt diese nicht gerade leichte Aufgabe? Notgedrungen und sehr halbherzig bot ich meine Dienste an, allerdings mit der Einschränkung, erst nach Feierabend losziehen zu können. Da sieht mich meine Zimmerwirtin so von oben bis unten an und meinte dann, für solche Art von Geschäften wäre ich nun wirklich nicht die richtige Frau. Wenn überhaupt dabei etwas rauskommen sollte, müßte sie diese Aufgabe übernehmen.

Gott, war ich dankbar und froh, als ich am nächsten Morgen zur Arbeit ging und sie zum Tauschen. Am Abend wollten wir uns dann am Bahnhof Zoo treffen. Gegen 18 Uhr ging ich also zum Bahnhof und sah eine Menge Menschen immer auf und ab gehen. Jeder sprach vor sich hin: Ostmark? Westmark? Uhren? Auch Frau Stärke ging auf und ab, allerdings nur, weil sie schon auf mich wartete. Bevor ich überhaupt etwas sagen konnte, packte sie mich am Ärmel und fragte nach meinem Tagesverdienst auf dem Bau. Da mußte ich nicht lange überlegen — es waren 4,48 Deutsche Mark. Frau Stärke lachte und zog mich weiter, bis wir außer Reichweite des Bahnhofs waren. ›Weeßte, wat ich verdient hab? 40 Märker.‹ ›West?‹ ›Klar, in West, und davon gehen wir jetzt erst mal schön essen.‹ Eine halbe Stunde später saßen wir beide doch tatsächlich in einem Lokal und tranken Bier, aßen Schnitzel mit Erbsen und Möhren. Nach dem Essen erzählte Frau Stärke dann, wie sie heute klug unser Tapetengeld in Westgeld vermarktet hatte. Angefangen hatte sie mit 120 Tapetenmark, dafür bekam sie 30 Mark West. Diese 30 DM wurden wieder in Tapetenmark umgetauscht, sie bekam dafür 180 Mark. Diese Umtauschaktionen hat sie den ganzen Tag durchgezogen, und am Abend hatte sie 40 Deutsche Mark verdient.

Allerdings wurden die Kontrollen auf den Schwarzmärkten immer schärfer, und Frau Stärke hatte dann doch nicht die Nerven, weiter ihr Geld auf diese illegale Weise zu mehren. Von mir ganz zu schweigen.«

Die Währungsreformen in Ost und West waren im Grunde nur noch die Auslöser für die Entwicklungen unterschiedlicher Wirtschaftssysteme: Eine kapitalistische Gesellschaftsform in den Westzonen mit freier Marktwirtschaft, in der sowjetischen Zone eine sozialistische Planwirtschaft. Es war absehbar, daß es in Berlin zur Machtprobe kommen mußte.

In diesen Tagen und Wochen standen die Berliner in Grüppchen auf den Straßen und diskutierten die weitere Entwicklung ihrer Stadt. Dora traf sich jetzt ein- bis zweimal in der Woche mit einer Gruppe junger Männer und Frauen zum Tanzen, Wandern und einfach zum Reden. Frau Stärke stellte den jungen Leuten gern ihren Garten zur Verfügung, und in regelrechten Planspielen wurden verschiedene Lösungsmöglichkeiten des drohenden Konflikts durchgespielt.

Variante A): Siegte die neue Ostwährung, so waren die Westsektoren für Amerikaner, Briten und Franzosen kaum zu halten, zumal die sowjetische Seite mit Hinweis auf das Potsdamer Abkommen die Anwesenheit der alliierten Truppen in Berlin in Frage stellten.

Variante B): Würde sich die Westwährung auch in Ost-Berlin durchsetzen, was durchaus wahrscheinlich war, würde das gesamte Wirtschaftssystem der sowjetisch besatzten Zone zusammenbrechen oder zumindest ins Wanken geraten.

Variante C): Ein Nebeneinander beider Währungen, was aber die Spaltung der Stadt in zwei selbständige politische und wirtschaftliche Einheiten bedeuten würde.

Dora und ihre Freunde tippten auf die letzte Möglichkeit, während Frau Stärke mehr auf Variante A tippte. Dieses makabre Spiel war das Lotto des Jahres 1948.

Es war eine Zeit der Proteste, Protest der sowjetischen Militäradministration gegen die Stationierung der alliierten Truppen, Protest der Sozialistischen Einheitspartei Deutschlands, SED, Protest des Volksrats, Warnung von Marshall Sokolow an alle Bürger und Bürgerinnen Deutschlands, die Einfuhr von Westgeld stehe unter Strafe.

Um ihren Forderungen Nachdruck zu verleihen, stellten die sowjetischen Behörden zunächst den gesamten Personen- und Postverkehr von und nach Berlin ein. Vom 24.6.1948 an waren alle Schienen-, Straßen- und Wasserwege für den gesamten Verkehr gesperrt. Die Stromversorgung wurde unterbrochen, und ab dem 1.8. wurden alle Lebensmittel- und Kohlelieferungen eingestellt.

»Seit der Währungsreform kam es bei den Sitzungen der Stadtverordnetenversammlung immer wieder zu Unruhen, und dann gab es am 23. Juni, nach der zweiten Währungsreform, richtige Tumulte. SPD- und CDU-Mitglieder wurden von SED-Anhängern richtig verprügelt und das Dollste war: die Polizei sah tatenlos zu. Daraufhin erklärten die Westalliierten die Amtsenthebung des Polizeipräsidenten Markgraff und die Ernennung von Johannes Sturm. Die sowjetischen Behören erkannten diese Entscheidung nicht an, und folglich hatten wir neben zwei Währungen auch noch zwei Polizeiorganisationen. Jeden Tag gab es neue Hiobsbotschaften, die wir täglich gelassener aufnahmen. Wir waren seit Jahren doch nichts anderes mehr gewöhnt.

Klar war die Zeit der Blockade sehr schlimm. Kaum durften wir in den Schaufenstern herrliche Würste und Käse bewundern, da waren sie auch schon wieder weg. Es gab wirklich bald kaum noch die Möglichkeit an Lebensmittel legal heranzukommen, außer an die, die rationiert waren und auf Bezugsscheine zu erhalten. Ich war mittlerweile richtig gleichgültig geworden, den seit 1942 hungerte ich praktisch und arbeitete dafür sehr schwer und hart. Ich funktionierte nur noch wie ein Roboter. Doch dann lernte ich Ewald kennen, und alles wurde anders, schöner und besser, trotz des Hungers.

Es war einige Tage nach Beginn der Blockade, und wir räumten in Charlottenburg einen ganzen Straßenzug. Der Sommer war relativ heiß, und wir hatten dementsprechende Kleidung an. Ich werde es nie vergessen, als ich Ewald zum ersten Mal sah, trug ich Shorts aus einer abgeschnittenen Herrenhose, eine gelbe Bluse und feste Schuhe. Meine Haare — ich war ewig nicht beim Friseur gewesen — hatte ich mit einem Gummi zusammengebunden. Der Schweiß rann nur so an mir runter, und vom fielen Abwischen war mein Gesicht total drekkig. So gegen zehn oder elf Uhr kam unser Meister und stellte uns Ewald als neuen Kollegen vor. Wir antworteten mit Pfiffen, so wie heute Männer oft reagieren, wenn sie eine Frau sehen. Ewald grinste ein wenig verlegen und fragte, was er tun müßte. Wir wiesen ihn gerne ein, und von der Seite beäugte ich immer wieder diesen Mann, weil der so schön gesund und kräftig aussah. Am Abend bin ich mit zwei Eimern los und hab Wasser geholt, meine Kleider gewaschen, mich und meine Haare geschrubbt. Frau Stärke war fassungslos, denn es war doch mitten in der Woche, und sie fragte mich sehr hinterhältig, warum ich mich mitten in der Woche mit so guter Seife waschen würde, und wir müßten schließlich sparen. Ich antwortete ihr, daß ich mich wegen diesem Stück Seife am Samstag unter einen Rosinenbomber stellen würde.

Wir mußten beide lachen, denn meine Geschicklichkeit im Schmuggeln oder Tauschen war ja allgemein bekannt. ›'N Kerl, wa?‹

Na ja. Am nächsten Tag ging ich mit frischgewaschenem Haar und sauberem Kleid zur Arbeit, in der Gewißheit, die absolut Schönste zu sein. Doch mich traf doch glatt der Schlag — die Weiber hatten sich fast alle so schön gemacht, nach damaligem Maß, versteht sich. Keine sagte was, und wir gingen an unsere Arbeit. Dann kam Ewald und half mit Steine klopfen, Loren schieben und stapeln. Ich richtete es so ein, daß ich immer dann zur Lore ging, wenn er auch gerade dort seinen Eimer ausschüttete, und so kamen wir auch ins Gespräch. Ewald erzählte mir, daß er Maler sei und keine Käufer für seine Bilder finden würde, deshalb arbeite er jetzt hier.

Ein Künstler! Ewald stieg in meiner Achtung, und am Abend war ich bis über beide Ohren verliebt. Die ganze Woche überlegte ich mir, wie ich ihn für mich begeistern könnte, und am Samstag faßte ich mir ein Herz und fragte, ob er nicht Lust hätte, mit mir nach Tempelhof zu fahren. Er konnte sich zwar nicht vorstellen, was wir beide dort wollten, aber er sagte zu. Nachmittags trafen wir uns, und mit Fahrrädern fuhren wir los und staunten dann doch, denn fast alle 2 Minuten donnerte ein Lastflugzeug über unsere Köpfe hinweg, und manchmal konnten wir sogar sehen, was die an Kisten so geladen hatten. So tief flogen die. Manche der Piloten warfen an kleine Fallschirme gebundene Schokolade ab. Wer einen solchen Fallschirm erhaschte, fühlte sich wie ein kleiner König.

Es war wie ein Volksfest. Ganze Familien mit Oma, Opa und dem Baby campierten in Tempelhof. Doch Ewald und ich erwischten keine Schokolade, aber es war trotzdem schön, und ich fühlte mich seit langen Jahren wieder so richtig glücklich.

Am Abend gingen wir dann noch in einem Kellerlokal tanzen, wo es außer Musik nichts gab, und später nahm ich Ewald mit nach Hause. Frau Stärke hatte nichts dagegen, denn sie wußte auch, daß ich über so lange Zeit niemanden mehr hatte, den ich lieben konnte.

Ich schwebte auf Wolken, und Ewald half mir über diese schwere Zeit in Berlin hinweg. Die Angst, die alle hatten, war bei mir in den Hintergrund getreten. Alles was an Beeinträchtigungen über die Berliner hereinbrach, empfand ich als halb so schlimm. Liebe macht eben doch blind, und im Nachhinein muß ich sagen: Es wurde dann verdammt schlimm für Berlin. So wurden die Stromsperren immer drastischer, und im Juli fuhren die U- und S-Bahnen nur noch zwischen sechs Uhr morgens und sechs Uhr abends. Später wurde der Verkehr der S-Bahn ganz eingestellt. Wir hatten nur noch zwei Stunden Strom am Tag und nur deshalb, weil die Tage immer länger wurden, empfanden wir es in den ersten Wochen als nicht ganz so schlimm. Zwischen ein Uhr nachts und drei Uhr morgens holten wir dann Wasser, wuschen unsere Kleider und kochten Wasser, damit wir zu unserer Scheibe Brot etwas zu trinken hatten. Manchmal wußten wir auch nicht, wann wir Strom bekamen, und dann saßen wir um unseren Tisch herum. Nur nicht schlafen! Plötzlich Licht. Wir rasten hin und her. Zum Lichtschalter und zum Radio. Kochen, Strümpfe und Hemden waschen, Nachrichten hören. Wir hörten West, wir hörten Ost, und nach zwei Stunden war alles wieder duster.

Im Juli dann — also einen Monat nach ihrer Geburt — war das Leben der Tapetenmark bereits zu Ende. Laut Befehl des Obersten Chefs der sowjetischen Militärverwaltung wurde die Kuponmark in die Deutsche Mark — Ost, versteht sich — umgewandelt. Die Umtauschstellen befanden sich natürlich alle im Osten, und wieder mal rannten wir los zum Umtauschen. Mit viel Trara, Gekreisch und Gezeter. Dabei mußten wir uns beeilen, denn es war ganz schön weit von Wilmersdorf nach Lichtenberg oder nach Köpenick, und ab 18 Uhr fuhr doch keine Bahn mehr. Geschafft haben es aber doch die meisten.«

Im Juli 1948 protestierten die drei Westalliierten in Moskau gegen die Blockade in Berlin und erklärten die Verhandlungsbereitschaft ihrer Regierungen, allerdings erst nach Aufhebung der Blockade. Die Sowjets bekundeten auch ihre Gesprächsbereitschaft, allerdings vor der Aufhebung der Blockade. Alles schien unbestimmt, vage, und immer mehr Berliner versuchten, in den Westen zu kommen. Doch so einfach war das nicht. Die sogenannten »D-Mark-Flugplätze« waren auf Wochen hin ausverkauft. Es blieb die Bezahlung in Dollar, doch deren Besitz war Deutschen verboten. Die meisten Berliner blieben also doch, warteten ab und verfolgten die Ereignisse am Radio oder durch die Zeitungen, was nicht gerade hoffen ließ.

Da lasen sie, daß die drei westlichen Botschafter in Moskau bei Stalin waren. Ansonsten: Kein Kommentar. Es gab Vorschläge und Gegenvorschläge, aber über die Inhalte wurde nichts bekannt. Während die Waage für oder gegen Berlin mal nach oben und mal nach unten ging, berieten in Bayern schon andere über eine neue deutsche Verfassung. Das bedeutete — die Grenzen zwischen den Westzonen würden fallen.

Während also in Moskau, London, Paris, Washington gestritten und in Bayern verhandelt wurde, saßen die Berliner bei Trockenmilch und Trockenkartoffeln und feierten am 1.10. 1948 den 100. Blockadetag.

»Zum Glück war es ein schöner Sommer, und die Stromsperren waren nicht ganz so schrecklich wie später im Winter. Wir hatten auch ein wenig frisches Obst und Gemüse aus unserem Garten. Trotzdem stimmte uns die Lage natürlich nicht froh, zumal immer mehr Geschäftsleute Berlin verließen. Wie sie allerdings herauskamen, wußten wir damals nicht, ein wenig neidisch waren wir schon. Von der Luftbrücke habe ich nicht allzuviel mitbekommen, deshalb fand ich es auch ziemlich doof, als Ende September unser Meister kam und uns von den Feierlichkeiten zum 100. Blockadetag erzählte. Musikgruppen, Kinderchor und Tanzgruppen wollten den tapferen Soldaten danken.

Ne Kollegin lehnte sich auf ihre Hacke und fragte, wer *uns* denn endlich mal danken würde, weil wir doch hier die ganze Scheiße wegschippten. Und während die anderen unterm Rosinenbomber ständen, würden wir die Stadt doch wieder aufbauen. Wir klatschten Beifall, und der Meister ging erst einmal wieder. Nach 'ner Stunde kam der wieder, und ich fragte ihn, was er denn eigentlich von uns wollte. Da nuschelte er was vom Chor der Berliner Trümmerfrauen, und er wollte uns fragen, ob wir nicht dort singen könnten. Wir haben uns fast schiefgelacht — diese Vorstellung! Dreißig Frauen schieben Loren zum Rollfeld und singen den Amis ein Lied! Nee, also bei allem Dank, da waren wir uns einig, da würden wir nicht singen.«

Statt zu den Feierlichkeiten auf dem Flughafen Tempelhof zu gehen, fuhren Ewald und Dora an die Havel und besahen sich traurig das Wasser, in das sie nicht mehr springen durften wegen der Seuchengefahr. Sie überdachten ihre Lage und wie es wohl weitergehen würde. Mit ihnen und mit Berlin.

Es brodelte in der Stadt, und es kam zu immer heftigeren Auseinandersetzungen zwischen Ost und West. Seit die Westalliierten den Polizeipräsidenten abgesetzt hatten, sprach die neue Westpolizei von der illegalen Ostpolizei und die Ostpolizei von der illegalen Westpolizei. Am 6. September kam es dann zum offenen Eklat um das im Ostsektor gelegene Rathaus. Das Gebäude wurde von der Menge gestürmt, Journalisten, Abgeordnete und Ordner wurden tätlich angegriffen. Daraufhin verlegte der Vorsitzende Dr. Otto Suhr (SPD) die Sitzung nach West-Berlin. Die Fraktion der SED nahm an diesem Auszug nicht teil, was dann den endgültigen Bruch bedeutete. Am gleichen Abend noch verkündete die in die Technische Universität verlegte Stadtverordnetenversammlung Neuwahlen für ganz Berlin.

»Ich dachte, ich trau' meinen Augen nicht, als Frau Stärke angeradelt kam auf einem geliehenen Fahrrad. Von weitem schrie sie schon: ›Dorchen, Dorchen, Putsch in der Stadt! Die SED macht gerade einen Staatsstreich.‹ Wir ließen alle wie auf Kommando unsere Hacken fallen. Wo denn, wie denn? Frau Stärke hechelte und setzte sich erst einmal hin. ›Na drüben in Ost-Berlin, die Ostpolizei hat alle Zufahrtsstraßen besetzt.‹

Ewald sah mich an und meinte, wir müßten sofort Radio hören, und schon rannten wir in die nächste Kneipe. Doch da wußte man von nichts. Wir suchten das Radio, drehten am Knopf und Neese — Stromsperre. Strom gab es hier immer erst ab 20 Uhr. Wir waren alle ganz still und gingen auf die Straßen. Wir lauschten, aber es war alles still. Ich fragte Frau Stärke, ob sie mal wieder die Mäuse tanzen gehört hat. Aber nee, sie blieb dabei. Endlich war es 20 Uhr, und wir konnten den RIAS hören. Da tagten die schon in Westberlin und hatten bereits Neuwahlen verkündet. Also war nichts mit Staatsstreich, aber die Teilung dieser Stadt nahm bedrohliche Formen an. Jemand meinte, daß man demnächst wohl ein Auslandsvisum benötige, um von Charlottenburg nach Potsdam zu kommen. So richtig lachen konnte keiner. Die Aussicht, daß wir vom Westen vielleicht endgültig abgeschnitten wurden und vielleicht für die Russen arbeiten mußten, machte uns nicht gerade froh. Überhaupt, die Arbeit machte immer weniger Spaß. Zum einen die Ungewißheit, ob es morgen nicht schon wieder Krieg gibt, und zum anderen fühlte ich mich immer schlapper und elender. Jeder Eimer, den ich trug, wog plötzlich mehrere Zentner. Ich wollte einfach nicht mehr.

Die Trümmerberge wurden auch nicht weniger und niedriger, an allen Ecken sah man Berge mit kleinen Ameisen drauf: Trümmerfrauen, und die machten seit Jahren immer das gleiche — Steine klopfen, in Eimer füllen, Eimer zur Lore, Lore schieben, Steine wieder hin und aufschichten. Es war nicht nur für mich deprimierend, sondern in diesen Tagen ging es wohl allen so. Erzählungen von fröhlichen Trümmerfrauen hatten sich bestimmt Politiker oder Arbeitgeber ausgedacht. Von Fröhlichkeit war bei uns zumindest keine Spur mehr. Im Gegenteil, immer mehr Frauen machten schlapp, fielen einfach um. Es passierten auf den oft nicht gesicherten Baustellen immer häufiger Unfälle, und bei uns verunglückten gleich zwei Frauen, die unter einstürzendem Mauerwerk begraben wurden. Es gab irgendwann mittags einen wahnsinnigen Krach, lautes Geschrei, und dann war es ruhig. Als ich mich umdrehte, standen mehrere Frauen regungslos und besahen sich einen Haufen Steine. Keine von uns regte sich, bis eine Frau schrie, daß da noch welche liegen würden. Und wie auf Kommando buddelten wir wie verrückt nach den beiden Frauen. Den Anblick der beiden Toten werde ich nie vergessen, weil keine Gesichter mich anblickten, sondern Fleischmassen. Auf der Stelle habe ich mich übergeben, geheult und geschrien. Ewald wollte mich trösten und sagte zu mir, ich sollte sofort aufhören zu arbeiten. Ich hätte es auch gerne gemacht, nur, wovon sollte ich leben? Es gab für mich doch nichts anderes zu tun, als Steine zu klopfen. Tja, da wußte er auch nicht mehr weiter.

Abends stand ich immer noch unter diesem Schock und hab mich so richtig ausgeheult. Frau Stärke nahm mich in ihre Arme und fragte mich so ganz behutsam aus. Zum Schluß sagte sie mir dann, daß ich mich doch auch freuen könnte, bald nicht mehr allein zu sein. Ich verstand nicht. Wieso bald nicht mehr allein? Und dann begriff ich — ich war schwanger. Das haute mich richtig um. Ich war 38 Jahre alt, hatte noch nie ein Kind geboren, war völlig abgemagert, keine Aussichten auf eine Besserung und dann ein Kind. Ich wollte nicht, ich wollte absolut kein Kind.

Mit Ewald hab ich nicht darüber gesprochen — sondern habe es einer Kollegin erzählt, die mich sofort verstand. Sie versprach, mir zu helfen, und fragte, wieviel Geld ich denn hätte. Ich überlegte. Wenn es hochkam, waren es rund 100 Mark. Nach einigen Tagen zog sie mich beiseite und gab mir die Adresse von einer Frau, die es für 150 Mark machen würde. Da stand ich mit dieser Adresse und sah Ewald, wie er eine Lore schob. Plötzlich dachte ich mir, warum eigentlich nicht? Ich zerriß diese Adressse und war nun richtiggehend schwanger. Das Problem war jetzt nur noch, es Ewald schonend beizubringen.«

Ewald war damals 28 Jahre alt. Er war in Berlin geboren, seine Eltern lebten nicht mehr, und so war er schon seit Jahren auf sich selbst gestellt. Er war Maler und sah diese Bauarbeitertätigkeit nur als vorübergehende Arbeit an. Er war sehr stark an den politischen Vorgängen in und um Berlin interessiert und nahm regelmäßig an Kundgebungen teil. Eine Woche, nachdem in West-Berlin Neuwahlen ausgerufen wurden, kam es auf dem Platz der Republik zu einer Demonstration, an der sich Hunderttausend Berliner beteiligten. Ewald überredete Dora, sich trotz ihrer schlechten Verfassung an dieser Veranstaltung zu beteiligen.

»Die erste, meine erste Demonstration mit Ewald. Obwohl es mir wirklich schlecht ging, war es doch Ehrensache, dahin zu gehen. Wir verabredeten uns mit allen Kolleginnen und Kollegen an unserer Baustelle, um gemeinsam zum Platz der Republik zu marschieren. Zum vereinbarten Zeitpunkt waren auch wirklich alle da. Frau Stärke hatte die gesamte Nachbarschaft mobilisiert, und gemeinsam zogen wir los. Immer mit dem Gedanken im Kopf: Wir sind Berliner, wir gehören zum Westen. Von überallher strömten die Menschen, und allen stand im Gesicht geschrieben: Wir sind Berliner und gehören zum Westen. Der Platz wimmelte von Menschen, und ich muß sagen, es war eindrucksvoll, da zu stehen mit all den anderen Berlinern. Und als Ernst Reuter ans Mikrophon trat, dachte ich nur: Hier in dieser Stadt, da bleibe ich bis an mein Lebensende.

Reuter schrie in die Menge, die Menge schrie und ich schrie — ganz Berlin war ein Schrei. Die Rede, die Reuter dann hielt, ging um die ganze Welt, und einige Passagen kann ich heute noch auswendig: ›Wenn es könnte, würde auch das Volk von Leipzig seine Stimme erheben. Wir werden den Tag der Freiheit erleben. Völker der Welt, schaut auf diese Stadt, schaut auf Berlin!‹ Danach waren wir alle so aufgeputscht, daß wir am liebsten nach Ost-Berlin marschiert wären, um denen mal zu zeigen, was 'ne Harke ist. Stattdessen gingen wir nach Hause und bekamen die sich anschließenden Zwischenfälle nicht mit. Junge Leute marschierten zum Brandenburger Tor und rissen dort die Rote Fahne runter. Man drohte und schrie, und die russische Polizei schoß. Es gab einen Toten, mehrere Verwundete und Verhaftungen. Später konnte ich in den Zeitungen lesen, daß die verhafteten Demonstranten von einem sowjetischen Militärgericht zu fünfundzwanzig Jahren Arbeitslager verurteilt wurden. Das bedeutete Tod. Und ich? Ich war hin- und hergerissen zwischen Untergangsstimmung und Euphorie, fand es aber an der Zeit, Ewald von seinen Vaterfreuden zu erzählen. Nach der Kundgebung trafen wir uns mit seinen Freunden in seinem Atelier, und die Diskussion war hitzig und sehr laut. Ich saß in einer Ecke und hörte nur zu, besah mir seine Freunde und ihn. Junge Männer und junge Frauen, die den Krieg noch als Kinder und Jugendliche erlebt hatten und sich um ihre Jugend betrogen fühlten. Es waren noch Jugendliche, und ich war alt, und wie ich sie so beobachtete, überkam mich plötzlich die Erkenntnis: Dora, du bist fast vierzig Jahre alt und kriegst ein Kind. Das war zuviel für mich, ich stürzte nach Hause, ohne daß es jemand bemerkte.

Am anderen Morgen fragte mich Ewald, warum ich denn so schnell gegangen war, und da hab ich ihm alles gesagt. Ganz ruhig und ganz gelassen. Genauso nahm es Ewald auch auf und sagte, während er eine Lore vollpackte: Dann heiraten wir eben. Sprachs und zog los. Ich hatte dann genau zehn Minuten Zeit, um mir diesen Heiratsantrag durch den Kopf gehen zu lassen. Als er dann wiederkam, teilte ich ihm meinen Entschluß mit: Kind ja — heiraten nein. Ewald stand neben seiner Lore und sah mich wie ein Weltwunder an. An dieser Baustelle in der Carmerstraße in Charlottenburg besprachen Ewald und ich dann unsere weitere Zukunft. Wir wollten zusammenbleiben, das Kind bekommen und damit aus. Und genauso haben wir das dann auch gemacht.

Nachdem diese Angelegenheit geklärt war, konnte ich beruhigt an meine Arbeit gehen und sah der Zukunft an diesem Tag gelassener ins Auge. Frau Stärke fand meinen Entschluß zwar unmöglich, plante aber sofort kräftig mit. Das Haus war groß, und sie würde dann schon auf das Kind aufpassen. Während Berlin fast zusammenbrach, planten wir auf Jahre voraus.«

Einige Tage später gedachten hunderttausend Berliner auf einer Kundgebung der Opfer des Faschismus aller politischen Richtungen und aller religiösen Bekenntnisse. In Ost-Berlin.

Der Kalte Krieg war voll entbrannt, und kurz vor den Wahlen in West-Berlin hatte auch der Ostsektor einen neuen Magistrat. Der neue Oberbürgermeister hieß Friedrich Ebert, Sohn des sozialdemokratischen Reichspräsidenten der Weimarer Republik. Am 5.12.1948 fanden in West-Berlin die Wahlen zur Stadtverordnetenversammlung statt. Mit 64,5% der Stimmen errang die SPD den Sieg, und Ernst Reuter wurde zum Oberbürgermeister gewählt. Damit war auch die administrative

Teilung der Stadt vollzogen. Berlin hatte jetzt zwei Regierungen, zwei Gewerkschaftsorganisationen, zwei Polizeiorganisationen und immer noch zwei Währungen.

Und die Standhaftigkeit der West-Berliner schien unbegrenzt zu sein. Als der Ost-Magistrat versprach, auch die Lebensmittelversorgung für West-Berlin zu übernehmen, lachten die West-Berliner und meinten, für einen Teller Erbsensuppe verkauften sie doch nicht ihre Gesinnung. So sprach das offizielle Berlin und ihre Zeitungen, doch die, die nichts hatten, die nahmen das Angebot an und fuhren nach Ost-Berlin, um heimlich einzukaufen.

Ewald wollte von solchen Einkaufsplänen in Ost-Berlin nichts wissen, doch als Dora immer schwächer wurde, änderte er seine Meinung und freundete sich mit dem Gedanken an, im Osten zu kaufen. Frau Stärke fuhr also zum Schwarzmarkt und ging dort erst einmal spazieren, leise vor sich hinsummend: Ostmark, tausche Westmark gegen Ostmark. So tauschte sie 10 Westmark gegen 50 Ostmark ein. Dann fuhren Dora und Frau Stärke nach Ost-Berlin und kauften Brot, Butter und Kartoffeln. Zwar mußte man aufpassen, nicht erwischt zu werden, aber der Hunger trieb doch viele West-Berliner in den Ostsektor.

»Im Oktober wurde es schon richtig kalt, und wir hatten alle Angst vor dem Winter, der zwar nach dem Hundertjährigen Kalender besonders mild werden sollte, ich gab allerdings nicht allzu viel auf solche Weissagungen. Die letzten Winter waren mir noch in Erinnerung. Ewig frieren in Häusern ohne Licht — diese Vorstellung war direkt schrecklich. 1947 bekamen wir einen Zentner Kohlenzuteilung für den ganzen Winter, aber davon hörte man im Jahre 1948 nun überhaupt nichts.

In den Ost-Zeitungen stand zu lesen, wir sollten unsere Lebensmittelkarten im Ostsektor anmelden, dann bekämen wir auch Kohlen. Haben wir uns aber nicht getraut. Es war schon gefährlich genug, Lebensmittel durch die Kontrolle zu kriegen. Wie sollten wir denn da die Kohlen rüberkriegen? Und überhaupt, da wurden wir dann doch zu kleinen Patrioten. Im November gab es dann endlich Kohlen, für 15 Mark pro Zentner. Wir schmissen zusammen und kauften einen halben Zentner. Abends schlichen wir uns in die Wälder und sammelten Holz. Bald darauf wurde ich von dieser Arbeit befreit, ich wurde dicker und mußte zusehen, daß ich meine Arbeit auf der Baustelle schaffte. Von Mutterschutz oder so etwas hatte ich damals nichts gehört. Ich hatte zwar den Kolleginnen nichts erzählt, aber die wußten alle Bescheid und halfen mir, so gut sie konnten. Lore schieben war für mich vorbei, ich stand an einer windgeschützten Stelle und brauchte nur noch Steine zu klopfen. Nach fünf Stunden fiel mir dieses Stehen dann auch sehr schwer, und ich sagte mir immer: ›Durchhalten, Dora, durchhalten!‹

Im Dezember wurde es dann verdammt kalt in Berlin, und wenn wir abends ins Bett gingen, zogen wir uns an wie für eine Expedition in die Antarktis. Eines Abends standen Ewald und ich in unserer Kammer, und Ewald baute unsere Betten auf. Irgendwann drehte ich mich um und bekam das heulende Elend: Er, schlank und groß, und ich stand hinter ihm mit zwei Pullovern, einer Strickjacke, zwei paar Wollschlüpfern, einer langen Unterhose von ihm! Wie sollte da bloß Liebe entstehen oder sich halten? Ich heulte und Ewald prustete los, so blöd sah das wohl aus. Voller Wut und Enttäuschung zog ich zu Frau Stärke — für eine Stunde.«

Dora hielt durch. Sie arbeitete weiter auf der Baustelle und klopfte Steine. Oft bis zum Umfallen. Weihnachten feierten sie bei einer Kerze und einer Tasse Kaffee. Frau Stärke sammelte Wäsche, trennte alte Pullover auf und strickte neue, alles für das Baby. Ewald fand eine Anstellung als Lehrer an der neugegründeten Kunsthochschule. Kein großer Verdienst, aber er konnte zumindest wieder malen. Im Januar wurden die Arbeiten auf der Baustelle eingestellt, und Dora stand wieder vor ihrem Chef, der immer noch in Berlin blieb. Sie mußte arbeiten, so lange wie es eben ging.

»Ich war so verzweifelt, daß ich immer dachte, jetzt gehste zu dem hin und fragst nach Arbeit. Endlich hatte ich den Mut und ging zu ihm hin. Er hatte sein Büro in einem Hinterhof, und es dauerte ziemlich lange, bis ich mich durchgefragt hatte. Als ich vor ihm stand, wußte er zunächst nicht, wer ich war, doch dann fiel es ihm ein und er fragte, was ich denn von ihm wolle. Da hab ich ihm alles erzählt, wirklich alles, und er versprach, mir auch zu helfen. Nach zwei Wochen konnte ich tatsächlich in einer Weddinger Fabrik Maschinen putzen und das Lager aufräumen. Drei Monate hab ich dort gearbeitet, und am 4. April bekam ich in dieser kleinen Fabrik auch meine Wehen. Zu Fuß lief ich ins Krankenhaus und brachte dort mein Kind zur Welt. Zwei Stunden lebte dieser kleine Berliner. Die Empfindungen, diesen Schmerz konnte ich damals nicht und kann ich heute noch nicht und niemandem begreiflich machen.

Als ich nach zwei Wochen nach Hause kam, waren alle Babysachen verschwunden, und wir haben nie wieder über mein Kind gesprochen. Nach weiteren zwei Wochen stand ich wieder auf meinem Platz und enttrümmerte.«

Im April 1949 beschloß der Westmagistrat allen in den Westsektoren lebenden Opfern des Faschismus — kurz ODF genannt —, die ihre Lebensmittelkarten im Ostsektor beziehen, keine finanziellen Unterstützungen zu gewähren und die ihnen zuerkannten Renten und Pensionen in Zukunft in 10% West und 90% Ost zu zahlen. Das war die Strafe für die Hungernden Berlins, die ihr Brot im Osten kauften. Überhaupt nahm der Kalte Krieg immer schlimmere Formen an. Ewald, der inzwischen an der Kunsthochschule arbeitete, kannte und bewunderte Karl Hofer, den Maler und Leiter dieser Schule. Hofer war Mitglied der Preußischen Akademie der Künste, bevor ihn die Nazis 1934 entließen. Er galt als Entarteter Maler. Als 1949 bekannt wurde, daß er und andere Künstler Lebensmittel aus dem Osten bezogen und eine Grußadresse an die in Paris tagende Weltfriedenskonferenz unterschrieben hatten, kam es zum Eklat, von dem auch Ewald betroffen war. Er hatte diese Grußadresse mitunterschrieben.

»Ich hatte mich noch nicht ganz von meiner Totgeburt erholt, da stand der nächste Schrecken schon wieder ins Haus. Ewald wurde entlassen, weil er auch diese Botschaft da unterschrieben hatte. Als das bekannt wurde, trat das Studentenparlament zusammen, und die gaben eine Resolution ab, in der sie sich gegen diese Kommunistenfreunde wehrten. Sie forderten den Magistrat auf, gegen Hofer und die anderen etwas zu unternehmen. Die Zeitungen haben diese Forderungen kräftig unterstützt, und im Tagesspiegel stand dann auch zu lesen, daß Künstler und Lehrer, die sich gleichzeitig vom Westen und vom Osten ernähren und Grußbotschaften an kommunistische Kongresse abgeben, die Jugend nicht mehr unterrichten dürfen. Jeden Tag stand was anderes in den Zeitungen, und auch der Freie Verband Bildender Künstler distanzierte sich von Hofer und den anderen Künstlern. Doch der Magistrat blieb hart, und Hofer konnte bleiben. Dafür mußte Ewald gehen und kloppte wieder Steine.«

Am 4. Mai 1949 war es dann soweit: Die Blockade Berlins wurde aufgehoben, und nach zehn Monaten öffnete sich der Schlagbaum am Kontrollpunkt Dreilinden, um die ersten LKW nach Berlin durchzulassen. Was sich vor knapp einem Jahr in den Westzonen ereignete, zeigte sich jetzt auch in Berlin.

»Wir hörten natürlich aus dem Radio die gute Nachricht, daß die Blockade aufgehoben sei, aber was das bedeutete, war uns noch nicht so ganz klar. Einen Tag später sahen wir dann das Wunder, das Unglaubliche: Einen Tag bevor die Blockade aufgehoben wurde, gab es in den Läden nichts zu kaufen, oder sie hatten zu. Doch am anderen Tag staunten wir Bauklötze: Die Läden waren voll, alles, was das Herz begehrte, konnte man plötzlich kaufen. In der Mittagspause sind Ewald und ich los, um Geschäfte anzusehen: Es gab Wurst, Käse, Eier, Gemüse, Fleisch — einfach alles! Wir fühlten es ganz deutlich — endlich geht es aufwärts.«

Das »goldene« Zeitalter begann 1950.

Das Ziel der Währungsreform war es, die Kaufkraft des Geldes wiederherzustellen, damit der Lohn wieder seine Bedeutung haben und die Waren wieder zu festen Preisen gekauft werden konnten. Hamstern oder Tauschgeschäfte verloren dadurch ihre Bedeutung, ebenso wie die Herstellung von Waren für den eigenen Bedarf. Es wurde für Frauen immer wichtiger, eine Stelle mit gesichertem Einkommen zu bekommen, da die Einnahmequellen über Heimarbeit wegfielen. Allerdings wurden Frauen in der Zeit ab 1950 auf dem Stellenmarkt sehr benachteiligt. Es gab wesentlich weniger qualifizierte Stellen für Frauen als für Männer, und das Ausbildungsniveau war damals bei Mädchen sehr niedrig.

Hinzu kamen die steigenden Arbeitslosenzahlen, die Anfang der 50er Jahre bei über zwei Millionen lagen, einschließlich West-Berlin. Bei der Besetzung der freien Stellen wurden Kriegsheimkehrer bevorzugt. Frauen, die das Glück hatten, dennoch eine Arbeit zu bekommen, mußten sich mit weniger Lohn zufriedengeben als ihre männlichen Kollegen.

Die Beschäftigung von Frauen in typischen Männerberufen war in den ersten Nachkriegsjahren keine Seltenheit. In den 50er Jahren wurde diese Beschäftigung durch die Rückkehr der Männer, aber auch durch die neuen Frauenarbeitsschutzbestimmungen langsam abgebaut. Arbeiteten 1946 noch rund

50 000 Frauen im Baugewerbe, waren es 1950 nur noch 12 000. Dora bekam diese Entwicklung auch zu spüren, denn viele ihrer Kolleginnen kündigten nach langen Jahren des Hungers und von der schweren Arbeit gezeichnet freiwillig und führten lieber ein »ordentliches Familienleben«.

Bei Dora war alles anders und für die damaligen Verhältnisse sehr untypisch. Ewald arbeitete in seinem Atelier und versorgte den Haushalt, was Frau Stärke immer schwerer fiel. Dora ging weiter als Bauhilfsarbeiterin.

»Die wirtschaftliche Situation wurde bei uns immer schlimmer, statt besser. Ewald war arbeitslos, und mein Lohn betrug damals 52 Mark die Woche. Davon und acht Mark die Woche Stütze für Ewald mußten wir auskommen, denn Frau Stärke bekam ja auch ein wenig Miete, sonst wäre die doch verhungert, so wenig Rente bekam die. Aber irgendwie hat es dann doch immer geklappt, weil wir eben gewohnt waren zu sparen und nichts wegzuschmeißen. Frau Stärke und Ewald wußten auch genau, wo man was am billigsten einkaufen konnte. Ich brauchte mich also darum nicht zu kümmern, ich mußte nur das Geld ranschaffen, was kein Zuckerschlecken war. Jeden Morgen früh raus und dann bis abends durch, nur eine halbe Stunde Mittagspause.

Auf den Baustellen wehte jetzt auch ein anderer Wind. Zuviele Arbeitslose in der Stadt, die nur darauf warteten, deinen Arbeitsplatz zu kriegen. Das wußten wir, und das wußten auch die Meister. 1947 z.B., da hatten wir noch einen Meister, der hat sich noch echt um uns gesorgt. Wenn wir uns mal nicht fühlten, durften wir uns schon mal hinsetzen, und jetzt hieß es immer: ›Nur nicht schlappmachen, weiter die Damen‹. Dann zogen wir mit unseren Loren wieder los.

Auch das Klima untereinander wurde damals immer schlechter. Als ich anfing, waren wir nur Frauen, was natürlich auch Probleme mit sich brachte, aber wir hielten doch zusammen.

Wenn eine Neue kam, wurde sie von den Erfahrenen angelernt. Jetzt waren wir Frauen in der Minderheit, und die Männer behandelten uns wie Dreck.

Eines Morgens kam der Meister zu mir, als ich gerade meinen Eimer füllte, und gab mir ein Drahtseil. ›Frau Rauh, Sie sind doch eine gute Kraft, und ich hätte etwas Besonderes für Sie zu tun‹. Er zeigte auf eine freistehende Mauer und meinte, daß ich die abreißen sollte. Ich hatte so etwas noch nie gemacht und besah mir die Mauer. Mindestens drei Meter hoch und vier Meter lang. Mir wurde richtig mulmig, weil ich wußte, daß das so etwas wie eine Prüfung sein sollte. Die Männer arbeiteten ruhig weiter und rührten sich nicht von der Stelle. Ich fragte eine Kollegin, ob sie mir helfen könnte, denn die hatte so etwas schon einmal gemacht. Wir legten das Seil um die Mauer und versuchten, einen Knoten zu machen, der aber beim ersten Anziehen immer wieder aufging. Die Männer schrien: ›Hauruck, hauruck‹. Jetzt bloß nicht schlappmachen, weiter versuchen. Plötzlich kam ein junger Mann, nahm das Seil und machte einen Seemannsknoten rein, faßte das Seil, und wir zogen und zogen. Doch diese Mauer fiel einfach nicht ein. Der Meister kam, sah auf die Uhr und sagte zu uns, daß wir gefälligst nicht bis mittags an dieser Mauer rumdoktern sollten. Plötzlich kam mir eine Idee, ich holte einen Hammer und schlug von hinten gegen die Steine, und Putz und Mörtel fielen heraus. Dann zogen wir noch einmal, und wir schafften es. Die Mauer fiel um, ohne daß sich jemand verletzte. Wir waren stolz und umarmten uns. Doch zugegebenermaßen hatten wir eine Stunde dazu benötigt, und der Meister war nicht gerade zufrieden mit uns.

Als ich Ewald abends von dieser Meisterleistung erzählte, wurde der unheimlich wütend auf diesen Menschen und auf mich, weil ich nicht wußte, daß für diese Arbeit Lastwagen benutzt wurden. Am anderen Morgen kam der Meister wieder mit dem Auftrag, eine Mauer einzureißen. Ich lehnte ab mit der Begründung, dafür benötige man einen LKW. Der sah mich an, pfiff zwei Männern, die die Mauer einreißen sollten — doch nichts geschah. Mein Gott, haben wir da gelacht! Am anderen Morgen war ein Lastwagen da.«

Berlin wurde von der Bundesregierung im Frühjahr 1950 zum »Notleidenden Gebiet« erklärt. Das bedeutete, daß bei Regierungsaufträgen die Stadt bevorzugt werden sollte, um die Westberliner Wirtschaft besser und schneller wettbewerbsfähig zu machen. Die Produktion der Betriebe lag bei 29% der im Jahre 1936 erreichten Produktion, während sie in der Bundesrepublik bei 101% lag. Von den zwei Millionen Einwohnern Berlins waren 1950 immer noch 970 000 auf öffentliche Unterstützung angewiesen, und so sah man in den Straßen Hunderte von Menschen mit Schildern um den Hals, auf denen sie sich und ihre Arbeitskraft anboten. Doch auch für diejenigen, die Arbeit hatten, wurde das Leben immer teurer, und sie suchten nach Auswegen.

Für viele boten die zwei Währungen der geteilten Stadt günstige Einkaufsmöglichkeiten, denn der Kurs für die Westmark stand bei 1:5 und am Potsdamer Platz standen kleine Marktbuden, wo man von Kartoffeln über Gemüse bis hin zu Kleidern und Anzügen alles kaufen konnte.

Obwohl die Verantwortlichen im Westteil alles versuchten, diese Einkäufe zu unterbinden, traf man auf dem Ostberliner Potsdamer Platz die Nachbarn vom Halensee oder die Hauswartsfrau aus Schöneberg.

Fast alle Aktionen und Aufrufe der Verwaltung waren vergebens. Auch wenn es hieß: ›Jede Mark, die der Wirtschaft West-Berlins entzogen und im Ostsektor ausgegeben wird, trägt zum Anstieg der Arbeitslosigkeit bei‹. Da gab es Plakate, auf denen stand: ›Westberliner! Kauft nur in West-Berlin‹. Doch die wenigsten hielten sich daran, auch dann nicht, als die Ostkäufe unter Strafe gestellt wurden.

»Gutes Essen war damals unser Hauptgesprächsthema, und wenn wir unsere Loren schoben, dann stellten wir uns immer vor, wir würden eine Ladung Fleisch ziehen. Fleisch gab es bei uns doch nur alle vierzehn Tage mal. Drei meiner Kolleginnen waren alleinstehend mit Kindern, die bekamen kaum Rente, verdienten hier 200 Mark, und davon zahlten sie allein schon 45 Mark Miete. Da war Fleisch eben nur selten mal drin. Ein Pfund Schweinebraten kostete um die sieben Mark. Solche Frauen waren am schlimmsten dran, denn wenn die nach Hause kamen, mußten sie waschen, einkaufen, die Kinder versorgen und hatten niemanden, an denen sie sich mal ankuscheln konnten. Da ging es mir entschieden besser.

Neben den Essensgesprächen waren Männer unser zweites großes Thema. Entweder die hatten keine Männer oder kranke Männer, und zum anderen konnten wir uns über unsere Kollegen aufregen, die fast 12 Mark die Woche mehr verdienten als wir, obwohl die auch nicht mehr schafften als wir. Was die mehr an Kraft hatten, konnten wir durch Routine oder Geschick ausgleichen. Facharbeiter waren das nämlich auch nicht. Obwohl wir uns immer schworen, gegen diese Ungerechtigkeit etwas zu unternehmen, schwiegen wir und sahen immer auf die lebenden Litfaßsäulen, die neben unserer Baustelle auf und ab liefen.

Meistens holte Ewald mich von der Arbeit ab und jedesmal, wenn er um die Ecke rannte, dachte ich bei mir: ›Mein Gott, womit haste das verdient?‹ Sobald ich aber an seinem Arm hing, war ich einfach glücklich, und wir beide schoben los. Manchmal fuhren wir zum Alexanderplatz zum Essen. Ewald hatte vorher schon getauscht, und wir aßen für zwei Mark ein Rumpsteak, dann gingen wir noch tanzen, und ich trank einen Likör für 22 Pfennig. Dann war die Welt in Ordnung.«

Im September 1950 fand Ewald endlich wieder Arbeit als Lehrer für Malerei in Ost-Berlin. Dora war zwar anfangs dagegen, nicht nur, weil das Gehalt nur zu einem Drittel in West ausgezahlt wurde, sondern weil es direkt anrüchig wurde, irgendetwas mit dem Osten zu tun zu haben. Die Nachbarn tuschelten schon hinter Doras Rücken über Ewald, weil er ein Freund von diesem Kommunisten Hofer war und versucht hatte, Unterschriften gegen Atomwaffen zu sammeln. In einem Appell, der auf einem Kongreß verabschiedet worden war, hieß es u.a. ›Wir sind der Ansicht, daß die Regierung, die als erste die Atomwaffe gegen ein anderes Land benutzt, ein Verbrechen gegen die Menschheit begeht und als Kriegsverbrecher zu behandeln ist‹. Mit diesem Appell lief Ewald durch die Straßen und erntete Spott, Drohungen und Prügel.

In West-Berlin, das sich seit der Blockade als Vorposten der Freiheit verstand, waren solche Äußerungen verpönt. Diejenigen, die sich nicht nachdrücklich gegen die Politik des Ostens stellten, wurden als Kommunisten gebrandmarkt. West-Berlin galt als Garant für den Anti-Kommunismus, und sein Oberbürgermeister Ernst Reuter sprach den Berlinern aus der Seele, wenn er sagte: ›Wir lassen uns von niemandem unterkriegen, auch nicht vom Iwan jenseits des Brandenburger Tors!‹

»Ewald machte nie einen Hehl aus seiner politischen Meinung, und so verloren wir immer mehr Freunde, die wie verklärt auf alles blickten, was aus Amerika kam, und daneben zu richtigen Russenhassern wurden. Für die wurden die Russen wieder zu Untermenschen, und die, die Amerika nicht seligsprachen, wurden auch dazu gemacht. Ich glaube, viele wurden erst durch diese Stimmung zu Kommunisten, oder zumindest beschäftigten sie sich mit dieser Ideologie. So war es zumindest bei mir, ich begann russische Bücher zu lesen und auch Texte von Marx. Daß ich für die Abschaffung der Atomwaffen war, verstand sich von selbst, also habe ich diesen Appell mit unterschrieben, obwohl es nicht erlaubt war. Es gab sogar Verurteilungen, und von einem Juden wußte ich, daß er als Verfolgter des Nazi-Regimes nicht anerkannt wurde, weil er Unterschriften gesammelt hatte. Dagegen fanden alte Nazi-Bonzen — wo es auch aktenkundig war, daß sie aktive Parteigenossen waren — volle Anerkennung. Ich mit meiner Vergangenheit empfand das natürlich alles als skandalös und wurde zunehmend wütender. Vor allem auf der Arbeit ließ ich mir nichts mehr sagen. Ich habe meine Arbeit gemacht, und zwar ordentlich, und dafür wollte ich auch anständig behandelt und bezahlt werden. Die Anpöbeleien mancher Kollegen und die schlechtere Bezahlung wollte ich nicht mehr hinnehmen. Ich ging zum Meister, der sich nur an die Stirn faßte und meinte, ich solle mal ganz schön zufrieden sein und meinen Mund halten, bei meiner kommunistischen Gesinnung. Ich fragte ihn, wie er das meinte, und dann kam raus, daß der meine Beziehung zu Ewald meinte und meine offene Antihaltung zu Amerika. Ich fragte dann nur noch, ob er irgendetwas gegen meine Arbeit sagen könne, und er schüttelte den Kopf. Ich stand auf und hatte keinen Pfennig mehr, aber meine Arbeit, die hatte ich noch. Danach wurde das Arbeitsklima unerträglich für mich. Endgültig zum Vorschein kam ihr Haß gegen mich, als ich mit drei Frauen eine vollgepackte Lore schob, die umkippte. Ich bekam die dicken Steine auf meine Schultern und meine Brust. Es tat höllisch weh, und ich schrie um Hilfe. Endlich kam ein Kollege, sah mich da liegen und sagte: ›So müßte man auch den Osten behandeln — Ausbluten!‹

Ich konnte nicht mehr und hab am Abend noch gekündigt. Zum Glück hatte Ewald die Stelle als Lehrer in Ost-Berlin, und so konnten wir die erste Zeit ganz gut überbrücken. Doch dann ging es vorne und hinten nicht mehr, und ich habe mich wieder um Arbeit bemüht. Ich bin zu Firmen hingegangen, habe auf Baustellen nachgefragt, doch alle winkten ab. Aufs Arbeitsamt bin ich gerannt, doch auch hier war nichts zu machen. Schließlich bin ich bis zum Präsidenten des Landesarbeitsamts vorgedrungen. Der hörte sich auch tatsächlich meine Sorgen an, zeigte dann auf eine Kartei und meinte, daß diese Karten alles Familienväter wären, die dringend Arbeit brauchten. Er wüßte das, denn er wäre schließlich auch Vater. Damit war ich entlassen.

Wieder saßen Ewald und ich an unserem Tisch und überlegten, wie es weitergehen sollte. Mit seinem Gehalt konnten wir beide nicht auskommen, und ich hatte keine Aussichten in West-Berlin Arbeit zu bekommen. ›Und wenn du mal im Osten . . .?‹ An diese Möglichkeit hatte ich überhaupt nicht gedacht, aber warum eigentlich nicht?

Ich fuhr also die nächsten Tage nach Ost-Berlin, und nach vier Wochen hatte ich wieder Arbeit als Bauhilfsarbeiterin. Zwar im Osten, aber immerhin. Die Arbeit unterschied sich in nichts von der im Westen, nur daß da eben viele Genossen arbeiteten, die mich aber in Ruhe ließen. Nun stand ich schon um drei Uhr morgens auf, damit ich rechtzeitig um fünf Uhr auf der Baustelle war, und ich war erst abends um sechs Uhr wieder zu Hause. Bis ungefähr Februar 1953 hab ich im Osten gearbeitet und hab dort 210 Mark jeden Monat verdient. Natürlich Ostgeld, aber das konnte man dann umtauschen, und es waren dann so 60%. Damit war ich gezwungen, im Osten auch einzukaufen, weil dort alles viel billiger war.

Am Alexanderplatz stand dann auch so ein Plakat, wo draufstand, daß der kluge Berliner in den HO-Läden — das waren die staatlichen Geschäfte — einkauft. Manchmal brachte ich den Ost-Kollegen West-Kaffee mit, der besser schmeckte, damit die mich nicht verpfiffen. Es war doch verboten, Ostwaren nach dem Westen zu schmuggeln. Es war alles verboten, im Osten wie im Westen.

Eines Tages wurde ich in Ost-Berlin vorgeladen. Da ich keine Ahnung hatte, was die von mir wollten, bin ich auch nichtsahnend dahin. In unserem Betriebsbüro saßen da schon zwei

Männer und eine Frau, die mich aufforderten, doch Platz zu nehmen. Das kam mir schon irgendwie merkwürdig vor. Dann fragten sie mich, ob es mir denn auch gefallen würde, bei ihnen zu arbeiten, ob ich was zu beanstanden hätte usw. Eigentlich wollte ich gleich loslegen, aber irgendetwas hielt mich davon ab. Also zuckte ich nur mit den Schultern. Sie kamen zur Sache: Warum ich immer noch in West-Berlin wohnen würde und nicht hier? Weil es mir dort gefiel. Das paßte ihnen nicht, denn sie verlangten von mir, daß ich in den Osten ziehen sollte, falls ich weiter bei ihnen arbeiten wollte. Ich wollte nicht, und mir wurde gekündigt. Also ging ich mal wieder stempeln, bekam 30 Mark im Monat an Unterstützung und suchte weiter nach Arbeit. Kurze Zeit später wurde Ewald auch rausgeschmissen, und so waren wir beide zu Hause und gingen uns auf die Nerven.«

Ein halbes Jahr war Dora arbeitslos, und in dieser Zeit lernte sie nähen und weben. Mit Ausbesserungsarbeiten von abgetragener Kleidung aus der Nachbarschaft konnten sie sich über Wasser halten. Trotzdem bemühte sie sich weiter um Arbeit als Trümmerfrau.

Anfang Juni 1953 wurden die letzten passierbaren Übergänge von der DDR nach West-Berlin in Spandau und Zehlendorf von den DDR-Behörden für den Personenverkehr gesperrt. Der innerstädtische Berlinverkehr per S-Bahn oder U-Bahn blieb von dieser Maßnahme unberührt. Diese letzte Möglichkeit nutzten in jenem Jahr 300 000 Menschen, und im März kamen allein über 50 000 Flüchtlinge. Die Berliner Notaufnahmelager waren überfüllt, obwohl 80% der Flüchtlinge in die Bundesrepublik »weitergeleitet« wurden.

»Es war paradox. Wir, die wir als Kommunistenfreunde überall aneckten, beherbergten dann im März 1953 eine Flüchtlingsfamilie aus Zehdenick bei Berlin — Ost-Berlin, versteht sich. Ich hatte den kleinsten und jüngsten Jungen der Familie am Kurfürstendamm betteln sehen, und da hab ich ihn gleich mitgenommen. Dadurch stiegen wir wieder im Ansehen unserer Nachbarn. Eines Tages fragte mich ein Nachbar aus unserer Straße, der einen Malerbetrieb hatte, ob Ewald und ich nicht bei ihm arbeiten würden. Er bot mir 40 Mark und Ewald 45 Mark. Wir nahmen gerne an und renovierten viele alte Villen von innen. Da sind wir natürlich viel herumgekommen und haben gemerkt, daß es einigen Leuten doch schon wieder ganz gut ging. In vielen Häusern stand wieder alles auf seinem Platz, vom silbernen Kerzenleuchter bis hin zum Wandteppich. Wenn man dann an das Elend vieler Familien dachte, konnte man schon ganz schön sauer werden. Vor allem ärgert mich noch heute, wenn gesagt wird, wir hatten alle die gleichen Chancen — jeder bekam vierzig Mark und damit war jeder seines Glückes Schmied. Ist alles erstunken und erlogen, denn hier in diesen Villen ging das Leben munter weiter. Ich mußte jedesmal tief durchatmen, wenn wir durch den Kellereingang die Häuser betraten und die ›Gnädige Frau‹ Anweisungen erteilte, wie vor dem Krieg, während des Kriegs und jetzt halt wieder. Aber wenn ich ehrlich bin, war diese Arbeit und diese Zeit auch sehr schön, weil Ewald und ich den ganzen Tag zusammenwaren und wir — das muß gerechtigkeitshalber erwähnt werden — oft noch ein Mittagessen bekamen. Es schien also wieder mal ganz schön zu werden. Die Arbeit war leicht, wir hatten genug zu essen, und der Frühsommer war da. Kurzum, ich blickte gelassen in die Zukunft. Bis zum 17. Juni 1953. Ganz früh hörten wir Radio, und wir wußten auch, daß in Ost-Berlin tausende Arbeiter gegen die Ulbricht-Regierung streikten. Die SED hatte im März 1953 — nach dem Tode Stalins — einen liberaleren politischen Kurs beschlossen, aber gleichzeitig die Arbeitsnormen in der Produktion erhöht. Das kam einer Verschlechterung der Arbeits- aber auch der Lebenssituation gleich. Denn dadurch mußten ja die Menschen noch schneller arbeiten, um an ihr Geld ranzukommen. Soviel wußte ich zumindest, und ich wußte, daß Proteste von Arbeitern nichts bewirkt hatten. Diese Erhöhung wurde nicht zurückgenommen, und die zweite Forderung der Arbeiter nach freien und geheimen Wahlen, ich glaub, darüber haben die sich in der SED-Führung nur kaputtgelacht.

An diesem Morgen hörten wir nun, daß sich die Menschen in Ost-Berlin zu einer Demonstration zusammenschlossen. Uns beiden war sofort klar, da mußten wir hin und zwar sofort. Ich rannte schnell zu unserem Meister und sagte ihm, daß wir zur Demonstration müßten, und der nickte nur und gab uns frei. Na klar, wenn es gegen den Osten geht! (Ich bin gemein, das weiß ich). Wir zogen also los, und aus den Fabriken, aus den Geschäften und Häusern strömten die Menschen und schlossen sich dem Demonstrationszug an. Ich hatte das Gefühl, daß jeder, der laufen konnte, hier auf dieser Demonstration war. Neben mir lief eine junge Frau mit einer Schürze. Ich fragte sie, woher sie denn jetzt käme, und sie antwortete, sie sei eigentlich eine ganz normale Hausfrau, aber ihr Mann sei hier irgendwo und außerdem — so könne es nicht mehr weitergehn.

Es wurden immer mehr Menschen, und diese Massen hatten auch irgendwann etwas Bedrohliches an sich. Auf dem Potsdamer Platz standen dann russische Panzer, eingekeilt von einer aufgebrachten Menge, die Eisenträger in die Panzerketten schoben — unter dem Beifall der Demonstranten. Plötzlich fielen Schüsse und Panik brach aus. Ewald nahm meine Hand und zog mich mit. Doch wir kamen nicht weiter, immer diese Schüsse und Schreie. Ich geriet immer mehr in Panik, und irgendwann verlor ich Ewald aus den Augen. Ich hab noch geschrien, doch ich war eingekeilt.

Stunden später stand ich auf dem Kurfürstendamm, völlig außer mir und ließ mich einfach auf den Bürgersteig fallen und heulte und heulte, bis sich ein alter Mann runterbeugte und meinte: ›Na, Kleene, haste Liebeskummer?‹ Den hab ich vielleicht angesehen, und dann hab ich mich in seinen Armen ausgeheult und immer in Bruchstücken von den Schüssen erzählt. Der Mann hat immer meinen Rücken getätschelt und ganz lieb mit mir geredet. Endlich hatte ich mich beruhigt, und ich konnte wieder gehen. Ich bedankte mich bei dem alten Mann und lief nach Hause.

Je näher ich unserer Straße kam, umso unruhiger wurde ich wieder. Die letzten Meter rannte ich nur noch, und als ich die Haustür aufschloß, kam mir schon Frau Stärke entgegen und fragte, wo ich denn Ewald gelassen hätte. Ewald war also noch nicht da, und ich mußte ihn suchen gehen. Doch Frau Stärke behielt die Nerven und brachte mich stattdessen ins Bett.

Am nächsten Tag bin ich in aller Herrgottsfrühe auf und hab sämtliche Krankenhäuser abgeklappert. Bei der Polizei hab ich nachgefragt, von Ewald keine Spur. Nach drei Tagen kam ein kleiner Junge mit einem Zettel in der Hand. Von Ewald. Der lag in einer kleinen Wohnung in Wedding, und ob ich ihn da abholen wolle. Natürlich wollte ich, und wie! Ich schnappte mir mein Fahrrad und dann nichts wie hin. Ich ging eine Treppe runter und fand Ewald auf einem Sofa. Als er mich sah, fragte er: ›Haben wir gewonnen?‹

Das kommt auf den Standpunkt an — oder?«

Nachtrag zu den Interviews

Wenn man von Menschen berichtet, fallen einem später immer noch Ergänzungen ein, und man hat das Gefühl, alles sei unvollständig und an der Oberfläche geblieben.

So geht es mir auch mit den fünf Frauen, die mir ihre Erlebnisse auf fast zwanzig Stunden Tonband gesprochen haben. Leider mußte ich auswählen, einiges weglassen, manchmal unterbrechen und Erklärungen einfügen. Dabei habe ich mich jedoch bemüht, authentisch zu bleiben und die subjektiven Eindrücke und die realen Erlebnisse der Frauen für sich sprechen zu lassen. Frauen, die nicht repräsentativ sein sollen und sich auch nicht dafür halten. Und doch Frauen, die für viele andere aus dieser Generation stehen können:

Dora wurde 1918 in Berlin geboren und lebt auch heute noch dort.

Als ich zum ersten Mal mit ihr am Telefon sprach, wunderte ich mich über ihre junge und lebendige Stimme. Dora lebt in einer Wohngemeinschaft in meiner Nachbarschaft, und ich lernte sie über eine Mitbewohnerin kennen. Damals arbeitete ich für den Rundfunk und machte viele Sendungen über alte Menschen in Berlin. Schon aus journalistischer Sicht begann ich, mich für Dora zu interessieren. Über Marie ließ ich nachfragen, ob Dora sich mit mir unterhalten wollte.

Eines Abends ging bei mir das Telefon und Dora war am

Apparat. Wir verabredeten uns gleich für den kommenden Tag, und am Nachmittag stand ich vor ihrer Tür. Als mir ein junger Mann öffnete, war ich ein wenig enttäuscht und fragte nach Dora. Der Mann nickte nur, sagte kein Wort und zeigte mit dem Arm nach hinten. Ich ging den langen Gang hinunter, sah in offene Zimmer hinein, und nach meinem ersten Eindruck konnten hier nur junge Leute leben: Plakate an den Wänden, Bücherregale, Schreibtische und eine angenehme Unordnung. Hier lebte also eine über 70jährige Frau. Ich rief ihren Namen. Eine Tür ging auf, und eine alte Frau kam mir freundlich entgegen. Sie sah aus wie alle anderen alten Frauen, denen ich täglich in Berlin begegne: grauer Rock, weiße Bluse, weißer Haardutt. Was hatte ich eigentlich erwartet?

Wir begrüßten uns, und sie gab mir die Hand: »Kommen Sie mit. Ich habe schon Kaffee gekocht.« Schon war ich in ihrem Zimmer. Rechts ein schöner alter Schrank, daneben ein Sofa, ein Tisch und zwei Sessel. Am Fenster eine Nähmaschine und auf der anderen Seite des Zimmers der Fernseher auf einem kleinen Tisch. Hinter einem Vorhang aus rotem Samt vermutete ich ihr Bett. Mein Blick blieb an zwei Bildern nebeneinander hängen. Landschaftsbilder, sehr abstrakt und in der Farbgebung sehr kräftig, die sofort mein Interesse erregten. Dora bemerkte es. »Die hat Ewald gemalt, mein Mann. Aber nicht mein Ehemann. Nur so mein Mann. Schön nicht?« Sie lächelte liebevoll und sehr stolz. »Der war Maler, wissen Sie, richtig gelernt: an der Kunsthochschule.« »Warum *war*, Frau Rauh?« Dora ging zum Sessel, setzte sich und schüttete uns Kaffee ein. »Ach, Ewald, wissen Sie, der ist schon lange tot. Manchmal glaube ich, der hat auch was von mir mitgenommen.«

Ich setzte mich hin, und wir tranken den ersten Schluck Kaffee. Sie beobachtete mich genau, nicht abschätzend, sondern eher wie eine Sucherin. Mir war ein wenig unwohl unter diesem suchenden Blick. Dora unterbrach das Schweigen mit der Frage, was ich eigentlich von ihr wolle. So genau wußte ich das selbst noch nicht, und so sprach ich ganz allgemein von meinem Interesse an ihrem Leben. Mir wurde schnell klar, daß sie mir das nicht abnahm. »Wenn Sie ehrlich sind — Sie würden sich doch keinen Deut kümmern, wenn ich nicht in dieser Wohngemeinschaft leben würde, stimmt's?« Ob Marie etwas erzählt hatte? Aber anscheinend war es Dora egal, aus welchen Gründen ich sie besuchen kam, denn sie erzählte sofort, wie sie in diese Wohngemeinschaft gekommen war. Vor drei Jahren war sie sehr krank gewesen und jeder — auch sie selbst — hatte gedacht, sie würde bald sterben. Lange Wochen lag sie in einem Krankenhaus und war verzweifelt, weil Sie wenig Aussicht hatte, wieder in ihre alte Wohnung zu kommen. Ein Pflegeheim stand zur Debatte. An dieser Debatte konnte und wollte sie sich nicht beteiligen, sie hatte sich zu dem Zeitpunkt bereits aufgegeben. Ein junger Arzt auf ihrer Station kümmerte sich besonders um sie, und nach anfänglichem Mißtrauen begann zwischen beiden eine Freundschaft, die bis heute anhielt. Er überredete sie, sich mit ihm und einigen Freunden eine gemeinsame Wohnung zu suchen. Dora war am Anfang eher skeptisch, denn noch nie in ihrem Leben hatte sie mit mehreren Menschen auf engem Raum gelebt — schon gar nicht mit erheblich jüngeren Menschen. Doch dann freundete sie sich mit dieser Idee an und wohnte nun seit vier Jahren schon zusammen mit vier jungen Erwachsenen und zwei Kindern.

Ich stellte mir meine Mutter in einer Wohngemeinschaft mit fremden jungen Leuten vor — undenkbar. Ein toller Gedanke. Dora winkte ab und sagte dann verschmitzt: »Ich mußte mich doch erst ›jungemanzipieren‹, und die jungen Leute mußten sich ›altemanzipieren‹. Lernen, die Gedanken und Wünsche junger Menschen zu begreifen und verstehen, und umgekehrt dasselbe. Am Anfang hat mich zum Beispiel diese Unordnung in der Küche wahnsinnig gestört. Ich war doch gewohnt, daß nach dem Essen sofort gespült werden mußte. Hier saßen wir und sitzen wir oft stundenlang nach dem Essen noch am Tisch und spülen dann erst am nächsten Tag. Auf der anderen Seite war von Anfang an immer jemand da, mit dem ich reden konnte, wenn es mir mal schlecht ging. Am Anfang nach meinem Krankenhausaufenthalt ging es mir ja doch noch ganz schön schlecht. Wissen Sie, ich hatte einen Gehirnschlag, konnte nicht mehr laufen und saß im Rollstuhl. Trotzdem haben die mich hier aufgenommen und mit mir zusammen die Gymnastik gemacht. Sogar die Kinder haben mich immer dran erinnert, bloß nicht meine Übungen zu vergessen.«

Es fiel ihr nicht ganz leicht, über diese Zeit zu sprechen, wie ich an ihrer schwankenden Stimme und den Bewegungen ihrer Finger merkte. Sie stand auf und holte einen Kasten mit kleinen Bällen und zwei Hanteln. Dann zeigte sie mir einige Übungen, die sie zweimal am Tag machte. Mit den Worten ›Das ist gut für die Muskeln‹ gab sie mir die Geräte in die Hand. Da ich sehr unsportlich bin, legte ich sie wieder weg, doch Dora blickte mich so erwartungsvoll an, daß ich einige Übungen versuchte.

Sie fragte mich noch einmal, weshalb ich hier sei und was ich von ihr wolle, und ich gab zu, daß mich ihre Art, den Lebensabend zu verbringen, neugierig gemacht hatte. Sie nickte, überlegte einen Augenblick, ging zum Schrank und holte mehrere Fotoalben, die sie auf den Tisch legte. »Die können Sie mit nach Hause nehmen und sich ansehen. Wenn Sie Fragen haben, reden wir darüber.« Dora war müde. Sie gähnte verstohlen und blickte zur Uhr. Ich verabschiedete mich und ging mit fünf Fotoalben unter dem Arm nach Hause.

Die Alben blieben einige Tage ungeöffnet auf meinem Schreibtisch, bevor ich sie mir eines Abends ansah. Das erste trug die Jahreszeiten 1956 bis 1962. Schwarz-Weiß-Bilder, sorgfältig eingeklebt, von einem Garten, vom Charlottenburger Schloß, von einem Auto, von einem Grab. Im Vordergrund immer ein Mann mit einem Spazierstock und einem viel zu großen Hut. Ob das wohl Ewald war? Auf einem anderen Foto eine sehr schmale Frau, die ihre Beine in einer sehr künstlichen Stellung stehen hatte: das rechte gerade und das andere schräg von sich gespreizt. Es erinnerte mich an die alten Versandhauskataloge, die ich als Kind so gern durchgeblättert hatte. Die Fotomodelle — wir sagten damals immer »Mannekõns« — hatten auch immer diese eigenartige Haltung gehabt, die ich mit meinen Freundinnen vor dem Spiegel nachzumachen versuchte. Weihnachten 1959: Mehrere Paare saßen an einem runden Couchtisch vor einer Flasche »Mosel Kellergeister« und Salzstangen. Sie hielten sich an den Armen, und ein Mann hob sein Glas in die Kamera. Im Hintergrund ein mit Lametta geschmückter Weihnachtsbaum.

Wer auf diesem Bild war Dora? Ich suchte in den Gesichtern nach einem Anzeichen von Vertrautheit, aber ich konnte mich nicht gut an Doras Gesicht erinnern. Dafür hörte ich ihre Stimme, die sehr jung war und immer leicht fragend, selbst wenn sie nur etwas feststellte.

Ich nahm mir die Alben chronologisch vor. 1948 - 1952 in Berlin. Ein Sommertag an der Havel — oder am Wannsee? Körbe auf Decken, ein Mann mit einer Gitarre; eine Gruppe von Fahrradfahrern in kurzen Hosen; ein malender Mann und eine alte Frau, die im Garten Wäsche aufhängt. Ihr Blick hat etwas Überraschtes und Ärgerliches.

Keine Bilder von Trümmern. War Berlin damals schon enttrümmert? Nichts von leeren Geschäften oder hungernden Kindern. Nur Fotos, die Privatheit widerspiegelten und die schönen Momente des Jahres 1948 festhielten. Ich rief Dora an und fragte, ob ich sie noch einmal besuchen dürfe. Sie lud mich zum Pizzaessen in ihre WG. »In meine WG«, hatte sie gesagt.

Drei Tage später ging ich hin mit meiner Tochter Nina. Dora freute sich offensichtlich, daß ich Nina mitgebracht hatte, und holte sofort Spielzeug. Kleine Stoffpuppen. Mit einem Blick zu mir erklärte sie Nina: »Die hab' ich selbst gemacht.« »Für dein Kind?« fragte meine Tochter, und Dora wurde sehr traurig. Während sie zum Herd ging, schüttelte sie den Kopf und sah nach der Pizza, die schon ihren Duft in der Küche verbreitete. Ich ahnte einen Verlust, doch Nina fragte weiter. Ob sie denn keine Kinder gewollt habe und ob die nicht in ihrem Bauch hätten wachsen wollen. Da ging Dora in die Hocke, blickte Nina ganz lieb an und sagte, daß ihr Sohn nur wenige Stunden gelebt habe. Nina streichelte sie. Nach wenigen Augenblicken war diese traurige Stimmung verflogen. Beim Hochkommen aus der Hocke hatte Dora Schwierigkeiten, und ich mußte ihr helfen. Nach und nach trudelten die anderen Mitbewohner ein, nahmen Dora kurz in den Arm, drückten ihr einen Kuß auf die Wange und sagten: »Na, Dorchen«. Scheinbar wütend meinte sie: »Dorchen — Dorchen hat mich immer nur eine alte und sehr gute Freundin nennen dürfen.«

Als wir alle um den großen Küchentisch saßen, wurde es gemütlich und sehr fröhlich. Jeder erzählte von seinem Tag in der Universität, im Büro und im Kindergarten. Dora erzählte von einem Arztbesuch und von ihrer Friedensgruppe. Am liebsten hätte ich sofort gefragt, was sie denn in einer Friedensgruppe machte, stattdessen beobachtete ich sie verstohlen hinter einem Glas Wein und einer Zigarette. Sie sah es und machte mich auf das Risiko des Rauchens aufmerksam. Ihr Nachbar meinte verschmitzt, ihr habe die Raucherabstinenz nicht viel genützt. Das war das Stichwort, jeder erzählte von einem früh verstorbenen Verwandten oder Bekannten, der weder geraucht noch getrunken habe. Diese Verdränger sprachen mir aus der Seele, und ich prostete Dora fröhlich zu. »Wissen Sie, die wissen hier alle genau, warum ich krank geworden bin. Jahre meines Lebens hab' ich nicht genug zum Essen gehabt und hab' gearbeitet bis zum Umfallen. Die Rechnung war dann auch sehr teuer«. Da klingelte das Telefon — für Dora. Während sie im Flur laut telefonierte, flüsterte mir Marie zu, daß Dora im Faschismus verfolgt wurde und dann als Trümmerfrau gearbeitet habe. Toll — eine echte Berliner Trümmerfrau, von denen ich schon so viel gelesen hatte. Schon immer hatte ich mit einer dieser Heldinnen des Wiederaufbaus reden und vielleicht eine Sendung produzieren wollen. Als Dora wiederkam, fragte ich sie gleich, was sie denn damals auf dem Bau eigentlich getan habe, und sie sang los: »Lore, Lore, Lore«. Ich fragte, wer denn diese Lore sei, und sie erklärte mir, das sei der Wagen gewesen, mit dem die Frauen damals die Steine weggekarrt hätten. Sie beugte sich zu mir und sagte, sie sei eine der vielen Trümmerfrauen gewesen — aber nicht aus Stolz, sondern aus purer Verzweiflung. Sie wollte keinen Kult aus dieser Arbeit machen. Und warum nicht? Da wurde Dora ärgerlich und sprach von ihren damaligen Kolleginnen, die sich heute feiern ließen als diejenigen, die alles hier aufgebaut hatten und dabei vergaßen, daß sie »Heil« geschrien, geschwiegen und mitgemacht hatten. Robert, ein junger Mann, strich ihr über die Wange, sagte: »Ach, Dorchen« und verließ die Küche. Die anderen folgten ihm nach und nach, weil sie wohl spürten, daß jetzt Geschichten kamen, die sie schon oft gehört hatten. Dora und ich räumten ab und füllten das Geschirr in die Spülmaschine. »Wenn wir damals so etwas gehabt hätten, mein Gott, was hätte ich alles machen können?«

Dora war das dritte Kind einer Arbeiterfamilie und wuchs in Berlin-Wedding auf. Nach der Schule ging sie in die Fabrik, und mit 18 Jahren heiratete sie dann einen Kollegen. Mit Achtzehn? Das war ganz schön mutig. Ihre Eltern enterbten sie — obwohl nichts da war — und erkannten sie nicht mehr als ihre Tochter an. Das tat ihr sehr weh, denn sie hing an ihrer Familie. 1940 holte die Gestapo ihren Mann ab, sie selbst mußte viele Verhöre über sich ergehen lassen. Später versteckte sie sich bei Nachbarn ihrer Eltern, die nichts davon wußten, daß ihre Tochter ein Haus weiter im Kohlenverhau eines Kellers wohnte.

In ihrem Versteck blieb sie dann einige Jahre und hat so überlebt, ihre Retter wurden während des Kampfes um Berlin getötet.

Wir tranken Kaffee und hörten dem Klavierspiel aus dem Nebenzimmer zu. »Das ist Robert. Gott, ist der aber traurig heute.« Woran merkte sie das? »Weil er besonders laut spielt und dann auch noch Bach.« Dora kam um den Küchentisch herum und setzte sich neben mich. Robert hätte Liebeskummer, erfuhr ich. »Und Sie? Wann hatten Sie zum letzten Mal richtigen Liebeskummer?« wollte ich wissen. Sie schwieg und schaute in ihr Glas. Plötzlich hob sie den Kopf und meinte wütend, ob ich denn glaubte, daß alte Menschen nicht mehr lieben könnten?

Dora stand auf und ging in ihr Zimmer. Nach einigen Minuten kam sie wieder und hatte zwei Fotoalben unter dem Arm. Zielstrebig blätterte sie ein Album durch und legte mir die aufgeschlagene Seite vor. »Das ist meine letzte große Liebe — Wilhelm. Der kommt aus Frankfurt, und ich hab ihn in Bad Tölz kennengelernt. Sehen Sie, da sitzen wir in einem Café. Auf einer Wanderung hab ich ihn kennengelernt.« Ich sehe mir das Foto an und schaue in das Gesicht eines alten Mannes, der mindestens über 70 Jahre ist. Er hat seinen Arm um Dora gelegt, und beide lächeln sich verliebt an. Hat sie ihn jemals gefragt, was er während des Faschismus gemacht hat, wo er war, wie er war? Dora blickte schwärmerisch auf die anderen Fotos und strich ganz sanft darüber. »Leider haben wir uns dann in Berlin überhaupt nicht verstanden. Er wollte, daß ich nach Frankfurt ziehe in seine kleine Zwei-Zimmer-Wohnung, und das konnte ich nicht. Ich bin Berlinerin und dann hier . . .« Sie breitete die Arme aus ». . . die Wohnung, die Leute, meine Friedensgruppe. Nee — das konnte ich doch nicht aufgeben wegen einem Mann?«

Was war dann passiert? Haben sie sich Briefe geschrieben, sich ausgesprochen, miteinander telefoniert? Die Antwort blieb sie mir an diesem Abend schuldig, weil meine Tochter müde war und ins Bett mußte. Wir verabredeten uns für den nächsten Tag. Beim Abschied nahm sie mich in den Arm und bot mir das »Du« an.

Mit einem Cassettenrecorder in der Tasche erschien ich wieder bei Dora, die allerdings nicht zu Hause war und mir einen Zettel hinterlassen hatte: Leider verhindert. Wichtige Sitzung der Friedensgruppe. Melde mich.

Am gleichen Abend rief sie an und erzählte mir, daß sie nach Mutlangen fahre, um gegen die Stationierung von US-Waffen zu protestieren. Ob ich nicht mitfahren wolle? Ich sah in meinen Terminkalender und stellte fest, daß ich leider keine Zeit hatte. Ein wenig Enttäuschung war in ihrer Stimme. »Na, dann vielleicht beim nächsten Mal . . .«

Zwei Wochen später war es dann soweit. Wir trafen uns bei mir zu Hause. Sie brachte meiner Tochter eine kleine selbstgemachte Stoffpuppe mit, und Nina erklärte freudig, sie sähe ganauso aus wie die von Käti. Ich schämte mich. Dora fragte, wer denn diese Käti sei, und Nina sprach, das sei die Oma aus der Schwarzwaldklinik. Dora kennt Käti, und ich schämte mich etwas weniger. Dann fragte ich Dora, warum in den ganzen Fotoalben nicht ein Bild von Berlin als Trümmerwüste klebte, sondern nur Bilder vom privaten Glück. Sie sah mich an und fragte, was ich denn fotografieren würde, doch wohl auch nur Kinderbilder, Urlaubsfahrten usw. »Sieh mal, damals, 1948, da bestand unser Leben doch wirklich nur aus Hunger, Arbeit und wieder Hunger. Die wenigen Stunden, die schön waren, die wollten wir doch festhalten — und nicht das Elend. Ich war keine Bildreporterin, sondern nur eine einfache Arbeiterin.«

An diesem Nachmittag erzählte sie mir von ihrer Zeit als Trümmerfrau. Mir fiel dabei auf, daß die Zeit auf dem Bau für Dora nicht so schön war, wie viele ehemalige Trümmerfrauen es heute glauben machen wollen. Ich hatte mir aus dem Zeitungsarchiv viele Berichte geholt und Dinge gelesen wie: »Eine war für die andere da«. Dora schüttelte den Kopf und sagte, die Vergangenheit werde immer vergoldet, und gerade von diesen Frauen. Die Realität habe doch etwas anders ausgesehen, jede habe für sich und ihre Familie das Beste herausholen wollen und auch im Notfall keine Rücksicht auf andere genommen. Das einzig Schöne damals sei in ihren Augen gewesen, daß die Jungen und die Alten mehr zusammenlebten.

Wir sahen uns zusammen Fotos an. Berlin 1949. Dora in einer langen Hose im Liegestuhl, neben ihr ein Mann mit einem Zeichenblock; eine alte Frau auf einem Stuhl mit einer Schüssel auf dem Schoß. Die alte Frau war ihre Zimmerwirtin Frau Stärke, die 1965 in Berlin starb. Frau Stärke, so sagte Dora, sei ein zähes Weib gewesen und 92 Jahre alt geworden, während ihr Ewald schon früh sterben mußte. Von Doras erstem Mann gab es nur ein Foto, das Hochzeitsfoto. Ein fröhlicher, blonder junger Mann hielt eine dunkelhaarige Schönheit im Arm. Was bedeutete er für Dora? »Ach Gott, den kannte ich gar nicht richtig. Als die SS ihn damals abholte, waren wir gerade ein paar Jahre verheiratet, und die reichten nicht aus, um eine so starke Erinnerung aufkommen zu lassen, wie ich sie an Ewald hatte.«

Während sie von ihrem ersten Mann erzählte, rutschte sie unruhig hin und her, und ihre Hände waren immer in Bewegung. Sie zupfte an ihrem Pullover, an ihrem Ohr und kam dann sehr schnell auf ihr heutiges Leben zu sprechen.

Vor zwei Jahren war sie zu einer Friedensgruppe gestoßen,

als eine Mahnwache vor der Gedächtniskirche stand und stumm gegen die Wettrüstung protestierte. Das hatte ihr sehr imponiert, sich da hinzustellen und zu schweigen. Doch auf der anderen Seite hatte sie immer gedacht, daß man zum Frieden nicht schweigen sollte. Deshalb hatte sie eine protestierende Frau angesprochen und war von ihr eingeladen worden, in eine der zahlreichen Friedensgruppen einzutreten. Seitdem nahm sie regelmäßig an Veranstaltungen teil, entwarf und verteilte Flugblätter und trug auf Demonstrationen Transparente.

Ihr Leben war vom Terminkalender bestimmt, und so hatte sie es sich auch immer vorgestellt. Ausgefüllt zu sein, eine Aufgabe zu haben — das machte das Leben lebenswert.

Dora lebt heute von 920 Mark Rente, mit denen sie ihre Miete, ihr Essen und ihre Reisen finanziert. In der Wohngemeinschaft hat sie den Putzdienst übernommen, dafür wird ihre Wäsche gewaschen und für sie eingekauft. Einmal in der Woche spielt sie Babysitter und verdient sich dadurch 200 Mark dazu. Davon kann sie einigermaßen leben. Sie vermißt nichts — außer Ewald, mit dem sie alles bereden konnte und der sie ohne große Worte verstand. Wenn sie von ihm erzählt, wird sie sehr wehmütig. Ewald muß ein ganz besonderer Mensch gewesen sein.

So wie sie ein besonderer Mensch ist.

Neben den Bildern von Ewald hängt ein großes Foto von Marlene Dietrich. Wenn Dora ein wenig melancholisch ist, legt sie eine Platte von der Dietrich auf und schmilzt dahin, wenn die von Jonnys Geburtstag singt. Auch Ewald war ein Fan der »Femme fatale«, die Deutschland freiwillig verließ. Warum hat Dora Deutschland nicht verlassen? »Weil ich immer hoffte: Darauf, daß sie Hitler nicht wählten, daß sie meinen Mann nicht abholten, daß die Deutschen aufwachten, daß sie sich später schuldig fanden, daß es wieder Kinder geben würde . . . Und weil ich doch auch Berlinerin bin.«

Helene lebt in einem Seniorenwohnheim der Arbeiter-Wohlfahrt in Berlin. Dort traf ich sie, als ich eine Sendung über Träume alter Menschen vorbereitete. Ich wurde freundlich empfangen. In einem warmen und hellen Aufenthaltsraum saßen acht Frauen, die mich erwartungsvoll und ein wenig aufgeregt anschauten. Wovon alte Frauen träumen? Daß sie noch lange gesundbleiben, daß ihr Tod nicht schmerzhaft sein wird und daß sich ihre Kinder ein wenig mehr um sie kümmern. Eine Frau sagte plötzlich: »Ick möchte nach Österreich. Die Berje sehen, in den Wiener Prater gehen und im Garten von Schloß Schönbrunn spazierenjehen, weil da Maria Theresia lebte. Die hatte sechzehn Kinder und war trotzdem eine Kaiserin.« Das sollte ein Traum sein? Ich blickte die Frau fassungslos an und sah in ein altes, etwas grimmiges Gesicht, eingerahmt von der typischen Altfrauen-Löckchen-Dauerwelle. Unter Träumen hatte ich immer etwas anderes verstanden, etwas, das schwer oder gar nicht zu erreichen war. Wie mit weißen Pferden über blaue Wiesen reiten, im Lotto zu gewinnen oder eine Rede zu halten, von der man weltweit sprach. Das sagte ich auch in aller Unschuld. Ja Sie, war die Antwort, Sie haben auch keinen Krieg erlebt, den Hunger, die Bomben und dann die Schufterei auf den Trümmern. Ach du lieber Gott, schon wieder eins dieser Opfer, die durch unermüdliche Arbeit unser »Vaterland« aufgebaut hatten, das von den ›anderen‹ vorher kaputtgemacht worden war . . . Und richtig, es kamen das Hohelied der Aufbauarbeit und das Wehklagen über die undankbare Jugend, die nur sich selbst, Sex und Geld kennt. Ich fragte die Frauen, ob sie sich nicht auch schuldig fühlten? Da schüttelten die einen sofort den Kopf, die anderen erzählten das, was ich schon tausendmal gehört, gelesen und gesehen hatte. Wir haben von allem nichts gewußt, nichts von den Konzentrationslagern, nichts davon, wer dieser Hitler wirklich war. Am Anfang fanden sie Hitler gut, er hatte Arbeit geschaffen und Wohnungen gebaut. Als dann der Krieg ausbrach, sei alles zu spät gewesen. Nein — schuldig fühlten sie sich nicht.

Helene faßte mich am Arm und meinte, wenn ich Lust hätte, könnte ich sie gern nochmal besuchen, damit wir uns über die damalige Zeit unterhalten könnten. Ich sagte zu.

Nach einigen Wochen rief sie mich an und fragte etwas herrisch, wann ich denn endlich erschiene. Wir verabredeten sofort einen Termin. Der Tag, an dem ich sie besuchte, war ungewöhnlich heiß, und ich sehnte mich nur nach einem eisgekühlten Getränk. Es dauerte sehr lange, bis sie auf mein Klingeln öffnete. »Bei dem Wetter bleibt mir immer die Luft weg. Wissen Se — meine Lunge.« Ich ging hinein und stand in ihrem Wohn- und Schlafzimmer mit Küche. Eine kleine Wohnung mit großem Balkon, gelegen an einer stark befahrenen Straße. Helene bat mich, Platz zu nehmen, und stand selbst gleich wieder auf, um Kaffee zu kochen. Ich hatte Zeit, mich umzusehen. Neben der Couch, auf der ich saß, stand ein kleiner Tisch mit zahlreichen Fotografien. Dann gab es noch einen schwarzen Schleiflackschrank mit großen Glasscheiben, hinter denen Sammeltassen, Gläser und eine kleine Puppe zu sehen waren. Daneben der Fernseher und ein Bett, auf dem eine große Puppe thronte. »Det ist Lisbeth, die ha'ck auf dem Rummel gewonnen«, unterbrach Helene meine Beobachtungen. »Sie ist det einzige, wat ick jemals gewonnen hab'.« Beladen mit einem großen Tablett, ging Helene mit ganz langsamen Bewegungen zum Couchtisch hin. Als ich ihr helfen wollte, winkte sie ab und ließ sich schwer atmend auf das Sofa fallen. Obwohl ihre Bewegungen sehr langsam waren, wirkte sie doch hellwach.

Auf meine Frage, wielange sie in dieser Wohnung schon wohnte, ging sie nicht ein, sondern fragte mich über mein Leben aus. »Verheiratet? Kinder?« Die Fragen waren — wie bei vielen Gesprächspartnern — Überleitungen zu ihrer eigenen Lebensgeschichte. »Ick war det letzte von elf Kindern, und wir waren sehr sehr arm. Aber . . .«, sie schlug auf meinen Arm, »blitzsauber war't bei uns, det kann ick Ihnen aber sagen. Anders als bei den jungen Frauen von heute. Bei denen geht es immer schnell schnell und dann nischt wie raus.« Ich fühlte mich ertappt und fragte sie, woher sie das denn so genau wisse. Sie sah mich an und meinte, das wüßte sie von ihren Bekannten und aus dem Fernsehen und überhaupt. Damit war dieses Thema für sie erledigt, und sie erzählte weiter. Mit 19 Jahren heiratete sie ihren Mann, ließ sich ihre Rente auszahlen und kaufte sich davon ein Schlafzimmer. Nach einem Jahr kam ihr Heinz zur Welt, und alles war schön und in Ordnung. Dann wurde ihr Mann arbeitslos, und sie ging putzen. Ja, und dann kam schon der Krieg. Helene erzählte von ihren Ängsten in Luftschutzkellern, vom Hunger und davon, daß ihr Mann in den Krieg mußte. »Und wenn Sie jetzt wieder fragen wollen, ob ick damals wat gewußt hätte, sag ick Ihnen klipp und klar: Nein, nein und nochmals nein! Damals, als mein Mann arbeitslos wurde und alle anderen um uns herum auch, und als Hitler kam, uns Arbeit versprach, und wir Arbeit bekamen, ja, da haben wir doch an den geglaubt. Ick, meine Nachbarn und überhaupt alle. Jetzt kommen so Leute wie Sie und wollen uns was einreden. Det können Se aber schnellstens mal vergessen, sag ick Ihnen.« Das hieß, Helene hatte Hitler gewählt zu einem Zeitpunkt, wo andere Alternativen noch möglich waren. Sie hatte wie Millionen andere auch »Sieg Heil« geschrien. Helene nickte zustimmend. Fühlte sie sich heute deshalb schuldig oder machte sie sich Vorwürfe, nicht wach genug gewesen zu sein? Wieder ein entschiedenes Nein.

Ihre Selbstgefälligkeit machte mich rasend, und am liebsten wäre ich gegangen, doch da erzählte sie von ihrer Zeit als Trümmerfrau in Berlin. Bis 1950 arbeitete sie auf den Trümmerbergen, schuf den ›Monte Klamott‹, und erst, als es ihr gesundheitlich nicht mehr gutging, als die ersten Beschwerden mit ihrer Lunge auftraten, suchte sie sich Arbeit als Verkäuferin in einem staatlichen Lebensmittelgeschäft in Ost-Berlin. Dort wohnte sie mit ihrem Sohn bis zum Mauerbau am 13. August 1961.

»Det war vielleicht komisch, so im Nachhinein gesehen. Mein Vater rief bei einer Nachbarin an, die war in einer Apotheke beschäftigt und hatte Telefon. Als ich an den Apparat kam, rief der durch die Muschel: ›Lene, Lene, kommt sofort rüber, die ziehen hier 'nen Zaun‹. Ich sagte, wat fürn Zaun, denn mein Vater war schon sehr alt und ein bißchen tattrig. ›Die vom Osten, Mensch, komm rüber‹. Und da hab ich Panik gekriegt. Denn haben wir det auch im Radio gehört. Die im Osten quatschten wat von ner Friedenssicherung und die im Westen von einer Unrechtsgrenze. Ja, wat sollte ich machen? Die Kommunisten haben mir so und so gestunken, und da hab ich nen Koffer gepackt, Geld rin, Heinz herangezerrt und hab dem gesagt, wir müßten zu Opa und Oma, denen geht et nicht gut. Und wat soll ich sagen, ich hab noch nen Loch gefunden und da bin ich durch.«

Wieder alles verloren, wieder neu anfangen — ihr Traum von Österreich wurde mir verständlicher. Heinz ging dann in West-Berlin zur Schule, und sie hat wieder als Verkäuferin hier und da ausgeholfen oder geputzt und gewaschen. Die meiste Zeit, ohne zu kleben. Bis 1973 hat sie immer gearbeitet, dann konnte sie nicht mehr. Aber da war ihr Heinz soweit, sie finanziell zu unterstützen.

Als sie von ihrem Jungen sprach, bekam sie leuchtende Augen. Ja, der, aus dem war was geworden. Er hatte Familie und einen kleinen Kfz-Betrieb und kam jeden Tag bei ihr vorbei, um nach ihr zu sehen.

Wir verabschiedeten uns mit dem Gefühl, uns ein wenig nähergekommen zu sein. Zu unserem nächsten Gespräch hatten wir uns in einem Café verabredet, doch dann rief sie mich kurz vorher an, um mich zu ihr nach Hause einzuladen. Sie könne nicht mehr gut mit Bus- oder U-Bahn fahren. Was sollte dann aus Österreich werden? Ich fuhr zu ihr.

Helene saß zusammengekauert hinter vielen Kissen auf ihrem Sofa wie eine kleine Katze, die nach Luft schnappt. Sie hatte Atemnot und eine kleine Sprühflasche immer griffbereit. Wenn es ihr so schlecht gehe, bleibe sie am liebsten in ihren vier Wänden, sagte sie. Ein Arzt sei immer in der Nähe, und das beruhige sie doch sehr. Nach diesen wenigen Sätzen fiel Helene in sich zusammen und schloß ihre Augen. Wir schwiegen in fast trauter Gemeinsamkeit. Ich saß ihr auf einem Sessel gegenüber, unbeholfen und überflüssig, und wartete. Genau wie sie. Nach einer Weile fragte ich, ob ich nicht besser gehen solle. Sie reagierte mit sprachloser Panik. Ihre Augen waren plötzlich voller Angst, und sie richtete sich mühsam in ihren Kissen auf. »Bitte bleiben Sie doch noch, bald ist es wieder besser.« Ihre Hand versuchte, meinen Arm zu streicheln, doch wir waren zu weit auseinander. Erst, als ich ihr versprach, noch zu bleiben, schlief sie ein. Bis auf ihren rasselnden Atem war es ganz still. Keine Uhr, die tickte, keine Geräusche auf dem Flur, nur die Autos, die vorbeisausten. Ich sah mich in diesem Zimmer um, das zur Endstation geworden war. ›Alles aussteigen — der Zug endet hier‹. Doch Helene wollte noch nicht aussteigen, sie blieb einfach sitzen. Das war es also — ein langes Leben, viel Arbeit, wenig Einsichten und ein Traum, der in diesem Augenblick enden konnte. Zerplatzen wie eine Seifenblase.

Plötzlich richtete sie sich auf. Ihre Augen blitzten. »Da — hörste nich? Da kommt — der . . .« »Wer Helene, wer kommt da?« »Mein Heinz«. Ehe ich etwas sagen konnte, stand er auch schon im Zimmer. Ihr Heinz. Dick, rotwangig und außer Puste. »Na, Kleene, wat machste denn für Sachen?« Er ging zu der kleinen Katze auf dem Sofa, und die kleine ›Katze‹

winkte ab. »Iss doch nichts, mach dir ma keene Sorgen.« Erleichtert ließ sich ihr Heinz fallen. Na, Gott sei Dank. Griff zu den Zigaretten und reichte mir eine. Stumm schüttelte ich den Kopf. »Na, denn nicht«. Heinz lehnte sich zurück und zog heftig wie ein Ertrinkender am Strohhalm an seiner Zigarette. »Journalistin, wa? Wat wolln Se denn um Jotteswillen über meene Mutter schreiben, da iss doch nix.« Meine Haltung ging sofort auf Abwehr. Sollte ich ihm aufzählen, was seine Mutter alles erlebt und gemacht hatte — auch für ihn? Ja, da sollte ich mal mit anfangen, denn für ihn hätte keiner was gemacht. Mit seinem rechten Zeigefinger tippte er auf die Stelle, wo meistens das Herz sitzt: »Icke, allet icke. Da hat mir keener wat geschenkt.« Warum auch, Heinz, dachte ich und sah zu Helene herüber. Die hatte sich ihre Kissen zu einem kleinen Berg aufgeschüttelt und sah mit leuchtenden Augen zu ihrem 50jährigen Jungen. Ganz liebevoll, zärtlich und demütig.

Endlich drückte er die Zigarette aus, klatschte in die Hände. »So, Mutter, ick muß jetzt los. Wenn was is, rufst du an.« Heinz stand auf, gab seiner Mutter einen Kuß, klopfte ihr auf die schmalen Schultern und weg war er. Helene lehnte sich zurück und sagte: »Ja, so isser nun, mein Heinz. Tja, das ist er.« Helene nahm mich offenbar nicht mehr wahr. »Der kommt jeden Tag vorbei, obwohl er doch so viel zu tun hat. Die wenigen Stunden, die er privat hat. Der vergißt mich nicht.« Ich fragte Helene, wann sie denn zum letzten Mal bei ihrem Sohn zu Besuch war? Da wurde sie richtig unruhig. »Wann?« Sie sah mich an, und ihre Augen funkelten böse. Wut, die sich nicht gegen ihren Sohn richtete, sondern gegen mich. »Der hat doch Familie, den Betrieb, seinen Verein.«

Heinz wohnt eine Straße weiter und hat ein Auto.

Unter viel Mühe stand Helene auf, richtete ihre Kissen und ging mit kleinen Schritten zum Schrank. Dort mußte sie erst tief Luft holen, bevor sie die Glastür öffnen konnte. Ganz langsam kam sie wieder zurück mit einer Kiste, die mit Geschenkpapier beklebt war. Sie hielt sie wie einen Schatz auf ihrem Schoß, klappte den Deckel auf und legte mir Fotografien auf den Tisch. Heinz als Baby, als Schulkind, Heinz in der Lehre, als Verlobter, als Bräutigam und Vater. Zum Schluß Helenes Lieblingsbild: Heinz mit Frau und Tochter. »Schön, nicht?« Ob sie kein Bild hatte von ihr und Heinz? Doch natürlich. Sie mußte lange suchen, bis sie es fand, aber es existierte.

Diese kleinen Anstrengungen waren schon zu viel für sie. Sie legte sich wieder auf das Sofa und sprühte etwas Leben in ihre Lungen. Plötzlich war sie eingeschlafen. Ich verließ Helene, ohne sie zu wecken.

Einige Tage später rief sie mich ganz früh am Morgen an, um mir zu sagen, daß es ihr wieder hervorragend gehe und daß ich mal wieder vorbeikommen solle. Als ich dann wieder zu ihr fuhr, erwartete sie mich schon an der Tür. Lachend, mit einem leichten Vorwurf in den Augen, weil ich mich verspätet hatte. »Heute«, sagte sie, »geht es mir wirklich gut. Ich bekomme gut Luft und habe den alten Weibern unten mal gezeigt, wie man richtig Karten spielt.« Sie wirkte zufrieden und glücklich über ihren Kartensieg.

Ihre Fröhlichkeit hatte die kleine Wohnung verändert. Auf dem Tisch stand ein kleiner Strauß Wicken, das Radio spielte, und es duftete nach frischem Kaffee. Während des Kaffees erzählte sie mir, was sie an normalen Tagen erlebte, sah und auch dachte. »Jeden Morgen stehe ich um 7 Uhr auf. Det ist die Gewohnheit, verstehn Se. Dann geh ick ins Badezimmer und wasche mich, ziehe mich an. Erst dann mache ich mir mein Frühstück und lese die Zeitung, so richtig gemütlich. Wenn ich mich dann gut fühle, gehe ich runter in den Aufenthaltsraum, spiele Karten oder quatsche einfach nur. Dann fahre ich einmal die Woche zu meinem Arzt. Um 12 Uhr gibt es dann Mittagessen, und dann leg ich mich hin. Ja, und am

Nachmittag seh ich fern. Manchmal geh ich auf die Straße, na ja . . .« Und dann? »Ja, wie und dann? Nichts und dann.« Helene wurde ungeduldig. Was ich denn eigentlich von ihr wolle? Daß sie von früher erzähle oder darüber, daß im Alter eben nichts mehr los sei? Bevor ich noch irgendetwas sagen konnte, war sie schon mitten drin in ihrem Leben.

Ich habe das Gespräch aufgezeichnet, und Helene wollte es sich unbedingt anhören. Zum Schluß sollte ich den Recorder noch einmal anstellen, weil sie noch etwas zu sagen hatte. Und zwar an die Jugend. Der wollte sie doch mal sagen, daß sie mit dem, was ihre Generation geschaffen hatte, nicht so ein Schindluder treiben und zufrieden sein solle. Ich fragte, was sie von der Jugend erwarte. »Die sollten arbeiten gehn, keine Randale machen und die alten Menschen ehren. So, das reicht aber jetzt. Ich sag überhaupt nichts mehr.«

Damit war ich entlassen und mußte sofort gehen. Helene warf mich einfach hinaus.

Magda lernte ich ganz zufällig in Köln kennen, weil sie — genau wie ich — immer in Eile ist und immer Angst hat, zu spät zu kommen. Ich hatte einen Termin, es war schon spät, und ich rannte im Slalom Richtung Wallraffplatz. Vor mir eine Frau, nicht ganz so schnell wie ich. Plötzlich blieb sie stehen. Mein Ausweichmanöver endete in einem Sturz, und die Verursacherin dieser Bauchlandung lachte aus vollem Hals. Wieder aufrecht, besah ich mich und fand nichts Komisches an mir. »Na, hören Sie mal. Ihnen geht es wohl nicht gut. Erst laufen Sie Zick-Zack-Kurs, bringen andere Leute zu Fall und dann lachen Sie sich auch noch tot.« Ich war sauer, doch die alte Dame machte ruhig ihre Handtasche auf, holte ein Taschentuch heraus und putzte mich ab. Sie fragte, wo ich denn hin wolle mit so schnellem Schritt, es gäbe doch nichts, das so wichtig wäre, daß man sich gleich hinwerfen müsse. Dann lud sie mich zum Kaffee ein auf eine so nette Art, daß meine Wut binnen weniger Sekunden verrauchte. Wir stellten uns vor und verabredeten uns für den Nachmittag in einem Café.

Es war ein schöner Sommertag, und das Café war überfüllt. Nur mit Mühe fand ich noch einen kleinen Tisch, meine »Unfallgegnerin« war noch nicht da. Ich hatte schon ein Kännchen Kaffee getrunken, als sie endlich angerannt kam und bei ihrem Auftritt fast eine Kellnerin umrannte. Wir mußten beide lachen. Magda war vollgepackt mit kleinen und großen Tüten, die sie schwungvoll in einer Ecke absetzte. »Alles Schnäppchen, sehr günstig. Deshalb kann ich mir auch ein Stück Kuchen erlauben.« Nachdem sie ihre Bestellung aufgegeben und eine Zigarette angezündet hatte, fragte sie, woher ich käme. Als ich Berlin als meine Heimatstadt angab, kam sie ins Schwärmen. »Ach, die Theater, diese Schauspieler dort! Ja, das ist einmalig, muß ich zugeben. Da hätte man noch Möglichkeiten. Obwohl — früher war das ja noch besser, da waren sie alle in Berlin . . . Ich bin nämlich Schauspielerin.«

Wir fühlten uns sehr wohl an diesem Nachmittag, und wir mochten uns auf Anhieb. So war mein Sturz der Beginn einer Freundschaft, die bis heute besteht.

Einige Wochen später verabredeten wir uns wieder in unserem Café. Magda hatte sich besonders fein gemacht: weiße Spitzenbluse, grüner, enger Wildlederrock. Dazu braune Strümpfe und braune Schuhe. Ihre braunen Haare hatte sie hochgesteckt, ihre Wimpern waren getuscht, die Wangen gepudert, die Nägel lackiert und die Lippen rot angemalt. Alles für mich, weil ich als Berlinerin ja nicht den richtigen — den damenhaften Schick kannte. Ich bewunderte sie neidlos. Magda war völlig zufrieden und ließ mich raten, wie alt sie sei. Ich liebe solche Rätsel nicht sonderlich, weil man immer ins Fettnäpfchen tritt. Ich begann daher sehr großzügig, aber nicht zu abwegig, mit 65 Jahren. Falsch. Etwa siebzig? Immer noch falsch. Doch nicht schon 75? Magda freute sich und holte ihren kleinen Spiegel heraus. Während sie sich die Nase puderte, bekannte sie triumphierend ihre 87 Jahre. Jetzt staunte ich allerdings, denn davon war nichts zu merken, weder in ihrem Gesicht noch in ihrem Benehmen. »Und ohne Chemie oder Plastik, einfach so. Gut, nicht wahr?« Ja, das war es wirklich, und ich fragte sie, wie sie es geschafft habe, so gut auszusehen.

Viel Arbeit, Kontakt mit vielen Menschen und immer den Blick nach vorn — das reichte ihrer Ansicht nach. Von den anderen ›Hilfsmitteln‹, wie zehn Stunden Schlaf, keine Zigaretten, kein Alkohol, hielt sie nichts. Nur die Lebenseinstellung zählte, und die war bei ihr immer positiv gewesen, selbst in schwersten Zeiten.

Es war ein so schöner Abend, daß wir beschlossen, noch ein wenig miteinander zu reden. Zu Hause bei Magda.

Mit einem Taxi fuhren wir in die Kölner Südstadt, wo sie seit einigen Jahren eine Seniorenwohnung hatte, in der sie sich sehr wohl fühlte. Ihre Zweizimmer-Wohnung lag in der 8. Etage, und man hatte einen schönen Ausblick über Köln. Im Wohnzimmer standen ein sehr schönes altes Klavier, ein Sekretär und ein Schrank. Während Magda in der Küche den Espresso zubereitete, sah ich mir ihre Bücher an. Viel Theaterliteratur und Kriminalromane. Sie schien zu wissen, womit ich mich beschäftigte, und rief mir zu, sie liebe die Gefahr — auch die in Büchern. Dann kam sie mit einem Tablett aus der Küche, ließ sich in einen Sessel fallen und zog ihre Schuhe aus. »Espresso mit einem Schuß Sahne und Amaretto — einfach königlich.« Wir saßen uns gegenüber, und Magda begann zu erzählen. Eine Geschichte aus den 50er Jahren. Damals wohnte sie mit ihrem Mann und ihren Kindern in einem kleinen Haus bei Köln. Ihr Haus war eines der ersten in diesem Vorort gewesen, und sie hatten noch keine Nachbarn. Es war Winter und schon sehr früh dunkel. Die Kinder spielten irgendwo im Haus, und sie stand in der Küche, um das Abendessen vorzubereiten. Plötzlich ging das Licht aus, und es herrschte absolute Ruhe. Das Radio spielte nicht mehr, und von den Kindern war auch nichts zu hören. Einen Augenblick stand Magda wie erstarrt, dann lief sie in den Flur, holte den Wanderstock ihres Mannes und rief nach den Kindern. Keine Antwort. Magda bekam Angst und schlich die Treppe hoch. Plötzlich zog irgendetwas an ihrem Rock und brummte ganz fürchterlich. Sie drehte sich um und schlug kräftig zu. Das laute »Aua« kam ihr bekannt vor — es war die Stimme ihres Mannes. Er hatte sich nur einen Spaß machen wollen und bezahlte dafür mit einer Gehirnerschütterung.

Ich war verwundert, daß sie die Erinnerung an Gefahr mit dieser Geschichte verband und nicht mit dem Faschismus oder dem Krieg. Aber der Krieg oder die Nachkriegszeit waren für Magda etwas Alltägliches gewesen, das sie wie andere Menschen auch ertragen mußte. Für sie war der Mensch ein Gewohnheitstier. So wie er das Schöne nicht mehr registrierte, wenn es zum Dauerzustand wurde, so reagierte er auch auf Gefahr.

Magda war in Köln geboren. Am Anfang dieses Jahrhunderts in Nippes, einem typischen Kölner Viertel. Ihr Vater betrieb dort eine gutgehende Schreinerei und ein Möbelgeschäft. Finanziell ging es der Familie gut, und Magda konnte die Höhere Schule besuchen. Ihr Vater war ein sanfter und liebevoller Mann, ihre Mutter eine temperamentvolle und lebenslustige Frau. Schon von klein auf wollte Magda Schauspielerin werden, und mit neunzehn Jahren besuchte sie eine Schauspielschule in Köln. Dann kamen die ersten Engagements an einem Kölner Theater und die Reisen in andere Städte. Eine tolle und wilde Zeit, die Magda in vollen Zügen genoß, bis sie ihren Mann kennenlernte, der sie in ihrer Leidenschaft fürs Theater unterstützte. Kurz nach Hitlers Machtergreifung kamen Volksgenossen ans Theater. Magda zog die Konsequenzen und fuhr mit ihrem Mann nach Berlin-Babelsberg, um dort vielleicht eine Rolle in einem Film zu bekommen. Einige Wochen lebten sie in Berlin, bis sie nur noch einen Wunsch hatten: zurück nach Köln. 1940 wurde Magdas Mann eingezogen. Sie wohnte zusammen mit ihrem Vater in Rodenkirchen und blieb dort bis Kriegsende. Nach dem Krieg arbeitete sie als Trümmerfrau, Souffleuse und Sekretärin. 1951 lernte sie einen Witwer mit drei Kindern kennen, den sie sehr schnell heiratete, obwohl sie nach der Trennung von ihrem ersten Mann geschworen hatte, nie wieder eine Ehe einzugehen. Doch diese Ehe war — wie sie betonte — der Glücksfall ihres Lebens.

Als Magda mit ihrer Geschichte fertig war, klatschte sie in die Hände, sah auf die Uhr und meinte, ihr Leben habe nur eine Stunde gedauert. Tatsächlich — in einer Stunde hatte ich ein ganzes Leben in geraffter Form auf Band genommen. Ich sah mich nach Bildern, nach Fotografien ihrer Kinder um und entdeckte einen Walkman auf dem Fernseher. Ob den vielleicht einer ihrer Enkel vergessen hatte? Magda stand auf und gab mir den Kopfhörer. Ich hörte spanische Laute. »Ich lerne Spanisch, weil ich nächstes Jahr nach Spanien fahren und dort mit den Menschen reden können und die Kultur, die Musik, verstehen möchte.«

Siebenundachtzig — und kein bißchen weise.

Hilde ist die einzige »offizielle« Trümmerfrau in diesem Buch. Alle anderen hatte ich mehr per Zufall kennengelernt. Nach einem vergeblichen Versuch, mit Mitgliedern aus dem »Club der Trümmerfrauen« zu reden, fiel mir ein kleiner Zeitungsartikel auf. Darin wurde über einen Empfang von Trümmerfrauen durch den Berliner Senat anläßlich des Besuchs des amerikanischen Präsidenten Ronald Reagan berichtet. Über den Protokollchef erhielt ich die Adresse von Hilde. Schon bei unserem ersten Telefongespräch machte sie mich auf ihre heutige Tätigkeit aufmerksam: die Vermittlung von Freundschaften zwischen alten Menschen. Das hielt sie für wichtiger als die Vergangenheit, denn schließlich lebe sie in der Gegenwart und für die Zukunft. Auf der anderen Seite habe sie allerdings auch aus der Vergangenheit Dinge zu erzählen, die die Jugend interessieren mochten. Mit anderen Worten: ich durfte sie befragen.

Im Haus ihrer Tochter, im Souterrain.

Hilde ist eine schöne, elegante, selbstbewußte Frau. Sehr groß und schlank mit auffällig schönen Händen. Ihre Haare sind silbergrau und zu einem Pagenkopf frisiert, der ihre jugendliche Erscheinung unterstreicht. Wenn sie erzählt — sie tut es gern und gut —, blitzen ihre braunen Augen vor Begeisterung, Trauer oder Fröhlichkeit.

Vor einigen Jahren, nachdem sie zu ihrer Tochter gezogen war, fiel ihr immer mehr die Einsamkeit alter Menschen auf. Auf Spaziergängen, in Cafés; immer traf sie alte Menschen, die allein waren und niemanden mehr hatten, dem sie sich anvertrauen konnten, bei dem sie sich geborgen fühlten. Dieser Zustand war Hilde bekannt. Obwohl sie bei ihrer Tochter wohnte, saß sie abends doch oft allein vor dem Fernseher oder ging allein spazieren. Also kam sie auf die Idee, jeden ihrer alleinlebenden Bekannten zu fragen, ob er oder sie Interesse an einer Partnerschaftsvermittlung hatte. Nach und nach baute sie so ihre Kartei auf, vermittelte gemeinsame Theaterbesuche, Ausflüge, Urlaubsreisen oder auch dauernde Partnerschaften. Ich fragte, ob sie selbst auch nach einem Freund gesucht habe. Lachend erklärte sie, bereits drei Männer »verschlissen« und nun davon genug zu haben.

Wir sahen uns an diesem Nachmittag Unmengen von Fotos an. Auf dem ersten sah ich eine ungewöhnlich schöne Frau mit einem kleinen Mädchen auf dem Schoß. Das Bild war 1928 in Berlin bei einem damals sehr berühmten Fotografen aufgenommen worden und zeigte Hilde mit ihrer Mutter. Hildes Vater war ein sehr bekannter und sehr reicher Architekt gewesen, der seine Tochter über alle Maßen verwöhnt und ihr jeden Wunsch von den Augen abgelesen hatte. Hilde war von einem Kindermädchen und später von einer richtigen Gouvernante aufgezogen worden, hatte Kinderfeste gegeben, bei denen Zauberer, Clowns und Feuerspucker auftraten, und an denen die Kinder der besten Berliner Gesellschaft teilnahmen.

Mit Fünfzehn lernte Hilde ihren Mann kennen, mit Siebzehn heiratete sie. »An dem Diner nahmen über fünfzig Menschen teil, und als ich mit dem Essen fertig war, habe ich meine Mutter gefragt, ob ich aufstehen dürfe. Da hat sie ganz hoheitsvoll gelächelt und gesagt, daß ich jetzt meinen Mann fragen müsse.«

Bei meinem nächsten Besuch fragte ich Hilde nach dem Empfang im Schöneberger Rathaus. Ja, das sei wirklich toll gewesen, als der Protokollchef bei ihr angerufen habe, um sie als eine Vertreterin der Berliner Trümmerfrauen einzuladen. Alle seien dann auch sehr erstaunt gewesen, daß sie — ausgerechnet sie — als Trümmerfrau gearbeitet hatte. Hilde erklärte, was sie damit meinte: »Sehen Sie, die anderen Frauen konnten kein Englisch, und folglich konnten sie sich auch nicht mit dem Präsidenten unterhalten. Ich aber kann Englisch, und so habe ich mich mit Mr. Reagan unterhalten. Ich habe ihm auch gesagt, daß dieser Besuch für unsere Stadt sehr wichtig sei und daß er in guter Tradition mit Kennedy stehe. Und Mr. President hat mich dann angelacht.« Dann war Hilde schon bei der Beschreibung der anderen Trümmerfrauen. Die meisten von ihnen kamen aus Arbeiterfamilien oder waren vor dem Krieg selbst Arbeiterinnen gewesen und gewöhnt an die Plackerei auf dem Bau. Aber sie, sie hatte nicht einmal einen Nagel in die Wand schlagen können, für sie war die Trümmerarbeit etwas Besonderes und nicht sehr Schönes gewesen. War der Begriff »Trümmerfrau« für sie auch etwas Ehrendes? Hilde wehrte ab und verneinte. Im Gegensatz zu ihren Kolleginnen vom Bau führte sie schon sehr schnell wieder ihr gewohntes Leben. 1950 hat sie zum zweiten Mal geheiratet, und zwei Jahre später kam ihre Tochter zur Welt. Ihr Mann verdiente viel Geld, und sie konnte wieder ein großes Haus führen, wie vor dem Krieg. Kindermächen und Putzfrau waren für Hilde eine Selbstverständlichkeit. Auch, daß sie sich bald ein kleines Modegeschäft einrichten konnte, um ihr eigenes Geld zu verdienen.

Mit Lotte aber bin ich großgeworden. Sie war und ist eine Nachbarin meiner Eltern. Mit ihrem Mann und den beiden Kindern wohnte sie in einem kleinen Häuschen, um das wir sie alle beneideten. Wir waren oft bei Lotte, saßen in ihrer Küche auf einem alten Sofa hinter dem großen Küchentisch. An Samstagen marschierte die ganze Familie mit Handtüchern zu Lotte, denn in ihrem Haus gab es eine Badewanne. Zwar nur im Keller und nur eine Sitzwanne, aber immerhin. Danach der Höhepunkt der Woche: fernsehen. Dann saßen wir Kinder in Decken gewickelt auf der Erde, und die Welt war in Ordnung.

Ab Weiberfastnacht machte ich immer einen weiten Bogen um Lottes Haus. Sie war kostümiert als Schweinchen oder als Hexe, war schrecklich lustig und küßte jeden ab. Am Karnevalssamstag fuhr sie immer mit Paul nach Köln, um an der Prunksitzung im Gürzenich teilzunehmen. Sonntags besuchte sie die Veedelszöch, und am Montag schunkelte sie beim Rosenmontagszug. Am Aschermittwoch kam sie völlig heiser nach Hause und schlief sich aus. Irgendwann verließen ihre Kinder das Haus, und vor einigen Jahren starb ihr Mann an Krebs. Seitdem lebt sie allein.

Vor ein paar Jahren überredete sie mich, mit ihr Karneval zu feiern. Am Samstag fuhren wir zum Kölner Hauptbahnhof, wo uns schon einige ihrer Freundinnen erwarteten — mit »Kölle Alaaf« und einem Schnäpschen. Zwei resolute Damen hakten mich unter und schon ging es Richtung Dom. Auf der Domplatte blieben wir einen Augenblick stehen, und Lotte zeigte in Richtung Wallraffplatz: »Guck mal, Kind, diese Steine da, die hab ich eigenhändig hingelegt, als der Dom wieder eingeweiht wurde.«